KOUCAI YU YANJIANG SHIXUN JIAOCHENG

口才与演讲实训教程

人民教育出版社 课程教材研究所 / 编著

人民教育出版社
PEOPLE'S EDUCATION PRESS
·北京·

主　　编　蔡　颂
副 主 编　吴晖湘　刘　黎　卢付林
其他编者　王晓丽　龙　滔　刘军燕　严　帅　黄宏姣　张国光
李艺晨　伍　丹　龚晔颖　张永涛　阎威臻　丛　杨
蒋　维　纪　娜　向勇燕　刘瑞华　龙　腾　吴帅驰

图书在版编目（CIP）数据

口才与演讲实训教程/人民教育出版社课程教材研究所编著．—北京：人民教育出版社，2018.8（2023.8 重印）
ISBN 978-7-107-32991-3

Ⅰ．①口…　Ⅱ．①人…　Ⅲ．①口才学—教材②演讲—教材　Ⅳ．①H019

中国版本图书馆 CIP 数据核字（2018）第 205748 号

口才与演讲实训教程
人民教育出版社　课程教材研究所　编著

出版发行　人民教育出版社
（北京市海淀区中关村南大街 17 号院 1 号楼　邮编：100081）
网　　址　http://www.pep.com.cn
经　　销　全国新华书店
印　　刷　大厂益利印刷有限公司
版　　次　2018 年 8 月第 1 版
印　　次　2023 年 8 月第 5 次印刷
开　　本　787 毫米×1 092 毫米　1/16
印　　张　21.25
字　　数　363 千字
定　　价　41.00 元

前言

语言是人类交流思想、传播信息、传承文化的主要工具。古人云："人而无辞，安所用之？"在新时代，口语表达能力更是成为了一个人走向成功的核心能力之一。

对于新时代大学生而言，良好的口语表达不仅能帮助其准确地表达思想、妥善地处理人际关系，也能为其争取更多的机会实现自身的价值；对于新时代高校教师而言，教师语言艺术的运用是其开展日常教学实践的必备工具，也是提升教师综合育人能力的重要手段；对于新时代高校而言，口才教学的有效开展，能够进一步凸显高校办学特色，整合优势资源为国家建设培养人才，切实帮助大学生掌握语言表达技能、提升职业必备素养。

本教材严格贯彻落实《国家中长期教育改革和发展规划纲要（2010—2020年）》精神，结合《普通高等学校师范类专业认证实施办法（暂行）》《关于2018年湖南省教师资格认定、中小学教师资格考试与定期注册工作有关事项的公告》等文件要求，根据高校教学改革实际需要，试图从理论和实践的角度构建高等教育口才与演讲课程教材，承续传统，拓宽视野，力求创新，注重基础教学，加强能力培养，着力打造精品教材，既为各类型各层次高等教育课堂服务，也可供社会各界人士参考选读。

具体而言，本教材主要有如下几个方面的特点：

1. 注重技巧策略，兼顾理论指导

本教材从大学生对口才与演讲实际能力和知识需求角度出发，注重知识体系的完整性和系统性，既有口才与演讲相关理论阐述，又有口语表达实践策略技巧，同时引入了口才与演讲具体案例，并对其进行评析，力求教师易教，学生易学，读者易懂。例如在编写体例上，上、下编各部分或各模块主体内容结束之后设置有"情境与实践"或"练习与实践"，使学生更容易自主地把演讲理论融入相应的口才与演讲情境中去，从而强化学生独立思考和自主学习能力的培养，优化模拟训练效果。

2. 强调简单实用，着力教学实践

作为人文应用学科的口才与演讲，既应凸显其综合性特质，更应强调其实践性品格。因此，本教材的编写理念之一就是力求“实用”，让学生在学习和领会教材所介绍的方法和传授的知识时，让各类口才技巧具有可操作性，并通过卓有成效的课堂实践教学，使学生能够在实际生活中灵活运用并发挥实效。

3. 营造现场情境，力求形象直观

本教材所介绍的知识与理论、阐述的方法与技巧，不拘泥于学理解说和概念阐释，而是强调事例的择取，在行文过程中精选、改编或撰写了大量具有时代特色和实用价值的案例与文稿，以大学生喜闻乐见的形式，营造丰富多彩、形象直观的演讲场合与口才情境，着力锻炼大学生的表达能力，使大家熟悉现代社会各种需要运用口才的情境，更好地实现社会交流与人际沟通。

4. 创新篇章结构，模块灵活组合

本教材分为上下两编，上编设置三章，从职业口才、生活口才、例文赏析等层面展现“实用口才”的策略与实践。下编设置三章，从演讲素养、演讲稿件和演讲技巧等方面展示演讲的理论与技巧。因为各地区、各学校、各专业的实际情况不同，本教材在教学内容及课时安排上予以一定程度的弹性化设计和模块化安排，如“职业口才”单元设计了教学口才、谈判口才、销售口才、公关口才、管理口才等模块，学生可根据不同的职场需求和职业要求，选择相应的章节模块进行自主学习。

5. 紧扣就业需求，凸显职业特色

本教材的知识讲解、内容传授和情境创设，既着力于职场氛围的营造，将口才教学的策略与实践、演讲的理论与技巧一一落实到具体的职场或职业情境之中，强化实战训练，如在现实生活中如何相识与交谈、赞扬与批评、鼓励与拒绝、沟通与说服、建议与汇报等，如在特定职场或职业环境中如何进行谈判、营销、公关和管理等。

6. 贴近学生实际，提升核心素养

本教材立足大学生身心发展的一般规律与世界观、人生观和价值观形成特点，所编案例大多关注当代社会、贴近现实生活、体现时代精神，着眼提升学生核心素质，增强学生实用口语表达能力，满足学生在工作与生活、求职与就业、轮岗与晋升等层面的多元化需求。例如，根据新时代师范类大学生培养的实际需要，本教材专门编写了“教学口才”章节，旨在总结教学口语表达规律，探寻科学培育方法，提升师范类大学生的语言核心素养。

“讲好故事，事半功倍”。出色的语言素养、写作能力和演讲能力是讲好中国故事的必备素质。我们希望本教材能为高校师生和社会各界提供有益帮助，为规范高校口才与演讲课堂助力，为提升大众语言表达能力添彩！

目 录

上 编

下　编

上　编

第一章　职业口才

第一模块　教学口才

学习目标

1. 了解教学口才的基本特征、内容与要求。
2. 了解教学口才的基本技巧及要求。
3. 掌握教学口才的基本技巧。

第一部分　教学口才概说

师者，传道、授业、解惑。众所周知，教师是吃“开口饭”的，有人将教师职业称为“舌耕”。教师的语言修养直接影响教学质量。著名教育家叶圣陶曾说：“凡是当教师的人绝无例外地要学好语言，才能做好教育工作和教学工作。”苏联著名教育家苏霍姆林斯基也曾说：“教师的语言修养在很大程度上决定着学生在课堂上的脑力劳动效率。”可见，教学口才与教育教学效果密切相关。教师应当修炼好自身的口才艺术。

良好的教学口才能有效地提高教育教学的效率和质量；激发学生的思维力和创造力；能给学生学习语言提供示范，使每一节课成为言语训练课；使师生关系更加和谐。

一、教学口才的特点

教学口才具备了一般口语交际的表达特点：它是转瞬即逝的，是临场的灵活反映，是思维与表达同步运动的结果。同时，它又是一般口语交际在教育工作情境中的具体运用，是教师教书育人的工具。因此，又体现着教育教学的职业特点：

（一）目的性

教学口才的直接目的是教书育人。教师教育学生和组织课堂教学最终都是为了增进学生的知识和技能，影响学生的思想品质。所以教师的语言一定是经过深思熟虑的、具有一定的教育目的、能给学生的心灵以震撼和启迪的教育性语言，它不是随意的无目的闲谈。教师应该有针对性地选择、组织、运用语言，实现教育目的。

（二）示范性

“德高为师，身正为范”。青少年学生对教师有着天生的崇拜感和信任感，喜欢模仿老师的一举一动，一言一行。教师的言传身教，时时刻刻都在感染着学生。因此，教学口才有其示范性的特点。

如果一位教师能讲一口标准流利的普通话，那么他的学生就能以老师为榜样，在口语表达上模仿老师的语音，从而达到言传身教的效果。反之，教师说一口浓重的方言，那么他的学生也容易模仿其错误口音。如果一个教师的口语表达技巧丰富、生动、形象，那么他的学生也会相应地具有相同的表达技巧。

这样的示范性还体现在教师的口才气质上。如果教师的口语是文雅的，时时处处体现着修养、风度，把文明礼貌语言贯穿到学校生活、教育教学活动中，就能让学生在耳濡目染中受到良好的熏陶。反之亦然。

（三）知识性

教学口才还具有知识性的特征，这与教师的职业和任务有关。在教师的工作过程中，无论是在课堂教学上传授书本知识，还是教育学生、讲授做人的道理，都带有一定的知识性，都要求概念准确，判断表达科学，推理合乎逻辑，解说符合客观事物的实际，讲知识确凿无误，说道理实实在在。用准确简洁的语言，清楚无误地传达出教学内容，用生动感人的话语向学生动之以情，晓之以理，使学生能心悦诚服地接受老师的教育。

教育、教学口才如果知识传递不科学，讲授不准确，用语失误，那就会让学生产生歧义或误解，结果是违背了教学的本意，不仅达不到预期的教育效果，还会损害教师的形象。

（四）引导性

基于教师的职业特点，教师的社会地位，教学口才具有一定的引导性。

学生对教师的崇拜，往往胜于对父母的信任。教学口才可以使学生受益终生，但不恰当的语言也可能误人子弟，害人不浅。教师应当用教学口才引导学生如何学习，怎样做人；树立正确的人生观、世界观、价值观；通过自己的言谈举止引导学生积极向上，阳光开朗。教学口才的这种引导性，对学生来说，能起到重要的教育作用。

二、教学口才的基本要求

十年树木，百年树人。教育的兴盛，关键在于教师。而教师工作的成败，不仅体现在其专业水平上，也体现在其教育教学水平上。教师的口语表达能力是教育教学水平的重要组成部分。因此，教师要想教育好学生，成为一名优秀的教育工作者，就必须提高自己的口才水平。

基于教师的职业要求与口语特征，教师的语言表达应该达到如下几个方面的要求：

（一）规范性

教学口才的规范性是指在教育教学工作中教师的语言表达要合乎规范。要用标准的普通话从事教学，发音标准，吐字清晰。授课或与学生交谈，遣词造句要合乎语法，没有语病。不讲方言土语，不因地域的不同“入乡随俗”。力求口语准确流畅、凝练优美。

（二）科学性

教学口才的科学性是指教学口才的内容能准确无误地反映客观实际，教学口才的形式又能准确地表现思想内容。具体地说，教学口才必须能表现出正确的立场观点，所用语言材料必须确切、真实、可靠，从发音到用词，从概念定义的阐述到教学内容的分析，从课堂讲解到释疑，都能达到准确、科学。

不同学科的教学，都有各自不同的知识领域和知识系统。讲授不同的学科，就要使用不同学科所规定的不同术语、概念。例如，圆形符号，数学老师把它讲成一个数值，语文老师把它讲成一个拼音字母，化学老师把它讲成氧原子，音乐老师把它讲成休止符。各自有别，含糊不得。又如，政治课中把“货币”说成“钱”，生理卫生课中把“大脑”说成“脑袋”“脑子”，化学课把“加热”说成“烧”，数学课中把“分子”和“分母”说成“上边”和“下边”，地理课把地图上的“北南东西”说成“上下左右”等等，都是违反教学内容科学性的。

教学口才的科学性有如下要求：第一，教学口才的科学性，要求对教学内容准确表述。要做到这一点，认真钻研教材，深刻把握教材本质，便成为一个不容忽视的问题。第二，教学口才的科学性，指在教学口才中要排除歧义，避免费解。第三，教学口才的科学性，要求教学口才合乎逻辑。

（三）针对性

所谓针对性，是指根据不同的教育对象运用不同的语言，即因材施教的意思。教师在进行教育教学时，必须针对不同对象的特点运用语言，才能取得良好的教育教学效果。

例如，《论语·先进》中有这样一段记载：子路和冉有先后向孔子请教同样一个问题："闻斯行诸？"意为：听到了觉得自己应该做的事情就去做吗？孔子却给了两种完全不同的回答。公西华问孔子原因，孔子解释说："求也退，故进之；由也兼人，故退之。"意为：冉有遇事退缩不前，所以激励他；子路好胜心强，所以阻止他。因此，在教学中教师应事先了解学生、了解教材，注意观察和了解学生的接受程度，依据从已知到未知、从易到难、从简单到复杂、由近及远等教学规律进行教学。

教学口才的针对性还表现在不同类型的口语由于运用的目的不同而体现出不同的特点。比如教学口才体现出知识性、鲜明性、制约性等特点，而教育口才则具有针对性、诱导性、说理性、感染性等特征。不同学科的教学用语不同，比如文科用语和理科用语明显不同，与音、体、美的教学用语也有所区别。因此，教学口才必须从实际出发，具有针对性，才能发挥教学口才的最佳效果。

（四）生动性

教学口才的生动性是指在课堂教学过程中所使用的语言既不能枯燥呆板、机械老套，也不能矫揉造作、华而不实，而应妙趣横生、新鲜活泼、通俗质朴。

美国密执安大学教学研究中心专家罗伯特说过："讲课最主要的缺点就在于从本质上说它是一种单向性的思想交流方式。"而这个缺点所带来的直接后果，就是容易使学生精神疲倦，讨厌教师，进而产生对教师的抵触情绪。因此成功的教学口才就必须具有吸引力，必须具有生动性。具有生动性，才能有感染力，才能促使学生精神亢奋、思维活跃，使学生能对教师的教育教学产生"海绵吸水"的效应。

教育学家的研究成果也表明：人们最乐于接受和最容易接受的信息是形象化的信息。青少年阶段，具象思维更是活跃。只有增加教学口才的生动性，才能更好地沟通师生之间的感情，使教与学都轻松活泼，兴趣盎然，真正体现寓教于乐的育人境界。

（五）启发性

我国古代教育名著《学记》很早就提出教师教学要善于启发学生思考的主张。教学语言的启发性，是指教师的语言对学生能起到调动自觉性和积极性的作用。启发性有三重意义，启发学生认识学习目的和意义，激发他们的学习兴趣、热情和求知欲；启发学生联想、想象、分析、对比、归纳、演绎；启发学生的情感和审美情趣。

教学口才的启发性是现代教育教学法所提倡和追求的目标之一，它的好处有目共睹，比如能激发学生学习兴趣，促进学生积极思考，提高学生学习的自主性和主动性等。

启迪学生智慧，激发学生学习热情，是教育教学的一项重要内容。当学生对学习没有热情或产生畏难情绪时，教师还要鼓励学生、激发学生，使他们产生克服困难的勇气，对所学专业有足够的热情，这样才能在学习上有飞跃的进步。

可以说，教师就是通过语言造就人才，教师的语言表达水平直接影响着教师个人的价值体现，影响着教书育人效果的呈现。良好的教学口才表达不是一蹴而就的，需要努力学习，依照提高教学口才的途径与方法进行训练，多听、多看、多说，这样就一定能使教师出口成章，口吐珠玑。

情境与实践

1. 班上有一位同学学习成绩一般，并且对这一阶段的语文学习产生了畏难心理。作为老师，你将如何运用教学口才帮助他树立自信、激发他的学习兴趣呢？

2. 讨论：教学口才在教师日常教学中有怎样重要的意义？忽略教学口才会对教师教学产生怎样的不利影响？

第二部分　教学口才的基本技巧

一、基本语言表达技巧

教学口才的基本技巧首先体现在语言表达技巧方面。具体包括了规范的语音、语法，丰富生动的表达技巧等。

（一）普通话语音标准

大力推广和积极普及普通话是我国长期以来坚持的基本语言政策。《中华人民共和国宪法》明确规定国家推广全国通用的普通话。学校是推广普通话的主要基地，教师是推广普通话的重要力量。2000年10月31日，第九届全国人民代表大会常务委员会第十八次会议修订通过的《中华人民共和国国家通用语言文字法》第十九条规定：凡以普通话作为工作语言的岗位，其工作人员应当具备说普通话的能力。掌握和使用一定水平的普通话，是各行各业工作人员，特别是播音员、节目主持人、教师、影视话剧演员以及国家机关工作人员必备的职业素质。

根据规定，教师都应通过普通话水平测试并达到国家规定的等级标准。其中，中小学及幼儿园、校外教育单位的教师，普通话水平不低于二级，语文教师不低于二级甲等，普通话语音教师不低于一级；高等学校的教师，普通话水平不低于三级甲等，其中现代汉语教师不低于二级甲等，普通话语音教师不低于一级；对外汉语教学教师，普通话水平不低于二级甲等。

标准的普通话不仅是教师职业的需要，更是关系到提高全民族语言素质的大问题。因此，教师们应积极学习普通话，达到相应普通话水平，力争使普通话语音标准、规范。

（二）语速适中

语言的速度是指讲话的快慢。其快慢是否科学合理，对教学效果的好坏有直接的影响。电影、电视解说的速度为每分钟250—300字，课堂教学的语言速度还要慢一些，以每分钟200—250字为宜。教师发送信息的频率太高，语速太快，会使学生大脑对收取的信息处理不迭，势必会造成信息的遗漏、积压，从而导致信息处理的障碍。但如果信息发送得太慢，语速过慢，跟不上学生大脑处理的速度，不仅会浪费许多时间，而且会导致学生的精力涣散。

（三）音量大小适度

音量主要指声音的大小。教学时必须有一个合理的音量，才能让学生听真切、听清楚。教师音量，应根据教室的大小、学生的人数、有无扩音设备而异。教学口才的响度，应让最后一排的学生听清，又不会让前排的学生感到震耳。讲课时应注意克服语声弱化、虚化、吞音等毛病。

（四）词汇语法规范

词汇语法是遣词造句的规则，是某一民族的共同语言在长期发展的历史过程中形成的。按照这一规则进行语言表达，就能被人理解，违反这些规则，就无法进行交流。语法规范是指力求避免成分残缺、搭配不当、词类误用、语序失调等不规范现象。

教师语言不仅需要便于学生理解，更应成为学生的表率。因此，教育教学过程中必须使用规范的词汇语法。

（五）善用表达技巧

生动、富有感染力的语言总离不开重音、停连、语气、节奏等语言表达技巧。良好的教学口才同样如此。如能善用这些表达技巧，使得停连、重音恰当，语气符合情感表达，节奏鲜明，富有变化，就能让教学更为生动、形象。

二、听说技巧

在日常教学中，教师是重要的沟通角色。与家长沟通、与学生沟通、与同事或领导沟通。良好的师生关系从沟通开始。良好的沟通则主要从聆听和说话开始。

（一）善于倾听

有个非常有名的故事《二十美金的价值》：

一天，爸爸下班回到家已经很晚了，他很累也有点儿烦，他发现五岁的儿子靠在门旁正等着他。

“爸，我可以问您一个问题吗？”

“什么问题？”“爸，您一小时可以赚多少钱？”“这与你无关，你为什么问这个问题？”父亲生气地说。

“我只是想知道，请告诉我，您一小时赚多少钱？”小孩儿哀求道。“假如你一定要知道的话，我一小时赚二十美金。”

“哦，”小孩儿低下了头，接着又说，“爸，可以借我十美金吗？”父亲发怒了：“如果你只是要借钱去买毫无意义的玩具的话，就给我回到你的房间睡觉去。好好想想为什么你会那么自私。我每天辛苦工作，没时间和你玩儿小孩子的游戏。”

小孩儿默默地回到自己的房间关上门。

父亲坐下来还在生气。后来，他平静下来了。心想他可能对孩子太凶了——或许孩子真的很想买什么东西，再说他平时很少要过钱。

父亲走进孩子的房间："你睡了吗？""爸，还没有，我还醒着。"孩子回答。

"我刚才可能对你太凶了，"父亲说，"我不应该发那么大的火儿——这是你要的十美金。""爸，谢谢您。"孩子高兴地从枕头下拿出一些被弄皱的钞票，慢慢地数着。

"为什么你已经有钱了还要？"父亲不解地问。

"因为原来不够，但现在凑够了。"孩子回答："爸，我现在有二十美金了，我可以向您买一个小时的时间吗？明天请早一点儿回家——我想和您一起吃晚餐。"

从这个故事可以看出，倾听是沟通的前提和必要的保障。对于教师而言，倾听同样具有重要的意义：

1. 倾听是说话效果的反馈

由于交谈是双向的交流，双方的说话互为背景，相辅相成，所以对交谈除了应当有所准备之外，更主要的还是要有根据现场情况、对方反应来灵活应变的能力。有人打过这样一个比方，交谈就好比马路上双向行驶的车辆，司机不能只顾自己往前开，而必须随时注意迎面驶来的车辆的方位和速度，以及时调整自己车辆的方位和速度；还必须注意"红灯""绿灯"，以此来决定自己是继续开还是需要暂停。如果交谈中只顾说，不顾听，那就像司机不顾前面来车，也不看交通信号灯一样，是要出问题的。

所以，交谈中也要注意"听"。听的过程，是接收、还原说话者信息的过程，更重要的是"加工"，要通过边听边动脑，对接收的信息加以由表及里，由此及彼，去伪存真，去粗取精，删去一些虚假的或多余的信息，集中有用的主要信息来加以分析研究。只有这样的"听"，才能辨明事情的真与伪、观点的主与次、道理的是与非，才能作出肯定或否定的反馈。

2. 倾听是对说话者的尊重

美国现代心理学家马斯洛认为，获得"尊重"的需要是人的一种基本心理需要，而在交谈中认真虚心听对方讲话就是对对方这种心理需要的一种满足。说话者面对听众，企求获得尊重的心理需求得到满足，就会大大提高说话的兴致，会更高兴地把交谈进行下去，并对听者产生美好的印象。有个交际学家谈这方面的感受时说："最近我参加一个宴会，席上遇到一位著名的植物学家，我从未与他接触过，便坐在他旁边静静地听他讲述有关植物的趣事，从室内到花园，到马铃薯生长的奇异状况。宴会结束后，那位植物学家对主人说了许多称赞我的话，说我是'最有趣的谈话家'。其实我几乎什么也没有说，因为对植物懂得太少了，唯一做到的是注意听。我想，做一个善于静听的人，鼓励说话者多谈他们自己，这是使别人对你首次印象产生好感的方法。"

3. 倾听可以缓解人们的心理压力

《读者》刊登过这样一个小故事：一个人回到故乡，发现30年前的一家食品杂货店还在营业，掌柜的仍是从前那位。一天，他和掌柜闲谈，问："现在城里到处是购物中心和超市，你这小店怎么能和人家竞争而不被淘汰？"掌柜说："没关系，在我有生之年，这店一定能开下去，且会生意兴隆。因为我这里还有一种近乎绝迹的服务。""什么服务？""客人来买东西，常说物价上涨，世风不正等，我就爱听顾客们说东道西，发发牢骚。所以顾客还是愿意上我这来买东西。"现代社会，信息传递快速，竞争加大，人们的心理压力加重。这样的心理压力往往表现为忧郁、烦闷和浮躁的心绪，威胁和损害人们的身心健康。通过交谈、倾诉，人们可以缓解心理压力。

4. 倾听的良好表情动作可以获得对方信任

众所周知，爱德华八世为了心爱的女人——辛普森夫人放弃王位。辛普森夫人是个既无倾国倾城之貌，又离过两次婚的女人，究竟有何魅力？美国作家莎罗夫这样描写她："她坐在公爵对面，肘靠在桌面上，手支着下巴，她的眼睛、耳朵、整个身心似乎全沉醉在他说的每一个字、每一句话之中。她似乎在说：'再说吧，再多告诉我一点……我正在听……有趣极了……迷人极了……'。"辛普森夫人的迷人之处在于她的风度，在于她倾听时的魅力，不仅能获得对方的信任，博得对方的好感，而且有利于心灵沟通。

（二）倾听的技巧

1. 专心静听

交谈中，听和说都是借助有声语言作为传递信息和接收信息的主要手段。有声语言具有声过即逝的特点，在倾听时，稍一走神，就会间断听觉的思维序列，影响倾听效果。

（1）全神贯注

要聚精会神，高度集中注意力。我们知道，注意是心理活动对一定事物的指向和集中，就像雷达和探照灯一样，紧紧地追寻与跟踪、捕捉对方语言信号中的音旨，做到不遗漏、不误解。如果三心二意、心猿意马、想东想西，就不能准确获取对方的话语信息。

（2）积极参与

专心静心，不但指专心致志，而且包括积极主动地参与，这种参与表现在：

① 对对方讲话作出积极的反应。如当对方讲到精彩时表示赞同、肯定，也可伴以“嗯”“对”“是呀”的话语，来配合对方讲话的内容。

② 适当插话。例如，听到对方讲得有道理时，可说“对，你这样讲有道理”，或“你讲得太好了”。在对方讲到你不理解的地方时可插话：“对不起，能否解释一下？”这些语言既是听讲艺术，也是给对方造成一种愉快心情，使对方认真地继续讲下去的方法。

③ 边听边想边筛选。一边聚精会神地倾听，一边积极思索对方讲话的目的、意图和要点，一边做去粗取精的筛选、提炼和归纳，做相关性联想，预测还会说什么内容等。这样，既有助于准确理解对方语言，又可发现问题，做有的放矢的提问，使交谈深入。

（3）排除干扰

在倾听的时候，必须自觉排除影响精神集中的一切扰乱，这些扰乱包括：① 听者自身精神烦恼，心绪不安，或者情绪激动。② 说者的服饰奇异、音调特别、字音刺耳、态度不恭、举止粗野等。③ 周围环境嘈杂。如在公共场合，人多声大。这些干扰因素都会扰乱听者的正常思维，导致注意力分散，影响听解效果，熟谙于倾听技巧的人都善于保持始终专心静听，排除和忘却这些干扰因素。

2. 言外之意的揣摩

在交谈中的言语行为有显性和隐性之分。显性言语行为，直言不讳，言明意显，叫人一听就懂，一看就明，用不着揣摩领会，给人以明快率直的感觉。隐性言语行为，不把本意从词面上直接表露出来，而是将本意隐含在言辞深处，话中有话，意在言外，让人靠经验和背景知识去揣摸推测。如姑娘说：“听说现在东北电影院放映的片子很好看。”其实姑娘是含蓄地表示要小伙子请她看电影，可这愣小伙子却听不出来其中的深“情”厚“意”，马上接嘴说上一通：“是的，我看过介绍和评论，它讲的是这样一个故事……”一口气说了半小时，差点没把姑娘给气晕了。所以，听要仔细揣摩其言外之意，听出对方话语的真实动机和意思。话语的言外之意现象是异彩纷呈的，有的整段话语隐含几层言外之意，有的只是词语隐藏一个深意，有的蕴意程度很深，有的程度较浅。但无论此或彼，都是由一定的言语形式来体现的。

3. 体态语言的释读

体态语言，是用表情、动作、界域和服饰等来传递信息的一种伴随语言。交谈中，双方都会有意或无意地借助体态语言来传情达意。因此，释读体态语言可以更好地理解交谈话语。

（1）结合言辞去释读

在交谈中，倾听时如果光听有声语言，而不注意体态语言，有时就无法准确把握对方说话的内涵；相反，如果撇开有声语言，只从体态语言本身着眼，也不能理解对方传递的全部信息内容。因此，倾听中释读体态语言必须结合有声语言进行。

（2）综合释读

尼伦伯格·卡莱罗的《怎样洞察别人》中讲："一个姿态只代表一种意义，如果不了解个人的姿态簇（一连串酝酿的姿态），没有把前后的动作加以融会贯通，只单凭某个表情就骤下结论，难免会犯下断章取义的错误，造成误解的后果……所以，不能只观察一些个别的姿态，必须注意言辞与个别姿态在表达上的一致性，以及个别姿态与连串姿态的不矛盾性。"尼伦伯格·卡莱罗这段话对我们释读体态语言有所启发：既要理解每个体态的含义，更要把握各个部分体态动作融合在一起构成一个群体所传递出来的信息。

（3）结合民族习惯、社会文化和具体语境来释读

体态语言的形式和意义与民族习惯、社会、文化有密切的关系，而且又常常因具体的语境特点而有所变化，因此，在交际言语听解中释读体态语言的时候，不能把任何的动作表情、姿势看得太绝对，必须结合具体的人、具体的情境、具体的文化背景去观察、去理解、去判断，否则，就会产生信息误差，给交谈带来不利影响。

（三）善于说话

常见的口语表达样式主要有叙述式、描述式、解说式、评述式。如果能熟练恰当地运用这4种语体，在口头表达时，叙述就能条理清晰，娓娓动人；描述就能栩栩如生，历历在目；解说就能清楚明白，深入透辟；评述就能客观公正，以理服人。成为一个善于说话的人。

1. 叙述

叙述，即叙事。它广泛运用于日常生活、演讲或发言稿中的叙事部分，以及议论、评述中的举例等方面。是即兴口语表达训练的重要组成部分，也是日常生活和教育教学中运用较为广泛的一种说话形式。

(1) 叙述语体的要求

① 头绪清楚

叙述要头绪清楚，抓住主要线索，想好次要线索，有条不紊地进行。叙述起来，要有条有理，层次井然，并且要注意有头有尾，前后一致。

② 交代明白

任何一个事件，总是由时间、地点、人物、事情、原因、结果等因素构成的。在叙述的时候，要把这些交代清楚，否则，会使听者觉得理不清头绪。当然，并不是每个事件都必须把时间、地点、人物等各个方面都一一交代出来，只要不影响表达效果，也可以省略。

③ 详略得当

叙述时要详略得当，不能主次不分，一一细说，让听者觉得不够尽兴。什么地方需要详说，什么地方需要略说，叙述者事先要考虑周全，合理安排。

④ 语言流畅，速度适中

叙述时，语言正确，口齿清楚，用词准确，避免出现不必要的停顿或不自觉冒出的口头禅。语速应根据内容、感情的需要作出相应的变化。

⑤ 想象丰富，具体形象

叙述要求进行积极的思维，展开丰富的想象，语言要具体形象。同样一件事，有的人叙述起来干瘪无味，让听者索然无兴；而有的人则讲得有声有色，给听者以如临其境、如见其人的感觉。

(2) 叙述的六要素：

时间、地点、人物、事件的起因、经过、结果。

(3) 叙述语体训练

可以通过复述来训练叙述能力。

复述是依据一定的书面或口头材料，在理解记忆或整理加工的基础上，有中心、有条理、有感情地、完整地用口语讲述出来。复述可分为详细复述、概要复述、改编复述、扩展复述。

▲ 详细复述

详细复述是一种最简单、最基本的复述形式。要求在内容上不随意增删、修改，不遗漏细节；在结构上基本按照原材料的顺序、层次——开头、经过、结尾；在语言上要保持原作风格，并尽量运用其中优美、精练的语句。具体做法：首先要做好准备，认真仔细地读、看、听原材料，深刻理解和全面掌握原材料的内容；再对其进行组织加工，分清主次，突出重点，打好腹稿；最后进行复述。

▲ 概要复述

概要复述是对原材料的一种删缩性再创造。要求对原作压缩、精简，保留原作中心、主干，舍去枝叶，抓住重点，略去铺陈列举、举例、描述、联想等次要部分，用简练的语言讲出原作的基本内容。

▲ 改编复述

改编复述是依据原材料，但不受其限制，对它的内容和形式做一定的加工(允许有变动的叙述)。可对原材料的内容做一定的增补、缩减，可以重新调整结构布局，也可以在遣词造句方面做更改，但必须在内容、形式上合情合理，使听者能够接受。改编复述含有较大的创造性因素。改编的方法有：

① 改变人称。这种复述是把原材料的叙述由第一人称改为第三人称，或由第三人称改为第一人称。改换人称后，要注意把线索交待清楚，人称前后一致，不要出现视角的零乱。

② 改变顺序。就是把原材料中的顺叙改为倒叙，或把倒叙改为顺叙。如把契诃夫的小说《凡卡》用倒叙的方法讲出来，先讲凡卡如何寄信，然后回顾凡卡在老板家里所受的虐待，怎样写的这封信，等等。

▲ 扩展复述

扩展复述是对原材料做适当扩充、展开的重复性叙述。要求通过合理的联想，运用描述、渲染的手法，补充细节，使讲述内容更加充实、完整、生动，但不能背离原意及其基本框架。

2. 描述

描述语体是用口头语言写生，是用形象生动的语言，把客观世界事物的特征及形态，具体细致地描述给别人听的一种口语表达形式。

(1) 描述语体的要求

① 描述要有序

描述者对描述对象要有条有理地安排描述顺序。从左到右或从上到下，从前到后或从远到近，按照相关的顺序描述，给听者一个完整有序的印象。

② 描述要特点突出

无论是描述某人，还是某物，都要抓住特点，突出特点，给听者打下一个鲜明、深刻的烙印。有些描述面面俱到，虽然具体、细致，但没有突出特点，不能给人留下深刻的印象。

(2) 描述语体训练

① 人物描述

一般从人物的外貌、服饰、言语、动作、心理活动等方面进行。描述时，要认真地观察人物，抓住人物的特征、个性，惟妙惟肖地把人物描述出来。

② 景物描述

景物描述包括自然环境、社会环境和场面三个方面。在口语表述中描述最多的是自然环境。自然景物包括时序节令、山川原野、江海湖泊等。壮阔的大自然千姿百态、美不胜收。口语描述时，首先要抓住景物的特点。世界上任何景物都是有细微差别的，就是同一个地方不同时令的景物也都有不同的特点。只有抓住了所描述景物的各自的特点并准确地表述出来，才能给人以身临其境的感受。其次，描述要有顺序。可以按时间或空间的顺序，由近及远、由上到下、由南至北、由山至水等，有条不紊地描述出来，使听者觉得头尾连贯、层次清楚。再次，要动静结合。自然景物有动有静，在口语描述时，也要抓住景物的动态和静态的瞬息间的变化，这样，描述起来就逼真传神，栩栩如生。最后，要情景交融。景和情往往是相互作用、不可分割的。描景要融入一定的感情色彩，抒情又往往通过景物来烘托渲染。因此，描述景物要注意情和景的协调，使二者融为一体。

如一位导游为游客描述苏州西洞庭山的景色：朋友们，我们现在就是身在仙山妙境，请看，我们背后是蜿蜒葱翠的丛林，面前是无边无垠的太湖，碧澈晶莹，细纹无波。青山绕着湖水，湖水托着青山。山石伸进了湖面，湖面咬进了山石。头上有山，脚下有水。真是天外有天，山外有山；岛中有岛，湖中有湖；山如青螺浮水，水似碧海浮动。这段导游词抓住了丛林、湖水、青山的颜色、声音、形状，娓娓道来，描绘出西洞庭山的妙境仙景。

---

③ 物体描述

物体描述的对象很广，包括动物、植物、物品、器械、建筑物等。如果描述大自然中的鱼虫鸟兽，树木花卉的千姿百态，就要抓住形、态、色、神等方面；如果是对静物的描述，就要重点抓住所描述物体和同类物体的不同之处，细心观察，鉴别比较，抓住特征，突出特色。

④ 想象描述

想象描述是描述者受到现实事物的某种触发，对未来的或者根本不存在的事物、景象进行描述，是一种创造性的描述。科学幻想的描述、对美好未来的描述、理想的描述都属于这种描述。想象描述必须合乎情理，不能有悖于生活常情。这种描述，一般用来推想事件的前因后果、揣摩人物的心理活动、推测事物的发展变化、预见自己的未来前景等。

如一位同学在口语课上根据白居易在《卖炭翁》中“夜来城外一尺雪，晓驾炭车辗冰辙”的诗句，是这样进行想象描述的：烧炭老汉殷切盼着天冷，夜间终于下了一场一尺深的大雪，他那颗忧虑炭贱的心，总算松弛了下来。第二天一大早儿，老汉赶车上路。只见那冰雪路上，一位满头白发的老汉，走在一头骨瘦如柴的黄牛左边，老牛拖着的是一辆负载千斤的炭车。快行怕翻车，慢行怕误事，车轮下发出吱吱咯咯的响声。为了糊口，为了活命，老汉和黄牛在这古老的、溜滑的、崎岖的山路上吃力地挣扎着，挣扎着……

这段描述比较成功。不仅再现了卖炭翁“晓驾炭车辗冰辙”的艰难，而且依据全文内容对老翁的心理活动进行了合理的想象和恰如其分的描述。

3. 解说

解说语体是说明事物、解释事理的一种口语表达方式。各种事物形状、功用及其发展变化规律，都必须通过解说才能让人了解。如教学过程中的“知识介绍”“例题解析”“实验分析”“课堂答疑”等，都是解说。解说可以说是教师讲授科学文化知识时最常使用的一种口语表达形式。

（1）解说语体的要求

① 解说要抓住事物的特征和本质

首先，要对所解说的事物的形状、性质、构造、成因、关系、功用等有精细的观察和深刻的了解；其次，把握事物的特征进行分析问题、剖析事物；最后，用科学的、准确的、客观的语言予以说明。

② 解说要有条理和顺序

解说时，要对解说对象的结构和规律，以及解说目的和要求，按由浅入深、由易到难的顺序进行解说。

③ 解说语速要适当

解说语速不宜过快，节奏要有变化，说到数据和专用词语以及关键的、难懂的地方时要慢吐重说，甚至要一字一顿地说。

④ 要讲究解说方法

恰当地运用各种解说方法，如下定义、举例、解释、分析、分类、引用等等，可以使解说更具体、生动、通俗易懂，能收到更好的解说效果。

(2) 常用的几种解说语体

① 概括性解说

概括性解说是用比较简练的话说明事物、解释事理。概括性解说言简意明，揭示事物的本质属性，有助于提高工作效率。介绍和定义是一般的、概括性解说，是以简洁的语言去揭示事物本质特征的解说方法，目的是让听者有个概括的了解。如在一次宴会上，有人向萨马兰奇先生讨教他对奥林匹克精神的理解。他回答得极为简短："奥林匹克精神就是体育加文化。"这种方法在教学和学术性解说时常常使用。

② 纲目性解说

纲目性解说就是提纲挈领地分点说明事物、事理的方法。纲目性解说纲目分明，易懂好记。作纲目性解说主要是指列举和分类。

列举是把解说对象的基本特点分条罗列说明。

家庭如何保藏好图书？

（1）防尘，把图书放在书架或书橱内，或在书架外面放置一块罩布。

（2）防蛀，图书不可排得过紧，要常动，发现虫害，及时消灭。

（3）防霉，注意通风，保持干燥。

（4）防晒，日晒的图书，纸张变脆，书不宜放在阳光直射的地方。

分类是通过明确概念外延来说明事物的方法。对比较复杂的解说对象，按照一定的标准划分成不同类别，一类一类地加以说明。

尽管灯的种类极其繁多，形状千差万别，但如果按从电能到光能的转化形式的不同来区分，不外乎两大类：第一类是根据热辐射原理制成的，即用电使物体温度升高而发光的灯，典型的是白炽灯；第二类是气体放电灯，即电流通过气体媒质放电而发光的灯，典型的是水银荧光灯。

这段解说将千差万别的灯，“按从电能到光能的转化形式的不同”分为两类，并举出典型灯种，使人对各种形式不同的灯，从本质上能够进行区别。

③ 阐释性解说

阐释性解说就是对一个事物、一种见解作比较详细的分析或说明。方法很多，有举例子、打比方、作比较、讲特征等。运用这些方法，可以起到具体形象、浅显易懂的表达效果。

乐山大佛高71米，几乎和上海国际饭店高度相等；它的每枚指甲有一张桌子那么大；它的脚趾厚度比一个成年人还高……

上述解说把乐山大佛同人们实际生活中较为熟知的事物作比较，使听者对乐山大佛有了一个更具体的、更深刻的印象。

4. 评述

评述语体是对客观事物发表自己见解的口语表达方式。评述以“评”为主体，但是离不开“述”。没有对客观事物的复述和描述，“评”就失去了基础和依据。因此进行评述训练，不仅可以提高复述和描述能力，而且能提高分析能力和评论能力。

（1）评述语体的要求

① 实事求是，客观公正

从客观实际出发，真实准确地评述事物的本质。评述时不能主观片面，无中生有，移花接木，歪曲、捏造事实。

② 观点鲜明，以理服人

所谓观点鲜明，就是评述时所持的立场、态度一定要明朗，敢于坚持真理，以情感人，以理服人。不回避问题，不模棱两可。

③ 语言准确，简明达意

评述时用词要准确、精练，做到言简意达。不可用模棱两可的语言，不能啰唆重复，使人听了生厌。

（2）评述语体

评述是以“评”为表达目的的，但“评”的前提和依据是对所要评论的内容作必要的复述、描述或解说。所以，评述是复述、描述、解说、议论等表达方式的综合。从评述构成方式上看，有先述后评、先评后述、边评边述3种类型。

① 先述后评

先述后评是先用复述、描述或解说的方式把要评论的内容介绍出来，然后集中发表自己的见解和感受。

前日，看见一个挺可爱的小女孩从地上捡起一张5毛钱的钞票，她对身边的母亲说："妈妈，交给警察叔叔。""不，给妈妈，妈妈给你买巧克力吃。"妈妈说。"不，你不是教我唱捡到1分钱，交给警察叔叔吗？"小女孩很委屈。"傻瓜！这是5毛钱。"小孩子露出了满脸疑惑的神色。

评述：教育孩子捡到1分钱要交给警察叔叔的同时，却又告诉她捡到5毛钱要拿去买巧克力。孩子永远是幼稚无知的，也正是他们才具有天真无邪的心灵。然而这么一点美丽的纯真，也在大人们的言行教育下慢慢地消失了。

② 先评后述

先评后述是先阐明自己的见解和感受，然后再述说事实或理由来证明自己的观点。这种评述观点集中，一般只有一个中心观点，但可以广泛选取能支持和证明观点的材料。

③ 边评边述

边评边述，就是一边复述或描述客观事物，一边进行评论。进行边评边述，要求评述者熟悉"述"的内容，并且有独到的见解和感受，在"述"的过程中及时地发表见解、感受，使"述"和"评"紧密地结合起来。如果评述有全面评价的话，只能放在开头和结尾。

三、态势表达技巧

态势语，也称"体态语""身势语""人体语言"，它是指用表情、手势和体态动作来交流思想感情的语言辅助工具。态势语是人类社会交际的信息载体，是讲话的重要组成要素和不可缺少的直观性表达手段。美国心理学家艾伯特·梅瑞宾发现：一条信息的传播效果中，只有38%是有声的（包括音调、变音和其他音响），7%靠语言（只是词），而55%的信息是无声的。可见，在人与人的交往之中，处于辅助地位的态势语言有着巨大的信息量，它以直接的观感增强讲话的效果，提高听众的审美情趣。所以，要训练口语表达能力，必须熟练掌握态势语。

（一）态势语在教育教学中的作用

教学过程中，良好的态势语能强化语义表达，激发学习兴趣，辅助组织课堂教学。而在教育过程中，在学生感到伤心需要安慰时，在学生取得成绩时，在学生犯了错误时，通过安抚的动作、鼓励的眼神等都能达到事半功倍的效果。得体、自然、适度的态势语能更好地展示教师讲话时的风采，更好地完成传情达意。

当然，讲话毕竟以讲为主，以态势为辅，态势语必须配合讲才能发挥作用，它是依附于口语表达的。

（二）教师态势语的技巧

1. 仪容仪表

民间有句俗话，“人靠衣装，马靠鞍”。随着社会的发展，现代社会越来越重视人们在公共场合的仪容。TPO 原则，是有关服饰礼仪的基本原则之一。它要求人们在选择服装、考虑其具体款式时，首先应当兼顾时间、地点、场合，并应力求使自己的着装及具体款式与着装的时间、地点、场合协调一致，较为和谐般配。具体包括：

T（time）：着装要注意季节与时代；

P（place）：着装要注意场所；

O（object）：着装要注意交际对象、目的。

教师仪容的总原则：整洁大方，切忌花枝招展，也不可不修边幅。

穿着打扮这一无声语言所传递的种种信息，常会使学生形成一定的印象，所以教师整体的仪容仪表应以端庄、稳重为主。

2. 身姿（站姿，坐姿，行姿）

古人云：站如松，坐如钟，行如风。良好的身姿能提升个人气质，给人以积极向上的印象。

（1）站姿

自然式：两脚平行或略呈八字形，双距与肩同宽。

前进式：重心均衡分布在两脚之间或根据表达需要落在前脚。

丁字步：两脚呈丁字站立。

教师的站姿要端庄，挺直，精神饱满。弯腰驼背会让人感到精神不振。教师讲课站累了，可将重心轮放在一条腿上，作稍息的站姿。但身体不要后仰、歪斜或左右摇晃，腿不要下意识地抖动，不要长时间将双手撑在讲桌上或将上身俯在讲桌上。

（2）坐姿

严肃坐姿：落座在位置的前半部，两腿平行垂直，两脚落地，腰板挺直——说者、听者都十分严肃认真。

不同的坐姿反映不同的心理：

抬头仰身靠在座位上——倨傲不恭；

上身略前倾，头部侧向说话者——洗耳恭听；

上身后仰并把脚放在前面的桌子上——放纵失礼；

欠身侧坐椅子的一角——谦恭或拘谨；

翘起二郎腿不时晃动——心不在焉；

频繁变换坐姿——不耐烦。

（3）行姿

抬头挺胸，步履稳健而轻捷，手臂自然摆动。不要摇摇晃晃，慌慌张张，拖拖沓沓。

3. 眼神

眼睛是心灵的窗户，不同的眼神体现不同的心理。比如，“正视”的眼神显出庄重，诚恳；“斜视”代表轻蔑；“环视”是与听众交流；“仰视”代表崇敬，傲慢……

讲课时，教师应始终保持明快、富有神采的眼神。扩大目光的视区，始终将全班同学置于自己的视野之中，并用广角度的环视表达对每个同学的关注。在讲台上，两眼应略向下平视，看中后方。目光自然、亲切。与学生交谈，视线应接触学生的脸部。

同时，注意防止眼神运用的一些不良习惯。比如眼神黯淡无光；视线不与对方交流以致冷落听者；长时间死死盯住某一同学、天花板、窗外或讲义；眼球滴溜溜乱转或眼动头不动；作手势时手到眼不到；边想边说时频繁眨眼或闭目思索；视角频繁转换，飘忽不定，给人心不在焉的感觉。

4. 表情

有一位人类学家曾说：光人的脸就能作出大约25万种不同的表情。在教育教学工作中，教师应当注意自己的表情。常规的表情应该和蔼，亲切，热情，开朗，面带微笑。同时，随教学内容与教育教学情境而变化。要适度，不可夸张。

5. 手势

有人说：手是第二张脸。教师在课堂教学中要“以手势助说话”。手势的目的要鲜明，克服随意性。手势要适度、自然、简练。

从目前教师教学状况看，教师教学语言中的态势语普遍存在着个人的习惯性和随意性。如有的教师讲课习惯于走来走去，分散了学生的注意力；有的习惯于脑袋晃来晃去；也有的教师态势语过于频繁，给学生以手舞足蹈之感，令人眼花缭乱。更有个别教师态势不雅，把平常的一些不良习惯带入课堂中去。这些都将严重影响课堂教学效果，也有损教师在学生心目中的形象。一个好的课堂态势语首先应当是准确的、优雅的。教师的一举手，一投足，一顾一盼之间，都要不失教师这个称号，举止潇洒大方、神情亲切自然才能给教学口才增光添彩。

情境与实践

1. 就普通话测试说话题目“我喜爱的职业”“谈谈科技发展与社会进步”进行练习，自评、互评语言表达技巧的运用是否恰当、到位。

2. 讨论：常见的教师表情语运用不当的有哪些？你认为这些表情语可能会对学生分别产生什么样的影响？

第三部分　教学口才应用

教学口才是教师开展教学时的重要组成部分，是教师在教学过程中，用以“传道、授业、解惑”的工作用语，是教师教书育人的重要工具。它是教学工作最基本、最直接的手段，是引导学生进入知识殿堂的钥匙。良好的教学口才能激发学生在各个教学环节中积极主动学习的热情，更快地完成教学目标。

依据在教学中的不同作用，教学口才一般包括组织教学、课堂结构、阐释教材三种类型。组织教学的口才应用分为提示语和指导语，课堂结构口才应用分为导入语、过渡语和小结语，而阐释教材口才应用分为讲授语和提问语。

一、导入语

（一）导入语

导入语是指一节课开始时所讲的话，一般包括两种情况：一种是新课程开课之初，任课教师的开场白；另一种是教师在讲授每一节新课之前所讲的简洁、概要、富有吸引力的引导语。

导入语的基本任务是把新旧知识有机联系起来，或介绍有关背景材料，或摘要本课所讲内容，或渲染一种气氛，或引发一种情绪，激发学生学习的欲望和兴致，使他们进入预定的教学轨道。

（二）导入语的功能

导入语的功能是多方面的。从教育心理的角度看，主要有以下几点：

1. 沟通心灵

课堂导言是师生之间建立关系、沟通情感的第一座桥梁。成功的导言能引起学生的共鸣，赢得学生的信赖和认可。

2. 活跃气氛

高明的老师善于运用独特的开场白活跃气氛，创造良好的教学氛围。

3. 激发兴趣

成功的导言能使学生对学习内容产生浓厚的兴趣，有效地调动学习积极性。

4. 诱发思考

导语是启动学生思维的第一站。古人说："学源于思，思源于学。"教师一开讲便巧设疑点、布置悬念，能迅速调动学生的思维，诱发他们探究问题、掌握新知。

5. 承上启下

导语是沟通"旧知"和"新知"的媒介。由旧入新的导语既能体现知识的整体性和连贯性，又能帮助学生复习旧知，掌握新知，提高学习效率。

（三）导入语的设计

俗话说，"良好的开端是成功的一半"，优秀的教师都非常重视导入语的设计。正确、巧妙地导入新课，可以点燃学生思维的火花，开拓学生思维的广阔性和灵活性。所以，导入语的设计要具有趣味性，能激起学生学习的兴趣，激起学生的求知欲；要富有鼓动性，能调动学生的课堂情绪，使之跃跃欲试；要具有启发性，能激发学生的智力活动，引起思索，吸引学生的注意力；要有一定的情感性，能起到缩小师生之间心理距离的作用。

1. 故事导入式

故事导入是教师结合教学的有关内容用故事来吸引学生的注意力，从而导入新课的方法。这种导入不仅能激发学生的学习热情，处理得当，还能突破教学难点。

案例：《赠汪伦》导入语

“小朋友，你们都知道李白是唐朝的大诗人，然而你们知道汪伦是什么人吗？汪伦是一个平民百姓。一个大诗人怎么与一个普普通通的老百姓建立了深厚的友谊呢？原来李白一生中有两大嗜好：一是喝酒，二是赏桃源。这个秘密让汪伦知道后，写了一封信给李白，说自己家乡有‘千里桃花’‘万家酒店’，邀请大诗人光临。李白接到信后，兴致勃勃地来到汪伦的家乡役县，一看，哪有什么‘千里桃源’‘万家酒店’？其实只是一个方圆十里的‘桃花潭’和一个姓万的开的一家酒店。然而，李白并没有扫兴，他深深地为汪伦交友的盛情所感动。因此两人在一起饮酒谈天，越谈越投机。渐渐地两人情同手足，离别时难舍难分。这依依惜别之情能用什么衡量出来呢？”

2. 观察导入式

观察导入就是教师让学生通过看、闻、摸、听等观察活动让学生集中注意力去感知新事物，理解掌握新知识，激发他们的求知欲，从而导入新知的方法。这种方法使学生的“要我学”变成“我要学”，为整堂课的展开打下良好的基础。

案例：小学综合活动《把力传下去》教学片段

师：“你们玩过保龄球吗？”

生：“玩过！”（一些同学兴奋地叫道。）

师：“那么保龄球瓶为什么会倒，你们想过吗？接下来就请你们看一段录像，去观察分析一下，寻找其中的原因。”

（播放打保龄球的全方位的录像。）

生：“是因为保龄球撞上了保龄球瓶！”

师：“是呀，那保龄球受到了怎样的力呢？让我们再来看一遍录像，好吗？”

（再次播放打保龄球的录像，同学们看得更仔细了，教师故意在掷保龄球的环节播放了慢镜头，以便让学生看得更清楚。）

生：“是手的推力！”

生：“是保龄球将手给它的推力，撞上了保龄球瓶！”

师：“你们答得真好！的确，手中的保龄球将手的推力传给了前面的保龄球瓶，保龄球瓶才会倒下，这就说明力是可以传递的。”

（教师出示课题：把力传下去。）

师：“今天，我们就用陆战棋来寻找力的最佳传递方式。”

（杨莲菁，王钢主编，《小学课堂教学微观技术丛书　导入》，上海教育出版社2004年3月第一版，第155页。）

3. 情景导入式

情景导入就是利用语言、设备、环境、活动、音乐、绘画、表演等手段，制造一种符合教学需要的情景，从而把学生引进教材相应的氛围或情境中，诱发学生的思维，激发学生的情感和学习兴趣的一种语言技法。

案例：小学音乐《摇篮曲》教学片段

师：“夜晚星星闪烁，月光洒满大地。屋里，妈妈的双手正轻轻地摇着摇篮。摇篮中的宝宝听着妈妈哼的歌，慢慢地入睡了……”

（学生安静地聆听。）

师：“你们还记得妈妈是怎样给你们摇摇篮的吗？妈妈的双手是轻轻地，还是非常用力？妈妈唱的歌又是怎样的呢？”

（学生讨论。）

师：“是啊，妈妈的心中充满了对你们的爱，充满了对你们的希望。你们多么幸福啊！

今天，我们就来学习《摇篮曲》，让我们来学做小爸爸，小妈妈，看谁的‘孩子’最幸福，谁是最合格的小爸爸，小妈妈……”

（杨莲菁，王钢主编，《小学课堂教学微观技术丛书　导入》，上海教育出版社2004年3月第一版，第208页。）

4. 解题导入式

解题导入是教师通过审题、释题来导入新课的方法。题目是文章的眼睛，这种方法可以使学生透过“窗口”窥视全文奥秘，取得开门见山、抓住重点、促进思维、迅速定向的作用。通常有审题意、释物名、释结构等多种技巧。

案例：《将相和》教学片断

一位老师教小学语文《将相和》，板书课题后，讲到：“这是一个有名的历史故事，记载在西汉时期司马迁写的《史记》里。‘将’，将领，率领军队的人，这里指赵国的大将军廉颇；‘相’，古时辅助国王掌握政权的最高官吏，后来也叫‘宰相’，这里指蔺相如。‘和’是和好，说明他们原来是有矛盾的。廉颇、蔺相如为什么有矛盾？后来又怎样和好了？我们学了课文就知道了。”

5. 游戏导入式

游戏导入是教师通过游戏活动设制一定的悬念引起学生思考、想象，激发学生好奇心和求知欲，调动学生学习的主动性导入新课的方法。它既巧妙地向学生提出学习任务，又创设出学生探索知识的最佳情景。

案例：《简易方程》教学片断

有位老师在讲授“简易方程”课前说：“同学们，今天我们做一个数学游戏。你们现在每人心里想好一个数，然后加上2，乘以3，得出的积减去5，再减去你原来想好的那个数。好了，只要你把最后的结果告诉我，我就能立刻猜出你原来想好的那个数。”

游戏开始了，同学们纷纷举手。

“我的最后结果是15。”学生甲说。

“那么你原来的数是7，对吗？”教师回答。

“对！”学生甲高兴地说。

“我的结果是37。”学生乙说。

"那么，你原来的数是18吧？"

"非常正确！"

"老师，您是怎么知道的？快告诉我们方法吧。"同学们兴趣盎然，精神大振，纷纷向老师提出要求。

老师不慌不忙地说："好，方法是'简易方程'（板书），学好了这一章，猜谜的方法也就全会了。"

（郭启明，《教师语言艺术》，语文出版社1992年5月第一版，第40页。）

当然，由于学科不同，教学内容的差异，课堂导入语也是多种多样的，除了上述方法之外还有诸多方法。但不论怎样设计，求精、求巧、求启发性总是导入语不变的原则。

二、讲授语

讲授语，是指教师系统连贯地向学生讲解教材、传授知识和技能的教学语言形式，它是课堂教学中最基本的语言表达形式，是教学语言的主体。教学的内容主要是通过讲授的形式传输给学生的。讲授语言的好坏，更为直接地关系到教学的成败。

（一）讲授语的要求

讲授语除了应符合教学口才基本要求的有关内容外，还必须做到以下几点：

1. 通俗明白，深入浅出

对于教材中难懂的词句、深奥的道理、陌生的概念、定理、规则，学生初次接触往往不易把握。教师的讲授必须善于化难为易、化深为浅、化抽象为具体，做到通俗明白、深入浅出，才能帮助学生有效地接受新知。

2. 钩玄提要，突出重点

教师讲授时，应抓住要点、突出重点，提纲挈领、言简意赅地进行表述，这样，既有利于加深学生对教学内容的理解和记忆，又可以节省教学时间，收到事半功倍之效。

3. 连贯周密，语义畅达

第一，话题要集中。有时在讲授时受到意外因素的干扰，不得不暂时偏离话题，但也要善于调控，及时拨到正题上来。

第二，层次要清楚。在一个话题之下，先讲什么，后讲什么，怎么讲，要有一个妥善的安排。

第三，衔接要得当。在一个讲授单位中，语句之间、层次之间要注意衔接。

4. 把握讲授的时间

不同年龄阶段的学生集中注意力的时长不同，教师要根据学生这一心理特点，把讲授的主要内容安排在这一时间内。

（二）讲授语的方法

讲授语的类型可以分为讲解、讲述和讲演三大类。讲解是通过解释、剖析去传授知识、指导训练；讲述是以叙述的形式去传授知识、指导训练；讲演是以演讲的形式去传授知识、指导训练。其语言表达方式，主要有如下几种：

1. 直陈法

用平实的语言把教材内容直截了当地陈说出来的方法。这是最基本、使用最普遍的一种讲授方法。其特点是使用简便，学生能通过教师的讲授直接迅速地感知教学内容，掌握新知。

案例：《从百草园到三味书屋》讲授环节

师：《从百草园到三味书屋》这一课选自鲁迅先生的散文集《朝花夕拾》。

“朝”是什么意思?

（生：早晨）

“夕”呢?

（生：晚上）

师：早上的花到傍晚才去把它拾起来，从《朝花夕拾》这个题目就可以知道这本散文集是作者的回忆集。那么，这本文集所写的事情发生在鲁迅先生一生中的哪个阶段呢？从“朝”——早晨，这个词，我们可以知道这本文集写的是鲁迅先生童年、少年时代的生活，那时还是清朝。下面我们就来看看《从百草园到三味书屋》写了鲁迅先生童年时代的哪些生活。

2. 具象法

指借助形象化的描绘语言，阐述有关教学内容的方法。其主要功能在于，它能利用人们熟悉的、可以直觉的、能唤起思维表象的事物帮助人们掌握那些陌生的、不易直接感知的事物或道理，引导人们自然地进入理性知识的王国。

一语文老师讲授文章的材料和结构：这好比一个书店，店里书琳琅满目，但没有分类摆放。各类书籍杂乱无章地放在一起，顾客要书不知从何找起；另一个书店，书籍分了类，而且摆放整齐。可就是书籍很少，顾客不愿去；还有一个书店更糟，不知怎么搞得，书架上空空荡荡。没有别的办法，只好关门。

一老师讲黄河每年输往下游泥沙重达16亿吨时说：这些泥沙可绕赤道垒一道宽3米、高8米的堤坝，用载重1 800吨的火车每天运2 500车次，近一年才能运完。

3. 例举法

是通过讲述实例来阐明概念、定理、规则等含义的方法。这是使用频率很高的一种讲授方法，不同学科的概念、定理、规则大都可以通过举例来阐释。

胡裕树教授讲语法，讲到汉语的句式时念了一首古诗：红豆生南国，春来发几枝？愿君多采撷，此物最相思！

4. 比较法

即把两个或几个有同有异的事物、概念、词语、定理等联系起来，分辨其异同或高下的方法。

比如“忸怩”“腼腆”“扭捏”三个词语的辨析：这三个词都有不大方的意思，“忸怩”是形容词，指不好意思，不大方。“腼腆”也是形容词，意思是害羞，怯生生。而“扭捏”也是形容词，指不大方的举止，但“扭捏”也是动词。

5. 引用法

是指援引名言、警句、诗词或有关资料来阐述、论证讲授内容的方法。恰当地使用引用法，能增强讲授的说服力。

如地理老师讲梅雨季节的气候可引用“黄梅时节家家雨，青草池塘处处蛙”；政治老师讲矛盾互相转换的原理可引用“人有悲欢离合，月有阴晴圆缺，此事古难全”，而讲一分为二的分析法可引用“黄金无足色，白璧有微瑕”。

---

6. 联系法

是使新知与旧知、本学科知识与其他学科知识、书本知识与生活经验之间彼此接上关系，以加深对所学知识的理解的方法。

师：同学们好，今天我们来学习陶渊明的《归园田居》。

生：（齐声）哎……又是古诗！

师：不过，我们今天学习之前大家都要喝一杯茶。请各组的组长给同学们倒上茶。来，我们先喝第一口。（朗读课文）

师：现在大家来喝第二口。（介绍作者及背景）

陶渊明是我国最著名的田园诗人，他的诗风格平淡而醇厚。

生：就像这茶！

师：是！茶喝到这里才有了味道，第一口平淡，似乎无味，第二口，却能品出它淡淡的甜味。现在我们来喝第三口。诗歌需要慢慢品味。只有当你静下心来，把情感完全融进去，才能品出它真正的韵味。

---

7. 借助法

是借助实物或标本等的操作演示，以帮助学生理解和掌握所学知识的方法。运用借助法，能使授课内容具有直观形象的效果。

案例：小学语文《燕子过海》教学片段

师：请同学们接着往下看，有一个动作是写“燕子太疲倦”

了，你能把这个动作做出来吗？（大多数孩子伏在桌子上）对了，燕子“伏”在甲板上休息。

师：（有意问）可怜的小燕子，你们为什么那么累呀！

生：因为要从寒冷的北方回到温暖的南方。

师：那就别飞了，跟我们的船回去吧。

生：（有的说）好的！（更多的人说）不好！

师：燕子有没有乘着船前进？

生：没有。它们只休息了一会儿，又展翅起飞了。

师：还有写燕子疲倦的句子吗？

生：有。“停止了呼吸”——“累死了”！

师：那么“展翅起飞”的燕子一点儿也不累哦？

生：也很累。它们是凭着毅力和意志起飞的。

师：对，那我们该怎么读？

（请学生朗读，读出展翅起飞的燕子的坚强。）

（叶松伟，《课堂教学设计例评》，知识出版社1999年6月第一版，第215页。）

案例中教师采用谈话的方式创设情境，借助学生自己的感受引导学生悟出了燕子是凭着毅力和意志起飞的道理。

三、提问语

提问语，是指教师根据教学要求和学生的实际提出问题，促使学生思考钻研以加深理解的教学语言形式，是教学口语中使用最广泛、最普遍的用语。

教学过程的实质就是提出问题、分析问题、解决问题的过程，所以提问是一种常规教学手段。提问是深入的阶梯，是触发的引信，是觉悟的契机。提问效果的好坏，往往成为一堂课成败的关键。

（一）提问语的作用

美国心理学家布鲁纳指出：“教学过程是一种提出问题和解决问题的持续不断的活动。”可见提问在教学过程中的地位和作用。现代著名教育家陶行知则强调：“发明千千万，起点是一问。”可以说，善教者必善问。反之，不善问者必不善教。一般来讲，提问语有如下作用：

1. 可以启发学生思考，使学生的学习变得积极主动。
2. 可以及时地反馈教学信息，便于教师调整教学内容。

3. 可以诱导学生向知识更深处挖掘。

（二）提问语的设计原则

1. 目的明确

教师所提的问题必须与教学目标紧密联系，服从教学目标的需要。要做到目的明确。首先，提问的目的性要明确。即要明确为什么要提这个问题，通过提问要解决什么问题。其次，所提的问题本身要明确。如果问题不明确，学生就无法正确地回答问题。

如《皇帝的新装》一课的提问语：

1. 读《皇帝的新装》你觉得谁最可笑？
2. 读《皇帝的新装》你觉得谁最可恨？
3. 读《皇帝的新装》你觉得谁最可鄙？
4. 读《皇帝的新装》你觉得谁最可爱？
5. 光天化日之下，众目睽睽，骗子行骗为什么会一路绿灯？

2. 适时提问

提问要与学生认知的进程相吻合，要在学生有疑、有思、欲问、欲解而又苦于不知如何表达之时提问。失时而问，便达不到好的效果。如果教师在学生刚预习了《祝福》就问："祥林嫂这个形象的典型意义什么？"明显是不合时宜的。

上海特级教师于漪上语文课《宇宙里有些什么》时，课文里有这样一句话："哪里知道，这条天河淹没了一千万万颗以上的星星啊！"有学生问：这里的"万万"是多少？全班同学发笑。该同学又马上说：我知道了，"万万"是"亿"。于老师：刚才这个问题我不用回答，可我要问，既然"万万"是"亿"，课文为什么要用"万万"，而不用"亿"？这一问，学生们都哑了。过了一会儿，一个学生站起来说："不用'亿'用'万万'有两个好处，第一，用万万听起来响亮，亿却听不清楚；第二，万万好像比亿多。"这时同学们又笑了，其实这个同学的回答是正确的。于老师当即给予肯定，并表扬说："你实际上发现了汉语修辞中的一个规律，字的重叠可以产生两个效果，一是听得清楚，二是强调数量多。"这时同学都用钦佩的眼光看着那个学生，而老师却说："大家可以想一想，我们今天学到了这个新的知识，是谁给予我们的呢？"这时大家都将目光集中到第一个提出问题的同学，这个学生十分高兴，这对他以后敢于大胆提出问题，起到了很好的作用。

于漪老师的两处提问就非常适时，不仅使得教学过程流畅、清晰，互动性强；而且体现了教师对学生的充分尊重，对教育引导性的落实。

3. 适度提问

这主要指问题的深度和难度要适当。所提的问题不能低于或过分高于学生的实际水平。问题太容易，学生会觉得没劲。问题太难，学生又回答不出。应该根据学生学习的"最近发展区"来设计问题，即"跳一跳，够得着"。

另外，适度还指提问的数量要适当。不可无节制地"满堂问"，那样也会使课堂秩序散乱，学生厌答，影响教学效果。

4. 启发思维

陶行知说："智者问的巧，愚者问的笨。"这"巧"与"笨"的区别，就在于是否能启发思维。提问的"巧"主要通过形式和角度的创新来体现。简单、机械的提问不具有启发性，是没有意义的。

5. 提问语要注意教学策略

一是面向全班。二是因人而问。三是不可逼问。四是问有沟通。五是把握好语气，语速不宜过快，语音要清晰。

（三）提问语的类型

按照答题的思考方式，把提问分为判断型、论证型、说明型、想象型四类：

1. 判断型

这类提问要求学生对所提问题作出判断，着重培养学生经过分析、综合形成正确判断的能力。常用"是什么"的语言形式来表述。运用这类提问应避免简单化和机械化。

大脑的主要功能是什么？
《七根火柴》的主人公是谁？
这里的“妻子”是一个词还是两个词？

2. 论证型

这类提问要求学生对所提问题作出论证，着重培养学生科学的分析、综合能力。常用“为什么”的语言形式来表述。比判断型更有思考价值，有时两者常配合使用。

皇帝为什么会相信骗子？
本文通篇写祥林嫂，为什么不以“祥林嫂”为题呢？
为什么车轮要做成圆形呢？

论证型问题比判断型问题更富有思考价值，更能促进学生思维能力的发展，所以，两者经常配合使用。

这篇课文的最后一段写什么？为什么这样写？

3. 说明型

这类提问要求学生对所提问题作出说明，着重培养学生说明的能力。常用“怎么样”的语言形式来表述，也常与判断型提问配合使用。

你是怎样构思这篇文章的？
作者是怎样描写清晨果园的幽美景色的？

4. 想象型

这类提问要求学生对所提问题展开想象，并予以描述，着重培养学生合理想象的能力。常用“会怎样”的语言形式来表述。

路瓦裁夫人如果不丢失项链会有什么结果？

（四）提问的技巧

1. 巧设矛盾、激疑设问

教学中隐含着大量的各种各样的矛盾，教师要善于发现并通过提问揭示这些矛盾，以引起学生的思考。

愚公到底愚不愚？不愚，为什么课文又称他为愚公？

《有的人》一课中，作者为什么用“骑”，而不用“压”？

2. 由易到难、连环设问

一开始就提高难度的问题，容易把学生难倒，使他们失去兴趣。若先提一些浅显有趣的问题做铺垫，让学生尝到一点解决问题的乐趣，再加大难度，就不会觉得太难了。

3. 故布迷津、迂回设问

有些问题本可以照直提问，但那样往往缺少启发性，学生的印象也不深；若采取“迂回战术”，改变提问的角度，有意布设迷津，让学生思路拐一个弯才能找到答案，这样就更能激发学生的思维兴趣，并加深印象。

《狐假虎威》一课：狐狸和老虎，一前一后，朝森林深处走去。

问：请同学们认真想一想，这一前一后是谁在前？谁在后？你的根据是什么？

4. 叩其两端、正反设问

这种提问方法能引导学生从不同的方面去分析问题，加深对问题的理解，能培养学生全面分析问题的能力和思辨能力。

为什么要坚持实事求是？不坚持实事求是会怎样？

四、小结语

小结语又称课堂教学结尾语，断课语。是指一堂课或某一教学环节、阶段将要结束时，教师对前面的教学进行巩固和强化所用的总结性语言。常言道：描龙画凤，贵在点睛。课堂教学的小结语是课堂教学的有机组成部分，是课堂教学不可或缺的重要环节。

（一）小结语的作用

俗话说，编筐编篓，重在收口。一节课或一部分内容教完以后，说一段小结语，很有必要。其作用如下：

1. 加深印象，增强记忆

教学是由一系列既有联系又有区别的阶段组成，知识点比较分散。如果教师在教学的最后环节中能从所教学内容中总结归纳出最重要、最基本的内容，提纲挈领地加以强调，就可以起到加深印象、增强记忆的作用。

2. 指导实践，培养能力

学生感知、理解、记住了知识，并不等于完全掌握了知识。如果教师在下课前，指导学生进行一些有针对性的练习，或对课后的学习活动提出一些要求，对于巩固知识、培养能力是大有益处的。

3. 承前启后，过渡自然

任何知识都有严密的逻辑性和系统性。每节课后或每个章节之后，用小结的方式可以帮助学生将所学的知识系统化，并在总结的基础上预告新的学习内容，使前后内容连接紧密，过渡自然。

4. 置疑问难，发展智力

在基本完成教学任务的前提下，结合教材内容提出一些有争议的问题，让学生争论，或提出新的思考题，让学生课后进行观察、思索、探讨，把课堂延伸到课外，这样既可以开拓学生的知识领域，又可以使他们的智力得到发展。

（二）小结语的设计

1. 延伸式结束语

教师除了在课堂上向学生传授知识，还应把学生的视野由课内引向课外，使学生自觉地去课外寻求知识，以弥补课堂教学之不足。

2. 升华式结束语

教育工作者必须既教书，又育人；既是科任教师，又是生活导师和品德引路人。在教学终了之时，教师运用准确精练的语言，对课文的精要之处进行点化、揭示，激发学生的思想感情，真正达到文章“如出我手，如出我口”的境界。

3. 激励式结束语

教师在讲完某一内容后，用激励、勉励的话语结束全课。

4. 悬念式结束语

在课堂教学结束时，有时采用巧设悬念的方法，能收到“欲知后事如何，且听下回分解”的艺术效果。

5. 对照式结束语

在课堂教学结束之际，从内容、结构、语言等方面，有所侧重地将课文与以前学过的其他课文进行对照比较，同中求异，异中求同，从而加深对课文的理解。

6. 概括式结束语

这是最常用的一种结束语。它是对教学内容、课文特色作提纲挈领的总结和归纳，是对知识进行条理化和系统化的工作，意在让学生由博返约，纲举目张，牢固地掌握所学知识。

7. 想象式结束语

点拨激发学生改变思维常规，对课文进行创新理解，读出新意，引出新见解。但小结语切忌拖沓、仓促、平淡。

当然，上述几种教学口才类型不能涵盖所有教学环节，比如教学环节的衔接需要过渡语，师生互动时需要应变语对教学进行适当地调整。此外，针对不同年龄阶段、不同性格特征、不同接受水平、不同学习态度的学生，教学语言都应有所变化，不同科目教学语言的特征也是略有不同，等等。这些在我们进行教学口才训练时都应该考虑到。

总之，教学语言是教师一切基本功中最重要的基本功。现代教学手段不管多么复杂、先进，都无法代替教学语言。它一直是最基本、最有效的教学手段。所以每位教师都必须下苦功夫、花大力气按照相应的要求与方法，加强教学语言的艺术修养。这样才能把课讲得生动有趣，产生强大的吸引力和感染力。

情境与实践

1. 下面是一位老师在教小学自然《空气与燃烧》时使用的导入语，这则导入语用了哪种导入方式？好在什么地方？

今天早上，蜡烛家里发生了一件大事——蜡烛兄弟比本领，谁燃烧的时间长，谁的本领就大。红蜡烛想："我躲在大瓶子里，这样风吹不到，准能赢。"绿蜡烛也想躲在小瓶子里，只有黑蜡烛没有这样做。结果谁赢了呢？小朋友，请你先猜一猜（伸手指表示）。到底谁赢了呢？请来到他们的比赛现场，做一个裁判。睁大眼睛看仔细，蜡烛到底发生了什么变化？（叶松伟，《课堂教学设计例评》，知识出版社1999年6月第一版，第116页。）

2. 为《达尔文和小松鼠》一课设计导入语、讲授语、提问语和小结语。然后作自我练习，要求声音洪亮、语速适中，体态自然。

第二模块 谈判口才

学习目标

1. 学会谈判中倾听与陈述的技巧，进行流利表达。
2. 学会谈判中巧问与妙答的技巧，提高谈判水平。
3. 学会谈判中婉拒与抗议的技巧，化解不利局面。

第一部分 倾听与陈述

富兰克林认为，与人交谈取得成功的重要秘诀就是倾听。一个优秀的谈判者，也一定是一个很好的倾听者。在谈判中，积极地倾听对方的谈话，一方面可以给对方留下良好印象，能使对方产生信赖和好感，另一方面也有助于自己更好地理解对方的真实意图，及时调整自己的谈判策略。倾听需要掌握一些基本原则：

1. 主动倾听

与人交谈时，首先要抛弃“先入为主”的观念，保持积极客观的心态，耐心地倾听对方的阐述，不随意打断对方的发言。同时还要及时反馈，运用点头、应诺、微笑等面部表情、辅助动作及口头语言向对方表达自己的理解程度，鼓励对方充分表达对有关问题的看法，确认对对方有关表述的理解，引导对方表述的方向。

2. 适时记录

在长时间比较复杂的问题谈判中，谈判者应对所获得的重要信息做适当的笔记。记笔记可以帮助记忆，在对方陈述完毕时就某些问题向对方提出询问，也可以结合其他渠道获得的信息分析和理解所听到的信息，辨清真伪，为后续谈判提供参考。

3. 察言观色

谈判时不仅要倾听对方口头表达的意思，同时还要注意其体态语言，如眼神的变化、手的位置等，注意这些动作是否与所表达的含义相一致，如果不太吻合，就要引起注意。

某个电话公司曾碰到过一个难缠的客户，这位客户对电话公司的工作人员破口大骂，甚至威胁要拆毁电话，他拒绝支付某种电信费用，说那是不合理的，并且写信给报社，向消费者协会投诉。电话公司为了解决这一麻烦，派了一位最善于倾听的调解员去见这位难缠的人。这位调解员静静地听着这位客户的抱怨和控诉，并对其表示同情，让他尽量把不满的情绪发泄出来。不仅如此，调解员此后还两次登门造访，继续倾听客户的不满和抱怨。当调解员第四次上门去倾听他的牢骚时，那位顾客已经完全平息了怒火，而且将这位调解员当作好朋友看待了。最后，这位难缠的客户终于变得通情达理，不仅付清了所有该付的费用，还撤销了向有关部门的投诉。

● 方法：耐心倾听法

如果谈判者全神贯注地倾听对方讲话，努力理解对方的感情，认真听取、接受对方的反对意见，不仅可以展示自身的修养和魅力，而且有助于更确切地掌握对方的信息。在上述事例中，电话公司调解员的做法其实很简单，就是通过耐心倾听顾客的不满和指责，友善地疏导了对方的情绪，让其感受到了尊敬和理解，从而于无声中进行了一场顺利的谈判。所以，有时倾听比辩解、谈判本身更有说服力，事半功倍。

谈判中的主要内容就是陈述，陈述是实现谈判目的的重要手段之一。陈述是指叙述己方的观点或问题，是一种不受对方制约的具有主动性的阐述。谈判者不仅需要有条不紊、准确恰当地表达己方的观点和立场，而且可以运用灵活生动的语言说明问题，吸引对方的注意，从而顺利说服对方，达到己方陈述的目的。

我国某进出口公司的一位经理在同外国商人洽谈面粉出口交易时，这样做开场陈述："诸位先生，我方商定首先让我向大家介绍我方对这笔面粉交易的看法。我方对这次的交易很感兴趣，我方希望贵方能够现汇支付。不瞒贵方说，我方已经收到贵国其他几位买方的递盘。因此，现在的关键只是时间问题，我方希望贵方能认真考虑我方的要求，尽快决定这笔交易的取舍。当然，我们双方是老朋友了，彼此有着很愉快的合作经历，希望这次交易能进一步加深双方的友谊。这就是我方的基本想法。"

● 方法：简明扼要法

开场陈述的主要任务是表明我方意图，并了解对方的意图。表明我方意图应包括以下内容：我方认为本次谈判应解决的主要问题，我方首要利益或应取得的利益，我方的原则和立场，推测双方合作可能出现的机遇和挑战。开场陈述应尽量简明扼要、诚挚轻松，创造良好和谐的谈判气氛。

有一位律师承办了某公司销售科长的贪污诈骗案。原告方以被告制造两份假文件为证据来证明被告犯有诈骗罪。律师通过反复阅读案卷，发现这两份所谓"假"文件，其实只是两封电函，而且内容完全真实，早在公司备过案了，只是疏漏了发布文件的几个程序。律师认为，文件的真假问题是诈骗罪是否成立的关键所在。

在法庭上，律师和原告方进行了一番针锋相对的较量。该律师首先从法理和逻辑上进行陈述："所谓假，就是不真实、捏造。形式上不合法并不等于内容不合法，更何况这两份文件也未必形式不合法。"最后，该律师巧妙地用一个比喻来进行说明："私生子是不是真孩子？形式上不合法（没有履行结婚登记），并不等于孩子也是假的。一个妇女，只要她生下的不是猫，不是狗，而是一个人，那么，这个孩子就是真的，绝对不需要用这个妇女是否履行了结婚登记来证明孩子的真假。同样的道理，这两份文件疏忽了程序上的问题，并不等于内容也是假的。我们有充分的证据，证明其内容是完全真实的。”这一番陈述，引来旁听席上阵阵叫好声，法庭最终没有认定是诈骗。

● 方法：寓理于喻法

在上述事例中，被告律师从法理和逻辑上进行陈述，没有取得实效，最后只得以巧妙的比喻来陈述。他以私生子为喻体，论证了形式的不合法和内容是否合法这一案件的中心问题，深入浅出，生动形象。我们可以借鉴这种善用比喻出奇制胜的陈述技巧，巧妙运用恰当的比喻，说明事理，阐述观点，化抽象为形象，化深奥为生动。

第二次世界大战期间，一些美国科学家试图说服罗斯福总统重视原子弹的研制，以遏制法西斯德国的全球扩张战略。他们委托总统的私人顾问、经济学家萨克斯出面说服总统。但是，总统不为所动。为了表示歉意，总统邀请萨克斯次日共进早餐。

第二天早上，一见面，罗斯福就以攻为守地说：“今天不许再谈昨天的事情，明白吗？”萨克斯说：“英法战争期间，在欧洲大陆上不可一世的拿破仑在海上屡战屡败。这时，一位年轻的美国发明家富尔顿来到这位法国皇帝面前，建议把法国战船的桅杆砍掉，撤去风帆，装上蒸汽机，把木板换成钢板。拿破仑想：船没有帆就不能行走，木板换成钢板就会沉没。于是，拿破仑把富尔顿轰了出去。历史学家们在评论这段历史时认为，如果拿破仑采纳了富尔顿的建议，19世纪的欧洲史就得重写。”萨克斯说完，目光深沉地望着总统。罗斯福总统沉思了几分钟，然后斟满一杯酒递给萨克斯：“你胜利了。”

● 方法：经验事例法

在上述事例中，萨克斯生动地向罗斯福讲述了当年拿破仑不相信科学留下的深刻教训，从而巧妙地说服罗斯福总统做出了美国历史上最重要的决策。在谈判时，如果直接说明观点会造成冲突，就可以试着从侧面启发对方，运用历史经验和鲜活事例去达到陈述的目的。

一艘载有各国乘客的轮船在海上遇到危险，必须戴着救生圈跳水才有生还的可能。可是无论船员怎样解释，乘客也不愿意跳下波涛汹涌的大海。这时船长来了，他对生性浪漫的法国人说："跳海是一种非常潇洒的运动。"于是法国人毫不犹豫地微笑着跳了下去。船长对习惯于接受命令的德国人说："跳海吧，这是命令。"德国人一句话不说也跳了下去。船长对非常讲究实际的美国人说："跳海吧，我们已经为你买了保险。"美国人于是兴高采烈地跳了下去。船长又转身对虔信上帝的意大利人说："上帝正在蔚蓝的大海中召唤您，跳海的人有福了。"意大利人迫不及待地跳了下去。最后船长对讲究忠孝的中国人说："跳海或许能够生还，不要忘了，你家里还有年迈的老母亲。"中国人也勇敢地跳了下去。

方法：因人而异法

上述故事虽然是虚构的，却很有启发意义。在谈判中，谈判的具体对象不同，我们所运用的语言策略也应做相应调整。如果对方语言文雅，我们的语言也要典雅大方；如果对方语言朴实无华，我们的用语也不必过多修饰；如果对方语言爽快直率，我们的语言也可干脆利落。总之，在谈判中要根据对方的学识、气度、修养等，确定我们的语言风格和谈判方式，这样就能缩短谈判双方的距离，更加有利于谈判的成功。

詹姆斯·亚当森是纽约超级座椅公司的董事长，当他得知大名鼎鼎的乔治·伊斯曼为了纪念母亲要建造音乐学校和剧院时，他很想得到这两座建筑物座椅的订单。然而，伊斯曼只答应和他见面五分钟。

"我从未见过这么漂亮的办公室，如果我有一间这样的办公室，我也一定会埋头工作的。"亚当森是这样开始谈话的。他又用手摸了摸桌子说："这不是英国橡木吗？条纹跟意大利的稍有不同。"伊斯曼回答："是的，这是一位对木材特别有研究的朋友替我选的。"接着，伊斯曼带他参观整个办公室，兴致勃勃地介绍着各种家具和摆设。亚当森见伊斯曼谈兴正浓，便好奇地询问起他的经历。伊斯曼便向他讲述了自己苦难的青少年时代，母子俩如何在贫困中挣扎，自己发明柯达相机的经历，以及自己打算为社会做的巨额捐赠等。亚当森由衷地赞扬了他的功德。一小时过去了，他们愉快的谈话还在继续。最后，亚当森不仅得到了大批订单，还与伊斯曼结下了终生的友谊。

● 方法：赞同肯定法

在上述事例中，亚当森从伊斯曼的办公室家具入手，展现自己的专业知识，先赢得对方的认同和好感，并在适当的时机巧妙地赞扬了伊斯曼的成就，使伊斯曼的自尊心得到了极大的满足，视他为知己。真诚地赞美谈判对方会使被称赞者心情愉快，对称赞者容易产生好感，这样就拉近了谈判双方的心理距离。在谈判结束时，更应该运用赞同肯定的语言以便给对方留下良好的印象，如常用的结束语有："您在这次谈判中表现很出色，给我留下了深刻的印象"，"您处理问题真果断，我真心钦佩"，等等。

情境与实践

1. 假设你是一家奶茶店的老板，收入平平，你的雇员却提出要你加工资，请问你会怎样与他进行谈判？

2. 印度A公司拟将某种锡矿石出售给美国B公司。谈判一开始，美方谈判人员就直接指责印方锡矿石的杂质含量高于双方事先约定的标准，产品质量存在严重问题，A公司的信誉令人怀疑。美方人员想通过此种方式从气势上压倒A公司，从而迫使印方在价格条款上做出较大让步。然而A公司的谈判人员对美方的指责十分不满，他们坚持认为，根据印度的检验标准，其产品是合格的，而美方如此不负责任地指责A公司的信誉，简直令人无法忍受。因此，美方谈判人员的话音未落，A公司谈判代表就开始反驳对方的指责，并回敬以类似的话语。双方你来我往，展开了激烈的争论，致使谈判气氛紧张而尴尬。你认为A、B两家公司的做法各有何不妥？你认为应该怎样调整谈判的语言策略才能双赢？

第二部分　巧问与妙答

提问是谈判中经常运用的语言技巧，提出好的问题可以了解对方的动机，把握对方的心理状态，并能适当表达自己的想法，从而做到有的放矢并掌握主动权。针对不同的目的，可以提出不同的问题；对同一问题，也可以用不同的方法、从不同的角度提问。在谈判时，提问必须注意技巧：

提问要准确简练。可以先从一般性的简单问题开始，然后根据需要，逐步深入询问相关问题。

善于把握提问的时机。对方发言停顿或间歇时、发言结束后、议程规定的辩论时间等都是提问的最佳时间。

根据不同的提问对象和询问内容，善于选择提问方式，把握提问的语气和语速。

提问一：“您是否认为售后服务没有改进的可能？”

提问二：“我们能否得到最优惠的价格？”

方法：封闭式提问

这类问题可以使发问者获得特定的答案和内容，而答复这类封闭式的问题也不需要太多的思考，具有一定的客观性。

提问一：“对我方提出的价格，你方是怎么看待的？”

提问二：“您对当前市场销售状况有什么看法？”

方法：开放式提问

这类提问具有某种程度的主观性和开放性，回答者可畅所欲言，提问者也可得到更广泛的信息。

提问一：“您刚才所说的情况变动，是指在什么范围内的变动？”

提问二：“您刚才说对目前进行的这笔交易可以做出取舍，这是不是指您拥有全权与我方进行谈判？”

提问三：“您说贵方对所有的经销店都一视同仁地按定价给予30%的折扣，请说明一下，为什么不对销量较大的经销店给予更大折扣作为优惠呢？”

方法：补充式提问

这种提问是针对对方的答复，重新提出问题，使对方进一步澄清或补充其原先的答复，这种提问可以得到更为充分的信息，为自己赢得更多的主动。

提问一：“经销这种产品，我方利润很少，如果不给3%的折扣，我方很难成交，您说是不是？”

提问二：“谈到现在，我认为给我方的折扣，可以定位在4%，您一定会认同的，是吗？”

提问三：“讲究商业道德的人是不会胡乱提价的，您说是吗？”

提问四：“贵方如果违约是应该承担责任的，对吗？”

方法：引导式提问

这种引导式的提问，只要提问者态度诚恳，要求合情合理，对方一般会按照提问者的思路作答。

美国第一任总统华盛顿，早年经历过一件丢马的事。有一天，华盛顿的一匹马被人偷走了。华盛顿知道是他的邻居偷了，便同一位警察一起去索讨，但邻居拒绝归还，还一口咬定说：“这就是我自己的马。”

华盛顿用双手蒙住马的两眼，对那个偷马人说："如果这马真是你的，那么，请你告诉我们，马的哪只眼睛是瞎的？"

偷马人犹豫地说："右眼。"

华盛顿放下蒙右眼的手，马的右眼并不瞎。

"我说错了，马的左眼才是瞎的。"偷马人急着争辩说。

华盛顿又放下蒙左眼的手，马的左眼也不瞎。

"我又说错了……"偷马人还想狡辩。

"是的，你是错了。"警官说，"这些足以证明马不是你的，你必须把马还给华盛顿先生。"

● 方法：选择式提问

在上述事例中，华盛顿巧妙设计了"马的哪只眼睛是瞎的"这一选择式提问，最终让偷马人落入语言陷阱从而揭开了偷马的真相。谈判中也常用到这种选择式提问，如："你们打算今天实施本协议还是明天实施？""这些货物是本月中旬运到还是本月下旬运到？"这种选择式提问将自己的意见抛给对方，让对方在一个较小的范围内进行选择，提问者观点较为鲜明，但应注意语气缓和、措辞得体，以免引起误会或反感。

提问一："如果我们再增加一些订货，你们在价格上能优惠到什么程度？"

提问二："如果我们同时购买几种产品，价格还有什么优惠？"

提问三："如果我们自己运输，我们能得到哪些优惠？"

● 方法：多层次提问

在谈判的试探和提议阶段，这种多层次的提问不失为一种积极的方式，有助于双方为了共同利益而选择最佳的成交途径，但在谈判比较深入的情况下，不宜再使用这种多层次提问，以免将逐渐明朗的谈判复杂化。

谈判是由一系列的问答构成的，和善于提问一样，巧妙而得体的回答也很重要。一般来说，谈判中的提问总有一定的目的，我们在回答之前要快速分析对方的提问动机，针对对方提问的目的和需要来进行回答，并避免落入提问者设定的语言陷阱，从而赢得主动。

在一次记者招待会上，一位记者问周总理："请问中国人民银行有多少资金？"周总理回答说："中国人民银行发行的人民币面额为10元、5元、2元、1元、5角、2角、1角、5分、2分、1分共10种，合计为18元8角8分。中国人民银行有全国人民做后盾，信用卓著，实力雄厚，在国际上享有盛誉。"

● 方法：避实就虚法

谈判中有时会遇到一些很难答复或不便确切答复的问题，我们可以采取含糊其辞、模棱两可的方法作答，也可以转移重点、偷换概念。这样，既避开了提问者的锋芒，又给自己留下了一定的余地，避实就虚反而赢得了主动。

1996年，我国某公司与美国商人谈判合资建厂时，外商提出有关减免税收的请求。中方代表由于对该问题尚未深入研究，于是便说："很抱歉，对于您所提及的问题，我方需要进一步论证，请允许我们考虑一下，好吗？"

● 方法：拖延回答法

谈判中有时因为表态时机不成熟，可以采取拖延回答的方式，从而为自己争取时间作进一步思考。当然，谈判之前应做好充分准备，预估好对方可能提出的问题，并准备好应答策略，才会在谈判中掌握主动权。

推销员正在推销一部洗衣机，顾客询问价格如何，他知道如果说出比较昂贵的价格，顾客很可能会打消购买的念头，于是他说："先生，我相信你会对价格比较满意的，因为这台洗衣机有几个很特别的功能，请允许我简单介绍一下，你一定会感兴趣的。"

● 方法：答非所问法

在上述事例中，推销员主动回避了比较敏感的价格问题，而将话题顺势转移到产品功能上，争取使对方在听完自己的介绍后，更加理性地看待和接受产品价格。我们在谈判时也经常会遇到类似情境，有些问题的答案可能一时无法让对方很好地接受，这时可以先巧妙避开对方问话的主题，同时顺势将话题引入己方的优势领域中。

某贸易公司与某电器生产厂就购买吹风机一事进行谈判。贸易公司代表看完电器生产厂的报价单后说："请问贵方价格比去年上涨10%的原因是什么？"电器生产厂代表答道："物价上涨与成本提高有着直接的关系。当然，如果你对这个提价幅度感到不满意的话，我很乐意就你觉得不妥的部分予以解释，请问你觉得哪些方面存在不妥呢？"

● 方法：以问代答法

在上述事例中，电器生产厂代表在回答对方问题时就运用了反问的方式，不仅巧妙地进行了回答，还通过向对方反问掌握了话语的主动权。以问代答法用来应对谈判中难以回答或不愿回答的问题是比较有效的。

某汽车公司与某贸易公司就购买汽车一事进行谈判。当贸易公司代表就某项数据进行提问时，汽车公司代表回答得有些模糊。贸易公司代表发现了这一疏漏，就围绕数据问题不断追问。汽车公司另一名谈判代表赶紧站出来解围："现在深入讨论这个数据问题还为时过早，我们先商量其他事项吧。"

● 方法：淡化兴趣法

在谈判过程中，如果一方抓住某个疏漏或某个失误进行连续提问，且提问环环相扣，步步紧逼，答话的一方就很容易陷入被动，甚至有可能导致谈判失败。这时答话方就需要适当地转移视线或转移话题，以便淡化提问方对这个问题的兴趣。有经验的谈判者会这样处理："这个问题我方也注意到了，所以我方会进一步做出调整和优化"，"这个问题不难处理，假以时日一定会圆满解决"，这样可以及时化解对方的追问。

情境与实践

1. 在一家自由市场的服装店里，一位老年顾客挑选了一件肥大的上衣，售货员见老人挑的这件衣服过于肥大，就说："这件衣服您不能穿。"老人感到奇怪，就顺口问道："怎么不能穿？"售货员说："这件衣服能装下两个您。"老人一听，不高兴了，怒气冲冲地质问道："什么叫装下我？你这是卖衣服还是卖棺材？"交易不成，反起争执，请你谈谈交易双方在谈话和问答时各有什么不妥之处。

2. 刚上班的小张想通过房屋租赁公司在单位附近租个一居室，双方围绕地理位置、交通环境、租金、家电家具等问题进行谈判。请分角色进行模拟谈判，为小张和房屋租赁公司职员设计好提问和回答，力求谈判取得成功。

第三部分　婉拒与抗议

在谈判过程中，讨价还价是难免的，但有时对方的要求不合理，很难给予满足，这就需要提出拒绝和抗议。需要注意的是，我们在表达拒绝和抗议时应审时度势、随机应变、有理有节，让双方都有回旋的余地，最终达到成交的目的。如果采用粗鲁、武断的拒绝方式，很可能会伤害对方，最终影响谈判。

在一次贸易谈判中，A公司面对B公司高得出奇的报价，A公司代表提出了两个问题："请问全球生产此类产品的公司一共有几家？贵公司的产品高于其他品牌的依据是什么？"这些问题让B公司代表明白自己报的价格太离谱了，所以设法调整了价格。

方法：反问暗示法

在上述事例中，A公司代表运用反问暗示法提醒只顾自己利益、忽视对方利益的B公司代表，取得了良好的效果。在谈判时，如果遇到不合理的事宜，谈判人员可以适当运用反问法，委婉地加以拒绝和抗议，暗示对方必须进行修正或调整，既可以避免谈判陷入僵局，又能有效地劝说对方。

北京某合资服装企业的产品销售很好。有人拿了某领导的批条来找销售经理，要低于批发价购买大批产品。销售经理看时间接近中午，灵机一动，先招待来人吃饭，并对来人说："你要的东西数量大，批价低，已超出我的权限。不过你放心，这事我马上全力去办。"饭后，他又对来人说："你的条子需要我们总经理批示才能办理。可是不巧，总经理刚去北京开会了。你先回去吧，过几天我们再交流意见。"来人碰了软钉子，又不好发火，只得打道回府。

过了两天，此人打电话去问结果。销售经理答复说：“我已经向总经理汇报过了。总经理认为，这种大事要董事会研究决定。”同时，销售经理还安慰持条人，说自己会尽力向董事会争取的。持条人一听这么麻烦，心里早就凉了大半截。他明白要董事会里那些讲求经济利益的董事们点头同意难度很大，所以也就放弃了。

● 方法：移花接木法

在上述事例中，销售经理巧妙地将对方的注意力从自己身上转移到总经理身上，再转移到董事会，而且态度很好，最终让持条人知难而退。在谈判中，如果对方提出较为苛刻的要求，己方无法满足时，可以采用移花接木法，巧妙地设计一些无法跨越的障碍，这样既能表达自己拒绝的理由，又能得到对方的谅解。

某自动玩具生产商对商场采购员说：“这个价格不能再降了，这样吧，再给你们配上一对电池，你们既可以赠送促销，又可以另作零售，如何？”

某装修公司对热水器供应商的报价高于其他同类产品感到不满，供应商代表信心十足地说：“我们的产品是国家免检产品，采用优质材料和进口生产线，相对来说成本较高，但我们的产品美观耐用，安全节能，而且售后服务完善，一年包换，终生维修，每年还免费进行一次保养维护，解除您的后顾之忧，相信您能做出明智的选择。”

● 方法：迂回补偿法

在上述事例中，供应商代表均采用了迂回补偿的策略，或附带赠送，或提升售后服务，从而解决了产品售价偏高的问题，促使谈判朝良性方向发展。在谈判中，有时仅靠以理服人、以情服人是不够的，谈判双方最关心的是切身利益，如果断然拒绝对方的降价要求，可能会激怒对方甚至停止交易。我们可以适当地给予优惠条件作为补偿，往往能曲径通幽，取得较好的谈判效果。

1923年，苏联国内食品短缺，苏联驻挪威全权贸易代表柯伦泰奉命和挪威商人谈判购买挪威鲱鱼。由于挪威商人要价高，苏联出价低，双方争执不下。为了打破僵局，取得有利于己方的进展，柯伦泰突发灵感。只见柯伦泰满面笑容地对挪威商人说："我同意你们提出的价格。"挪威商人一听，喜出望外。但柯伦泰接着说："如果我国政府不批准这个价格，我愿意用自己的工资来支付差额。不过我要向各位先生说明，我个人的工资有限，自然要分期支付，可能要付一辈子呢。"挪威商人一听这话，面面相觑，无言以对，最后只好降低价格成交。

● 方法：幽默拒绝法

在谈判中，如果碰到不好正面拒绝或对方坚持不肯改变条件的情况，可以采用先全盘接受，再根据对方的条件推出荒谬的、不现实的结论这一逻辑来加以婉拒或表达抗议，而这种语言表达方式往往具有幽默色彩，这样既能化解婉拒或抗议的尴尬气氛，又让对方在心理上更容易接受。

情境与实践

1. 一位著名谈判专家的邻居是一位医生。在一次台风过后，医生的房子受到了严重的损坏。医生希望能从保险公司多获得一些赔偿，但自感没有这种能力，于是找到了这位谈判专家。

谈判专家答应帮忙，并问医生："您希望得到多少赔偿呢？"

医生回答："我希望通过您的帮助，保险公司能赔偿我500美元。"

谈判专家点点头，然后又问道："那么请您实实在在地告诉我，这场台风究竟使您损失了多少钱？"

医生回答道："我的房子实际损失在500美元以上。"

几个小时以后，保险公司的理赔调查员找到了谈判专家，并对他说："我知道，像您这样的专家，对于大数目的谈判是权威，但这次您恐怕无法发挥才能了，因为根据现场的调查情况，我们不可能赔得太多。请问，如果我们只赔300美元，您觉得怎么样？”

谈判专家沉思了一会儿，然后对调查员说：“您的顾客受到这么大的损失，您居然还有心思开玩笑？任何人都不可能接受这样的条件。”双方沉默了一会儿，理赔调查员打破了僵局：“您别把刚才的价钱放在心上，不过我们最多也就能赔400美元了。”

谈判专家回答说：“看一看毁坏的现场，您就会知道这点钱是多么的可怜。绝对不行！”

理赔调查员只好说：“好吧，好吧，500美元总该行了吧？”

谈判专家说：“小伙子，别轻易下结论，我们再一起去看看现场吧。”

在谈判专家的一再坚持下，这一桩房屋损坏理赔案的谈判最终以1 500美元的赔偿费了结，这大大出乎医生的预料。

请问谈判专家运用了哪些谈判技巧来展开讨价还价？

2. 分小组运用所学的谈判口语技巧去本地的商业街进行购物谈判，并完成500字左右的谈判实践总结。

第三模块　销售口才

学习目标

1. 学会与不同类型的客户进行交谈，并能在销售过程中灵活运用。
2. 学会对不同的产品异议进行分析，并能说服顾客对产品充满信心。
3. 学会在讨价还价过程中掌握主动，并能与顾客共同完成产品销售。

第一部分　激发客户需求

销售这一职业和岗位是需要口语表达技巧和语言策略的，销售口才并不意味着口若悬河，而是指在对产品、客户的正确分析基础上，通过销售人员的讲解，让产品能被客户接受，同时也让客户感受到销售人员的真诚、专业、可靠。因此，在销售过程中，销售人员不能只关心自己能否卖掉产品，也要关注消费者能否从产品中获益，销售应该成为双赢的过程。要想销售取得成功，销售人员就要利用自己的专业知识，以顾客朋友的身份给顾客提供参考和建议，不奉承也不欺骗，尽量帮助顾客选到满意的商品，赢得顾客的尊重和信任。

根据不同客户的特点，销售人员要善于采用不同的销售策略和语言技巧。按照是否具有明确的购买目的来划分，客户可以分为两种类型：显性客户和潜在客户。显性客户是指具有明确购买目的、有较强购买意愿的客户。一般来说，显性客户的销售业务难度不大，只要销售人员的销售得法，成交的概率很大。潜在客户是指那些有购买需求，但由于不了解产品而没有购买意愿的客户。对于潜在客户，销售人员要善于激发其购买意愿。

不论是何种类型的客户，销售人员都必须注意以下几点：

1. 建立良好的第一印象

销售人员在推销商品之前，要先推销自己。只有让客户形成良好的印象，进而信任自己，销售目的才有可能实现，所以作为专业的销售人员，必须学习相关商务礼仪方面的知识，如衣着要整洁大方，举止要文雅，应答要得体，这样客户才愿意做进一步的交谈。

2. 学会察言观色

作为销售人员，要学会通过客户的穿着打扮、举止神态、语言表达等，判断其购买意愿和购买能力等，进而有针对性地进行产品推荐和介绍，有的放矢地进行销售。

3. 坦诚说明商品缺陷

从来都不存在完美无缺的商品，但是客户往往抱着追求完美的心理来购买商品。销售人员不能为了迎合顾客心理而隐瞒产品的缺陷，而应该坦诚指出商品的缺陷，供客户斟酌选择，这样反而容易赢得客户的信任，进而达成销售目的。

有一次，我和一个朋友去一所大学办事。朋友肤色较黑，穿着朴素，有点发福，看上去并不年轻。校园里有一个学生模样的女生正在推销考研资料，朋友想报考研究生，就走过去翻阅这些资料。女生问了一句："请问是您要报考还是您小孩要报考？"我在旁边大笑，朋友尴尬地走开了。过了一会儿，朋友笑着说了一句："刚才把我气得路都走不稳了。"

● 方法：善于提问法

作为销售人员，一定要善于提问。问得不好，不但生意做不成，还可能被人批评甚至引发冲突。有些销售人员见到客户往往这样打招呼："买东西吗？""有什么事吗？"这样缺少技术含量的提问和招呼，客户会认为是明知故问或没问到要点，因此无法吸引客户的注意力，更无法激发客户的需求。在上述事例中，女生的招呼和提问过于唐突，以致顾客产生了不愉快，所以根本无法进行交易。

在商场的某品牌服饰店里，一位顾客说："我想选一条合适的裙子参加朋友婚礼。"导购回应道："结婚啊，这可是大喜事！"顾客说："是啊，所以我也很重视，特意来挑衣服啦。"导购又问："请问您那天可能会穿什么颜色的鞋子？"顾客说："米色的吧。"导购于是拿起一条裙子，对顾客说："这个颜色和款式的裙子很典雅，与米色的鞋子搭配不错，您觉得呢？"这样亲切交谈之后，顾客最终选择购买了这条裙子。

● 方法：心理接近法

在上述事例中，导购通过顺势回应顾客话语的方式，站在顾客的角度为其出谋划策，逐渐从语言和心理上接近顾客，进一步激发客户的购买需求和意愿，最终为顾客成功选购了满意的商品。

有一段时间比较流行尖头鞋，为了让自己时尚一把，有的顾客一进鞋店，张口就说："我想要流行的尖头鞋。"光考虑自己的喜好，根本不考虑是否适合自己的脚。这时，有经验的导购会向顾客说明："您的脚是方形脚，要是选择尖头鞋的话，不仅穿起来不好看，而且脚也会觉得不舒服。您的脚比较骨感，脚背也高，尝试一下高跟方头鞋怎么样？看看到底穿哪款更漂亮吧。"

● 方法：坦诚相告法

坦诚推销是取得客户信任的最好方法。在上述事例中，导购以专业的眼光，向客户坦诚说明其没考虑到的问题，进而为客户提供新的选择和建议，促使顾客产生新的购买意愿，相信一定会赢得客户的信任，顺利完成销售。

一位顾客对着一款微波炉左看右看，详细询问功能、操作等问题，销售员赞扬说："您眼光真好，这一款产品我们刚好搞促销，原价598元，现价只要498元，今天购买很划算。"顾客说："哦，我只是随便问问。"接着顾客又指着旁边的一款问："这款性能如何？"销售员回答："也还不错，主要看您需要哪些功能。"顾客说："我再看看吧。"

● 方法：平静接待法

上述这种销售场景往往发生在中老年顾客身上，他们讲究节俭实用，甚至对销售行为存在偏见，以为销售就是通过吹牛皮或欺瞒顾客达到盈利目的。销售人员遇到这类顾客，不能急于求成，不要表现得太过热情，而要礼貌平静，态度始终如一，让顾客自己产生购买的意愿。

一位电动剃须刀推销员这样向客户介绍："这款剃须刀最大的优点是可以直接清洗，您把整个剃须刀放在水里泡着都没事，我来示范一下吧。"

● 方法：优点展示法

直接展示商品的优点，往往能有效地打动顾客，即便是原本没有购买需求或意愿的人，也可能会真心觉得商品性能优良而产生购买的欲望。销售人员只要用朴实亲切的语言介绍好商品的优点，就能顺利地实现销售目的。

一位销售人员正在推销红酒，他说："白酒喝多了伤身体，喝白酒容易醉，也容易误事。红酒就好多了，而且红酒还有保健养生的作用，对吧？”

● 方法：兴趣导入法

引起潜在客户的兴趣是很重要的，要观察客户对商品的哪些特点或功能感兴趣，从而引导客户进行购买。在上述事例中，销售人员就强调了红酒的保健养生功能，对于需要喝酒又对保健养生感兴趣的客户而言，销售人员的介绍很有可能激发他们的购买需求和欲望。

保险推销员正在给一位潜在客户讲述老客户的真实故事。这位老客户之前不愿购买保险，认为用处不大，但是在保险推销员的劝说下购买了个人意外保险。后来不幸的事情发生了，他在一次车祸中受伤，需要大笔的医药费，这时老客户所购买的个人意外保险就起了很大的作用，为他节约了一大笔自付的医药费。潜在客户听完这个故事，心有所动，于是购买了一份家庭意外保险。

● 方法：故事介绍法

在上述事例中，保险推销员的故事最让人心动的地方就是发生在自己或熟人朋友身上，真实亲切，因此很容易引起共鸣，也容易激发客户的购买需求。

在给客户装修时，装修公司的销售人员说：“我建议把这堵墙拆掉，将这个空间和餐厅打通，改成壁橱，可以放酒或日常用品，今后使用起来比较方便，您试着想象一下，这样的设计是不是很实用？当然，这仅仅是个设计上的建议，因为拆墙工程量大，还会增加费用，所以请您自己决定吧。”

● 方法：调动想象法

在上述事例中，装修公司的销售人员从专业设计角度出发，提出空间改造的创意，并让客户想象设计的效果，这恰恰符合了客户对于未来生活的想象和憧憬，增加了销售成功的可能性。

情境与实践

1. 收集一些化妆品图片，请两位同学分别扮演销售人员和顾客，运用销售的语言技巧激发顾客的购买需求，最终完成销售任务。

2. 一位销售人员到一所中学推销体育器材，他找到主管物资采购的校领导，请想一想，他可以运用哪些销售语言技巧来激发校方的购买需求和购买意愿？

第二部分　化解商品异议

销售人员必须了解和掌握商品的特点，才能做好销售工作。许多顾客在购买商品之前会提出各种异议，涉及商品的品牌问题、质量问题、原材料问题等。销售人员必须顺利化解这些异议，才有可能达到销售的目的。在处理客户的商品异议时，要注意以下几点：

1. 学会倾听

即使销售人员对于同一商品的异议已经听到过许多次了，但对某个具体客户而言，这是他第一次表达对于商品的异议和疑虑，所以销售人员要学会耐心倾听。

2. 礼貌回应

当客户抱怨或批评某个商品，销售人员在准确理解的前提下，应该进行礼貌回应，给予解答或耐心解释，以化解客户的疑虑和异议。

3. 尽量不要做无谓的争论

销售人员一旦与客户发生争执，就算自己能赢得这场争论，但势必会失去一个客户。

一位顾客对沙发的款式很满意，但因为不是真皮材质而感到美中不足，销售人员说："确实是这样，真皮沙发看上去很有档次，但从实用角度而言，真皮沙发并不好护理，表面容易划伤，受热容易老化，材料也不够环保，还容易残留有毒的化学成分，不利于健康。布艺沙发在这些方面就好得多。"

● 方法：化弊为利法

凡事都有两面性，商品也是如此。在上述事例中，针对客户对于沙发材质的异议和不满，销售人员陈述了真皮沙发的弊端，并顺势表明了布艺沙发的优点，有利于顾客改变观念，促成交易。

顾客："这件皮大衣的设计、颜色都非常棒，令人耳目一新，可惜皮质不够出色。"

销售人员："您真是好眼力，这件衣服的皮质的确不是最好的，可若是选用最好的皮料，价格也许会高出百分之五十呢。"

● 方法：心理补偿法

当客户提出合理的异议时，销售人员可以坦率承认并欣然接受，但可以换个角度给客户一些具有心理补偿作用的说法，这种心理补偿能有效地弥补产品本身的弱点，也让客户得到心理平衡。上述事例中的销售人员就用价格便宜补偿了顾客因为商品材质产生的异议和遗憾。

客户：“你们的设计不够完美，有缺陷。”

业务员：“是的，没有产品是完美的。我们这个产品的设计虽然有缺陷，但还是能满足您的需要，可以说是物有所值。”

● 方法：以退为进法

在遇到客户的异议时，销售人员可以先认可客户的观点，但同时提醒客户，其购买的真正目的不是追求完美而是满足需要，这样，客户就能回到理性消费的思路。

客户：“为什么说你们品牌的这款汽车满足我们的需要？其他品牌的汽车也可以啊。”

业务员：“我们都知道，你们发电厂位于山区，道路坡度大，弯路比较多，所以底盘高、发动机强劲、油耗低的汽车才是你们最需要的，而我们品牌的这款汽车刚好符合这些要求。”

● 方法：知己知彼法

在上述事例中，由于业务员充分掌握和分析了客户的实际情况和消费需求，所以有的放矢地推销了自己的汽车，也应该能够得到客户的认可，可谓知己知彼，不仅能化解客户的疑虑和异议，还能有针对性地推销产品，提高成交的可能性。

经理：“我们不做广告了，之前登的广告没什么效果。”

业务员：“这正是我来找您的原因啊。做广告必须分析消费人群的特点，贵公司之前的广告效果之所以不好，就是因为对于消费人群的分析不到位，让我们一起研究贵公司产品的主要消费人群和消费市场，有针对性地策划新广告吧。”

方法：深度分析法

在上述事例中，针对客户对于广告效果的异议和不满，业务员深度分析了相关原因，并引导客户参与对于产品消费人群和消费市场的研究，相信一定能打动客户的心，赢得这份广告业务。

销售商代表："贵企业把太多的钱花在广告宣传上，为什么不把钱省下来，作为进货的折扣，让我们的利润更高一些？"

生产商代表："就是因为我们投下大量的广告费用，客户才会被我们的品牌吸引，这不但能提高您的销售效率，还能便利您销售其他产品，您的总利润还是很可观吧。"

方法：借力使力法

在上述事例中，生产商代表借助销售商代表提出的巨额广告费用异议，进一步阐述了广告宣传的重要性，从而借力使力，让销售商代表明白生产商不仅不会压缩广告费用，反而还会继续投入广告费用以促进销售，而销售商其实也是广告宣传的受益者，这样解释容易得到销售商的理解和支持。

顾客："这种产品我从来没用过。"

销售人员："是的，对没用过的产品缺乏信心，我能理解。您认识你们单位的周先生吧，他刚开始使用我们产品的时候，也有这样那样的顾虑。经过一段时间的使用，周先生发现效果不错，现在开始主动给我打电话预订产品了。"

方法：举例说明法

利用顾客熟悉的人或者权威的行业分析报告、统计数据进行说明，可以让销售人员的介绍和解释更加具有说服力，也更容易化解顾客的顾虑和异议。上述销售人员采用的就是这种举例说明的方法，一般而言，效果不错。

顾客："我好像从未听说过这个品牌。"

销售人员："这主要是因为我们的产品从没做过广告，所以您没听说过。其实，我们的品牌历史悠久，是个地道的老牌子呢，我读高中时就用过这个品牌的东西，质量不错呢。您想想看，要是质量不好，我们的品牌也不会生存到今天，更不会进入这么高档的商场进行销售。"

● 方法：品牌阐释法

许多顾客对一些不太知名的品牌比较犹疑，担心质量不好而上当受骗。这时销售人员要分析顾客的心理，进行品牌的阐述或释疑，从而化解顾客的异议和疑虑。在说明和阐释自己的品牌时，销售人员要尽可能详细地介绍品牌的历史、现状、效果等，让顾客尽量了解这个品牌并树立购买信心。

顾客："这款手机太贵了，游戏也不多，另外一个品牌的手机不仅有好多游戏，还可以录音，你们这款手机连录音功能也没有……"

销售人员："手机主要还是看性能，您说的这些只是手机的附加功能，使用频率不太高，而且，您也知道手机的附加功能越多，待机时间就越少，您肯定不愿意因为手机耗电太快而耽误事情吧？"

● 方法：淡化异议法

在上述事例中，顾客的异议主要集中在手机的附加功能方面，销售人员抓住这一特点，说明手机的性能才是最重要的，从而淡化了次要方面的异议，有利于销售的顺利进行。

情境与实践

1. 一位陌生女孩到学生寝室推销洗发水，大家都对这款洗发水充满疑虑，纷纷给出各种理由拒绝她，她如何运用语言技巧才能化解这些异议和疑虑呢？

2. 一位顾客想购买某个品牌的手机，但是这个品牌手机没有他想要的颜色，假如你是该品牌手机的销售人员，你将如何劝说他选择该品牌的手机？

第三部分　坚持讨价还价

价格是销售的重要因素，要让客户接受报价并不容易。如果没有降价空间，那么销售人员就要从各个方面说明报价的合理性；如果有降价空间，那么有经验的销售人员在刚开始报价时就会报出一个模糊价格，既不太高也不太低，以便在客户讨价还价时进退自如，灵活应对。

一位顾客看中了一款地毯，问销售员："这个怎么卖？"销售人员微笑着说："您先仔细看，看好了咱们再谈价格。"顾客细心地查看地毯的材料、厚度、图案，觉得还是很满意。这时销售人员告诉他："这个地毯500元。"顾客说："这么贵？"销售人员答道："您刚才仔细看过了，它的质量没得说，一分价钱一分货啊。"

● 方法：缓兵之计法

上述方法适用于价格偏高的商品，要是第一时间报出价格，顾客往往难以接受，这时可以给予顾客足够的时间仔细查看商品，顾客一旦发现商品的满意度较高，经过权衡，他还是很可能会接受这个较高的报价。但要注意的是，如果价格确实超过了顾客的实际承受能力，或者顾客对于这个报价不感兴趣，就不要再强行推销，不如委婉地询问顾客希望的价位是多少，然后有针对性地进行推销。

一位年轻女孩对某件衣服爱不释手：“唉，这衣服挺好看，就是太贵了。”店员赶紧解释：“是有点贵，不过，这衣服您至少可以穿两年啊，还挺显档次，一件抵两三件呢。”

方法：价格分摊法

上述方法旨在让顾客觉得某件商品相当于两三件同类商品的价值，通过价格分摊让顾客接受较高价格，同时也让顾客感到自己购买的商品确实高档，这样就容易实现销售目的。

顾客：“一个马桶3 000元，太贵了吧！”

导购：“是有点贵，不过，您看它用的陶瓷是很好的，使用再久，也不会泛黄，而且它的下水处理系统是目前最先进的，比一般马桶节水50%，可谓省钱又节能。您再看，它的外形设计很独特，是我公司特意邀请国际知名的时尚大师设计的。”

方法：优势引导法

其实很多顾客都明白一分价钱一分货的道理，只是刚开始容易被较高价位吓倒，同时也不了解商品的具体优势，担心吃亏。这时销售人员就要引导顾客充分了解商品的质量或设计优势，以便让顾客更好地理解和接受价格。通过上述优势引导法，相信顾客最终会明白自己购买的商品确实物有所值。

一位客户这样质问推销员："你们的价格太高了，我看了一下，另一个公司的价格是你们的一半，这是为什么？"推销员不慌不忙地回答道："张总，价格高说明质量好啊。再说了，您经营的公司利润很可观，比我们这个行业的利润高得多呀。"这样一说，客户开心大笑，结果顺利成交。

● 方法：换位比较法

换位比较法是指通过与不同类型的商品价格或不同行业的商品利润等进行比较，从而说明现有商品价格的合理性，比如："这床质量很好，是原木做的，木板又宽又厚，做工也考究，才卖两千多元，还没有手机贵，好点的手机都要三四千呢，对吧？"上述两个事例都是用换位比较法来说明商品价格的合理性，以便于客户接受报价。

一对中年夫妇来到某商场相机专柜购买相机，看中了一款最新的数码相机，但对价格有点犹豫。销售人员说："这款相机价格是有点高，因为配置高，拍摄效果也很好啊。像你们这样注重生活品质的人，多花点钱买个高品质的产品，享受高品质的生活是没问题的。"

● 方法：适当恭维法

适当恭维法是指根据客户的特点进行赞美，但要注意适度，让客户听得舒心。在上述事例中，销售人员就是抓住客户注重生活品质这一特点进行适当恭维，以激发客户的心理满足和购买意愿。

一位客户看中了一套房子，但为了压价，故意说楼层太高、窗户太小、朝向不好等，销售经理就说："我同事今天晚上也要带客户过来看这套房子。"当天晚上，销售经理给客户打电话说："先生，今天您看的那套房子还要吗？刚才另一位客户也去看了，他说挺满意的，我觉得是您先看房的，有必要将这个情况告知您，那么您是如何决定的呢？”结果因为担心房子被别人买走，客户第二天就赶过来买下了这套房子。

● 方法：竞争刺激法

有些客户为了得到优惠价格，喜欢反复比较或拖延成交，为免临时生变，销售人员可以采用竞争刺激法，说明商品的紧俏度，从而促使客户尽早确定购买意向。

一位中年女士在珠宝柜台前仔细地看着一条项链，售货员走近她：“您好，这项链不错吧。”

顾客：“是不错，但价格太高了。”

售货员：“是的，价格有点高。”

顾客：“但它确实很漂亮。”

售货员：“对啊，真的设计得很漂亮呢。”

顾客：“能打个折吗？”

售货员：“您知道的，我们品牌从不打折，我也没法帮到您。”

顾客：“这样啊，我实在是喜欢，还是买了吧。”

● 方法：鹦鹉学舌法

在使用上述方法时，销售人员要善于模仿顾客的语音、语调并不断重复顾客的话，这样，顾客的潜意识里就会逐渐认可销售人员的观点，这些观点在无形中不断被强化，将促使顾客最终购买商品。

顾客：“算了，你们的价格太高了。”

导购：“王先生，看得出来您非常有诚意。这样吧，我再去问问我们经理，看能否给您一个贵宾卡客户的折扣，不过一旦给您申请到贵宾折扣，您可别说出去了，若是让别的客户知道了，那我们的利润就太低了。”

方法：秘密让价法

在上述事例中，导购抓住了顾客的一种消费心理，即越是容易得到的越不珍惜，越是难得到的就越是想得到，贵宾折扣不常见，往往容易打动顾客。同时，经过反复讨价还价，顾客的心理也会略感疲惫，这时帮助顾客申请到较低价位或优惠折扣，让顾客享受到贵宾级的待遇，会让顾客得到充分的心理满足，最终顺利成交。

客户："我希望能降价10%。"

销售员："李总，您知道，这个时候的订单比较多，为赶进度必须加班，这是需要给工人支付加班费的。这样吧，您要是不急着订购，我们可以把交货时间延后半个月，价格就会相对优惠，您觉得如何？"

方法：转换角度法

其实，降价的方式有多种，可以直接打折，也可以转换角度，通过减少成本等方式来实现降价。在上述事例中，销售员就是通过让客户避开订单繁忙期减少人工成本的方式，来实现对客户的降价销售。

情境与实践

1. 一位同学想购买一台笔记本电脑，销售员告诉他至少要3 000元，但这位同学想2 800元成交。如果你是销售员，你将如何劝说这位同学及时购买呢？

2. 学校即将举行校运会，某班级打算购买一批运动服，按班级预算只能每套60元，但大家看中的那款运动服最低报价每套70元。请问销售人员该如何说服大家购买？

第四模块　公关口才

学习目标

1. 学会宣传型公关的相关口语技巧，达到宣传目的。
2. 学会危机型公关的相关口语技巧，及时化解危机。
3. 学会维系型公关的相关口语技巧，有效维护关系。

第一部分　宣传型公关

在社会交往日益频繁的当今时代，公关的重要性进一步凸显。高超的公关能力和公关技巧往往能让我们离成功更近，而公关口才是公关能力的重要组成部分。如何才能让自己在公关过程中游刃有余呢？这需要把握好如下原则与方式：

1. 诚而有信

诚信是公关活动的生命。所有的公关活动都必须紧紧围绕这一核心，以实事求是的态度客观反映情况，真实传递信息，切忌弄虚作假，或以假乱真。美国公关专家路易·布朗就曾指出："歪曲、耍花招和掩盖事实，是公关关系的三大天敌。"因此，诚信是公关中重要的原则。

2. 分寸有度

公关口语作为一种特定的交流方式，必须注意分寸有度。从某种意义上而言，语言的分寸拿捏得好，不仅能塑造良好的形象，还能在短时间内进行有效沟通，顺理成章打开公关局面。

3. 沟通有效

公关时我们希望对方能接受我们的信息或要求，这就需要在沟通的内容、方式、礼仪等方面做出努力，以达到公关目的。

公关的种类繁多，宣传型公关、危机型公关、维系型公关是比较常见的公关类型。所谓宣传型公关，是指利用各种宣传渠道（如广告、招待会、介绍会、发布会等）直接向公众进行解释或说明，以求在最有效的时间内传播有利于自己或组织的社会舆论，树立良好的公众形象，而良好的公关口语技巧可以帮助我们更好地实现公关目标。

电影《有话好好说》首映后，导演张艺谋随即携主演与广大观众、媒体进行互动。在记者招待会上，有位记者特意发问：“为什么让瞿颖来演女主角，难道她比巩俐更出色吗？”这个问题很刁钻，如果正面回答，无疑会得罪瞿颖或巩俐。幽默风趣的张艺谋以巧妙的比喻给予回应：“她俩是不同类型的演员，没有可比性，就像你是女人，我是男人，我们之间该怎么比呢？”他的机智顿时赢得满堂喝彩。台下又有一个记者按捺不住站起来问道：“在您的作品中，您最满意的是哪一部？”常人遇到这个问题时一般都会说：“下一部。”这样的回答未免俗套，全无新意，张艺谋却别出心裁，反问道：“都是自己的孩子，你说谁好谁坏呢？”

● 方法：回避锋芒法

在宣传公关时，难免会遇到这样的人：他们故意提出刁钻的问题让你难于回答，或出于猎奇心理打听隐情，提出一些让你不愿回答的问题，或直接提出一些带有语言陷阱的问题，让你一不留神就回答失误。面对宣传公关中这些棘手的问题，我们不能保持沉默或干脆一走了之，否则达不到宣传的目的。该如何应对呢？不妨学学张艺谋，采取回避锋芒的方法，另辟蹊径，进行反问，再次将问题踢回发问者，从而顺利过关。

在一次服装展览洽谈会上，夹在人群中的一位老年男士听完某服装厂产品介绍员的有关女款最新式样的介绍后，禁不住大发感慨：“现在很缺老年人的服装啊。”介绍员立马接过话微笑着说：“当下老年人服装确实比较少，我们厂也注意到了这个情况，最近除了生产流行服装外，也设计和生产了一大批适合老年人的服装，我这里就有好几款，您可以看一看，都是现代技术与传统工艺结合的产物，质地柔软，做工精细。过段时间，我们厂还会推出一系列老年人新款服装。我们厂是老厂，又有驰名商标，质量绝对有保障。”此话一出，围观者众多。

● 方法：有的放矢法

在上述事例中，产品介绍员接到老年人的反馈信息后，在第一时间把握住这个特殊群体的服装需求，通过有的放矢的介绍，达到了宣传企业和产品的双重目的，吸引了许多消费者的注意力。

女士们，先生们：

很荣幸和大家一起庆祝签字仪式。刚才贵公司董事长跟我说，在德国，结婚若遇上下雨，便预示着好兆头，今天我们两家大型公司签字合作，雨神恰巧光顾，预示着我们合作发展的良好前景！

在此，我要盛情邀请贵公司董事会成员访问中国，希望大家认识中国、了解中国。在许多人眼里，中国是个神秘的国度，我相信，凡是和我们接触过的人都会感受到，中国人是多么的风趣坦率。

最后，让我们端起酒杯，在席勒的故乡，引用《欢乐颂》里的一段话，为我们双方的合作干杯：“巩固这神圣的团体，凭金色的美酒起誓；对于盟约要矢志不渝，凭星空的审判者起誓！”

● 方法：入乡随俗法

在上述事例中，致辞者用简短风趣的语言，充分运用德国的风俗和文化，对双方的签字合作进行庆祝并表达祝愿。可以想象，这种入乡随俗的方式不仅能迅速拉近彼此的距离，还能营造一种温馨融洽的社交氛围，达到很好的公关效果和合作效应。

多年前，一位影视明星受邀参加某个联欢晚会，当时这位明星的知名度还相当有限，为了让观众记住他，他在开口之前花了点心思："在下××。我和在座的大歌星文先生不同，尽管我们都获得过最佳男歌手称号，但观众更愿买文先生的单，尤其是女观众。为啥？她们认为我'人比黄花瘦，脸比煤炭黑'。如果有朝一日我出名了，那绝对是长相难看出的名。"这番话戏而不谑，妙趣横生，给观众留下了风趣又不失坦诚的好印象。

方法：自我解嘲法

在上述事例中，这位明星通过故意自嘲又分寸有度的说话技巧，以自身的风趣幽默为自己树立了良好的公众形象。在宣传公关过程中，如果能巧妙运用自我解嘲的方式，不仅能活跃现场气氛，还能加深对方的印象。值得注意的是，在运用自我解嘲这个语言技巧时，"度"的把握一定要适当，"过头"与"不及"都会对宣传公关效果产生不良影响。

情境与实践

1. 某次大型房交会上聚集了很多持观望态度的顾客，他们对于究竟选择哪个楼盘显得犹豫不决。如果你是某楼盘的宣传推广代表，你如何让顾客在最短的时间内对你的楼盘动心呢？

2. 你所在的公司邀请一位商界大腕来做专题演讲，公司派你在这位大腕演讲之前进行简短的介绍，你该如何设计这段发言呢？

第二部分 危机型公关

危机型公关是指组织或个人形象受损或面临危机时，通过巧妙应对，将损失降到最低甚至化险为夷。危机型公关对于语言艺术和口语技巧的要求比较高，关系到能否化解危机，渡过难关，甚至直接维系着一个企业的生死存亡。因此，掌握一定的危机公关技巧，提高危机公关的语言艺术和口语表达水平，显得相当必要。

在贵阳举办的一个中国名酒节上，一家经贸公司欲订购10吨白酒，酒会上名酒如云，厂商之间竞争十分激烈，纷纷向该公司抛绣球出奇招，究竟订哪家，该公司举棋不定。经过反复权衡和比较，该公司最终决定与其中一家厂商合作，而这个厂商因长期经营不善，其实早已濒临倒闭，正苦盼大单缓解危机。但在进一步公关洽谈时，厂商代表并没有将接到这宗大生意的兴奋溢于言表，而是平静中带着几分歉意地说："对不起，我们今年的货早已订完了。如果您确实需要，我们可以设法为您预订明年的，当然在时间上我们会尽量照顾贵公司的。"话一出口，经贸公司代表大感意外："是吗？前天你们不是还急于拉客户吗？"厂商代表说："商场如战场，您也是聪明人，怎会不懂那只是我们的一种营销策略？众所周知，我们的酒是根本用不着拉客户订购的，更何况过了一天，又有别的经贸公司向我们表达了合作意愿。这不，今天一大早，广东一家经贸公司便将今年的最后一批货全部订完了。你们可以去问问他们嘛！"经贸公司的代表有些急了："是的，听说你们的酒好，我们才慕名而来。我们来一趟也不容易，能不能通融一下，先挪一部分给我们？"厂商代表故作为难状，致使经贸公司代表更加紧张，好话说了一大堆。厂商代表这时才说："既然你们要与我们长期合作，考虑到我们的长远利益，我们就跟其他客户沟通一下，看每家能不能匀出一点，给你们凑足10吨。"经贸公司代表大喜，又是握手又是递烟，厂商则在不知不觉中完成了自身的一次危机公关。

● 方法：欲擒故纵法

在上述事例中，该厂商明明是被动方，需要这次合作机会化解自身的经营危机，却故意制造出一种订单已满的假象，在经贸公司无法摸透自身底牌的前提下，欲擒故纵，从而成功拿到了大订单，化解了自身的经营危机。欲擒故纵法是销售公关中经常运用的一种方法，运用在急于求成的对手身上往往有效。

有家生产奶制品的企业，在抽检时被查出产品不合格，原因是某一成分超标，并陆续有顾客前来投诉，后来事情越闹越大，被媒体曝光。为缓解危机，这家企业加大宣传力度，欲以“澄清”事实的方式力挽狂澜。在记者招待会上，该企业的代表说：“这次检出的不合格产品，只存在某一批次的奶制品中，我们的大部分奶制品还是合格的，请大家不要以讹传讹。”没想到这番话一出口便激怒了在场记者：“你们不但不主动承担责任，向我们消费者致歉，还到处打广告做宣传，置消费者的利益于不顾，昧着良心挣黑心钱，请问是何道理？”这一场景在网上被爆料，引起公愤，很多消费者拒绝购买与该品牌相关的一切奶制品，工商部门也下令对该企业奶制品进行下架处理。一夜间，该企业遭受了前所未有的危机。

● 方法：真诚致歉法

在上述事例中，奶制品企业若想真正扭转危机，重塑企业形象，必须怀着道歉的真心和改进产品质量的决心，以实际行动维护消费者的利益，才会得到消费者的原谅和信任。面对广泛的质疑和指责，企业应该开诚布公，真实而真诚地还原真相并致歉，才能化解矛盾，一味地遮掩和辩解，反而将企业置于消费者的对立面，无法化解信任危机。

一位推销员冒昧地上门推销产品，当他推门进屋时，猛然发现女主人刚洗完澡，只穿着浴衣在家里。女主人见有外人冒冒失失走进来，非常生气，这位推销员立马说道：“对不起，先生。”随后把门关上。

● 方法：巧妙圆场法

在突发情况下，这位推销员巧妙地说了一句“对不起，先生”，便为双方成功解围，既维护了女主人的尊严，又为自己化解了一场尴尬和危机。

一名歹徒劫持了人质，希望政府答应他的某个要求。政府派出特警部队进行包围，但是局面一直僵持着。政府于是派出谈判专家进行危机公关。谈判专家说：“你看，特警部队已经赶到并实施了包围，如果你现在放下武器，只会受到并不严厉的惩罚。”歹徒不为所动，谈判专家接着说：“如果特警部队最终逮捕你的话，按照法律，你将可能被判处死刑，而特警部队绝对有实力擒获你甚至当场击毙。我相信，你绝不会拿自己的生命开玩笑，何况你提出的要求还不至于用自己的生命来换取。”歹徒有些动摇了，最终选择投降。

● 方法：陈述利弊法

在上述事例中，谈判专家层层深入，向歹徒陈述利弊，并以珍惜生命为筹码进行劝解，主动站在对方立场进行劝导，从而化解了一场危机和悲剧。陈述利弊时，必须注意言辞委婉又不失诚意，若语气太硬，会激起对方的反感，而语气太软，又达不到化解危机的公关目的，所以在运用该方法之前必须做好各方面的评估，揣摩对方心理，拿捏表达方式。

情境与实践

1. 假如你是一家面包公司的经理，生意清淡萧条，公司几近倒闭。为缓解公司危机，你很希望能和一家大型超市进行合作，建立固定的销售渠道，但超市经理似乎并无合作意向，你该如何进行危机公关呢？

2. 两位顾客去餐厅用餐，发现所点的茶水有异味，于是找经理反映情况，经理解释说可能是消毒或清洗不彻底所致。两位顾客于是提出赔偿要求，但争执不下难以达成一致意见，消费者还扬言要进行投诉。如果你是餐厅经理，你将如何安抚顾客情绪并进行危机公关？

第三部分　维系型公关

维系型公关主要是指社会组织或个人采取一系列行动以谋求稳定发展或塑造良好形象的一种公关模式。在维系型公关中，公关人员若在语言策略和口语技巧方面具有较强的能力，往往能取得意想不到的效果。

李女士受公司委派去英国考察，在一个大型活动中被一位英国男士不小心踩了脚，李女士当场疼得花容失色。英国绅士情急之下慌忙道歉，李女士笑着说："没关系，是我的脚放错了地方。"英国绅士化尴尬为微笑。活动结束后，绅士为表感激，特邀李女士喝鸡尾酒。喝酒聊天中，李女士发现这位绅士是英国某大公司的股东，这个公司恰好与自己的公司有贸易往来。离别时，李女士特意向这位绅士要了联系方式。回国后，李女士以朋友身份常与这位绅士保持联系，并偶尔提及自己的公司。后来，李女士所在公司因领导层一个严重的失误导致资金回笼困难，几近破产，幸亏这位绅士投入一笔大订单缓解了财务危机。

● 方法：转换立场法

在上述事例中，李女士在脚被踩痛后并没有恶语相向，反而站在绅士的立场上为其幽默圆场，于不动声色中化解了这位绅士的内疚与尴尬，也赢得了绅士的良好印象和友谊。回国后李女士也非常注意和绅士保持联系，着力于维系双方的友谊，最终得到绅士的帮助为公司化解了财务危机。转换立场为对方着想，保持联系维系友谊，是李女士成功公关的关键。

某百货商场正举办30年庆典大酬宾活动，顾客很多，商场经理忙得不亦乐乎，偏偏这个时候有一个电器推销员跑过来推销他的电冰箱，并缠着经理大谈特谈自己的品牌如何好，经理很不耐烦又不便表现出来，于是说道："您所推销的这个品牌确实很不错，但目前我们积压了很多存货，要不，您留下联系方式，我们过一段时间再说吧。"听完这话后，推销员知趣地递上名片告辞了。

● 方法：委婉拒绝法

委婉的言辞往往比直接拒绝更易被对方接受，因为直言不讳刺激性大，容易伤害到对方自尊，造成矛盾，而含蓄得体的话语听起来轻松愉悦。因此，在公关活动中，尤其是拒绝对方时要选择合理得体的委婉言辞，既达到婉拒目的，又为维系关系留下余地。在上述事例中，经理以尚有库存和今后再联系为理由，暂时委婉地拒绝了对方的推销行为，又为日后的业务往来留下了余地，很好地处理了当下困境与维系业务的关系。

传说朱元璋当了皇帝，有个当年的穷哥们想找朱元璋关照，以求谋个一官半职打发余生。为拉近关系，这位哥们先进献了很多土特产，然后便直通通地说道："皇上，我是张老五。以前咱们替人家放牛的时候，还一起偷过豆子呢，咱们将偷来的豆子放在瓦罐里煮，还没等煮熟，就抢来吃，结果瓦罐都摔破啦，碎片还弄得你一手的污血，甭提有多狼狈。"张老五自顾自地回忆往事，完全没看到皇上的脸色，气得朱元璋大吼："岂有此理！一派胡言！"

● 方法：回避忌讳法

中国人很讲究为尊者讳，在上述事例中，朱元璋的这位发小错就错在冒犯了皇上的大忌，没有顾及皇上的尊严和威信。发小的回忆貌似有趣亲切，却有揭老底的嫌疑，最终因为缺乏策略和技巧，不仅未能维系好原本熟识的关系，反而惹恼了对方，可谓一败涂地。可见，在公关过程中，要特别注意表达的内容和方式，尤其对于知根知底的人，更要谨言慎行，不触忌讳，不揭人短，才能左右逢源，最终实现公关目的。

王某经营一家餐厅，但最近不知什么缘故，生意很是清淡。王某有一个大学同学李某，人脉很广，又是一家企业的经理，王某想要李某帮忙介绍客源，于是趁一次同学聚会时悄悄对李某说：“听说嫂子偏爱吃辣，我店里的厨师最近推出了一道新菜，味道鲜美可口，辣得过瘾，您有空一定要带嫂子和朋友们过来品尝啊。”

方法：借人传力法

由于人与人之间的亲疏关系不同，有时不方便对关系相对疏远的客户进行直接公关。这时，我们便可以采取借人传力的方法，先找关系较近的人进行公关，然后层层推进，将公关的客户圈逐渐扩大。如上述事例中的王某，通过大学同学李某的关系将公关对象扩展到李某夫人和李某朋友们，层层推广，最后达到招揽和维系客户的公关目的。

情境与实践

1. 假如你是一家电器公司的经理，有一天，你在电影院等待区内不经意间看到了另一家大公司的老总，而你早就有意拜访那位老总，因为和他搞好关系，对你的公司有很大帮助。但是，如果冒失地上前去套近乎，有可能对方不愿搭理你，你又不愿错失这个机会，你将如何进行公关以便和老总建立业务和友谊关系呢？

2. 假如你是一家公司的老总，很想与另一家公司建立业务上的联系，但这个公司的王总似乎对你公司的产品不是很感兴趣，只愿偶尔约你一起打打球，却闭口不谈业务。在这种情况下，你将如何展开公关以便打开局面更好地维护双方关系呢？

第五模块　管理口才

学习目标

1. 学会管理下属的语言技巧，促进团队合作。
2. 学会布置工作的语言技巧，顺利委派任务。
3. 学会主持会议的语言技巧，圆满召开会议。

第一部分　管好下属

管理就是要导之以言、施之于行，管理工作中如果语言技巧和口语方法运用得当，往往有利于科学管理和团队协作，提高工作效率和管理效能。

管好下属是管理者最基本的工作内容，也是最重要的工作内容。要想管好下属，除了具备良好的综合素质和管理才能，还得拥有良好的口才，这可以从三个方面入手：第一，美言表彰、激发士气；第二，良言批评、引导方向；第三，团队管理、齐头并进。

所谓美言表彰、激发士气是指管理者在与下属沟通时应该及时、真诚、巧妙地赞扬和激励对方，不断给下属加油打气，充分激发下属的工作热忱。

高丽是某公司市场部经理，每当她的下属圆满完成任务时，她从不吝惜表扬，总会真诚地说："这次的工作任务完成得太出色了，你真是太棒了。辛苦了！"她和她的下属也一直合作得非常愉快。

方法：及时表扬法

及时表扬是指当某项工作任务顺利完成，管理者应及时给予下属真诚的赞扬，一方面肯定他们的工作成绩和工作能力，另一方面也让下属感觉到上司的关心和感谢。

“小方，这个月你的销售业绩确实不错，比上个月增长了30%，很难得啊。尤其值得一提的是，你的促销创意着实令人刮目相看，我们将在公司全面推广。好好干，前途无量啊！”小方自从被经理真诚夸赞后工作更努力了。

方法：真诚赞美法

真诚赞美是指在下属取得一定的工作成绩时，管理者应给予真诚的赞扬和祝贺。这种赞美要有的放矢、有理有据，赞在实处，切忌空泛。在上述事例中，经理就针对小方的具体业绩如销售量大幅增长和促销创意好，进行了真诚的赞美，充分肯定了下属的能力和创造性。

某公司的王总正在主持会议，他希望通过这次会议能为某项目选出一位合格的项目负责人，可是会议现场鸦雀无声，大家都不说话。这时王总缓缓开口了：“我给大家讲个故事吧。从前有个人非常虔诚地信奉上帝，他相信上帝无时不在无处不在。有一天他所居住的村庄发生了洪涝灾害，大家都纷纷逃命，只有他原地不动，因为他相信上帝会来救他。这时村庄里来了很多救生艇和救援人员，可是这个人死活不肯走，最后活活被淹死了。到了天堂后，他看见了上帝，便毫不客气地质问上帝为什么不去救他，上帝告诉他曾派救生艇前去搭救，是他自己拒绝了机会。这个故事告诉我们，机遇不容错过，它有时候不仅仅改变我们的命运，更可能关乎我们的生命。”王总的故事讲完后，会场气氛渐渐活跃起来，甚至有人毛遂自荐。

● 方法：巧妙激励法

巧妙激励法一般适用于下属情绪低落、停滞不前、无所作为之时，管理者应凭借良好的口才尽可能地激励下属甩掉包袱、抓住机遇、勇往直前。在上述事例中，王总就借助一个小故事来激励大家踊跃参与和毛遂自荐，最终大家被有趣的故事和王总的口才打动，积极融入会议主题。

所谓良言批评、引导方向是指管理者在面对下属工作或生活中的过失以及需要改进之处时，并不一味地直接批评指责，而是在充分尊重的前提下好言相劝或委婉提出，以帮助下属走出误区，更好地成长提高。

"这次确实存在一些我们始料未及的客观因素，干扰了任务的顺利完成，我知道大家其实已经尽力了，尤其是项目组长小李，为这次任务付出了很多，出现如今的结果不是大家的责任。咱们别把这点小挫折放在心上，任何人、任何团队都是在挫折中不断成长和前进的，有了这一次的经验，相信下一次我们一定会出色地完成任务。"小李所负责的项目组没能顺利完成某个工作任务，本以为新来的经理会严厉指责，没想到经理不仅没有责备他们，还充分肯定和安慰项目组，这让小李等人很感动，并暗暗发誓从今以后会更加努力工作。

● 方法：善意安抚法

善意安抚是指下属在工作和生活中遇到挫折或不幸时，管理者应本着以人为本的精神，怀着一颗善良的心给予真切的关心和善意的抚慰，力争让下属尽快走出情绪的低谷，继续以饱满的热情和信心面对工作和生活。在上述事例中，经理的善意安抚让项目组成员十分感动，从而暗暗发誓今后会更加努力地工作，可见，在下属尽职尽责而结果不尽如人意的情况下，善意安抚远比一味苛责更能凝聚人心、激发士气。

某公司曾发生过一件趣事。一天早上，总经理对他的秘书说："小王啊，今天这条裙子可比昨天那条漂亮多了。"从此以后，小王再也没有在工作场合穿过"昨天那条"裙子了。

● 方法：对比批评法

对比批评是指管理者并不直接批评下属，而是伺机找到下属的闪光点，以对比的方式委婉指出其需要改进的地方。在上述事例中，总经理对秘书"昨天那条"裙子是持批评意见的，却不在当天直接表达出来以避免尴尬和伤害，当秘书第二天换了一条得体的裙子后，总经理以表扬该裙子的方式间接批评了"昨天那条"裙子不够漂亮或不够得体。对比批评法不仅要求管理者灵活机智，也要求下属聪慧过人，能听懂领导的弦外之音。

"小张，这份总结材料写得挺好的，措辞严谨，思路清晰，看来是下了一番功夫啊。但我觉得有两个地方再修改一下的话，就更完美啦。小伙子挺聪明，文笔也挺好，再接再厉吧。"小张从经理办公室出来后满心欢喜，将总结材料认认真真地修改了几遍。

● 方法：委婉指正法

委婉指正是指管理者先对下属表扬一番，紧接着委婉指出其工作中需要改进的地方，最后再对下属肯定或鼓励一番。这种方法的优势在于，既巧妙地指出了下属工作中需要改进的地方，又充分调动了下属的工作积极性。在上述事例中，经理采用的就是委婉指正法，这也是现今很多管理者在指导或批评下属时普遍采用的方法之一，它能在平和的气氛中达到批评指正的效果。

所谓团队管理、齐头并进是指管理者应着力营造团队凝聚力，在带领整个团队前进的同时，充分考虑每个成员的发展需求，团队精诚合作，携手并进。

公司某个项目组最近正在积极策划一个工作方案。项目组长说："刘方的这个创意非常好，我们大家齐心协力好好干，相信在我们辛勤汗水和闪光智慧的精心浇灌下，这个方案一定会成为全公司最出色的策划，我们项目组也一定会成为全公司最出色的团队。"

方法：设定目标法

设定目标是指给团队成员明确一个共同奋斗的目标、指定一个共同前进的方向、设定一个共同期待的前景，让大家能够带着期盼和信心，满腔热忱地投入工作。在上述事例中，项目组长为团队成员描绘了一幅蓝图，让大家满怀憧憬地朝着最出色的策划、最出色的团队这个共同目标努力。

小李在部门例会上迟到了，王经理友好地示意小李坐下，然后说："小李啊，来得正是时候，我们正在讨论小陈的项目策划书，正想听听你的意见呢，好好准备一下，等会儿谈谈你的看法。"

方法：宽待小错法

宽待小错是指面对团队成员无伤大雅的小过错或小失误，与其一味地严肃批评或严厉指责，弄得大家都不愉快，还不如宽容以待，一笔带过或顺势给个台阶，从而营造友好和谐的团队氛围。在上述事例中，王经理面对例会迟到的小李，选择了宽待他的小错误，先是友好地示意他坐下，再善意地告诉他会议进度，让小李既能迅速从迟到的尴尬中解脱出来，又能第一时间投入会议进程中。

老王和小张不知何故这两天正在冷战，工作上也互相拆台，以致影响了整个项目的进度，李经理无奈之下只好分别找老王和小张谈话。在老王说完自己的委屈后，李经理说："您是我们公司的元老功臣，年轻人血气方刚容易冲动，您老别和他一般见识，原谅他这一回吧，就当给自家孩子一个机会。"接下来李经理又开始劝说小张："年轻人嘛，就得活得潇洒一点，拿得起放得下，犯不着和老年人生气，老年人有时候就和小孩子一样，得哄着才行，咱堂堂七尺男儿，胸中能纳川，肚里能撑船，主动跟老人家打声招呼的气魄和肚量还是有的，对吧？"经过李经理的一番调解，老王和小张终于和好如初了。

方法：强调差异法

强调差异是指从矛盾双方各自的特质入手，找到彼此之间的差异，同时也找到协调的突破口，最终让双方冰释前嫌。在上述事例中，李经理就是从年龄入手找到了老王和小张之间的差异，然后通过反复强调这种差异来协调彼此之间的矛盾，最终让他们握手言和。其实，团队成员之间发生矛盾在所难免，关键在于管理者能妙语解围、巧化干戈。

销售部的小李和小王不知何故在办公室吵翻了天，张经理听到后赶紧把小李和小王请到自己的办公室，语重心长地说："两位是我的左膀右臂，千万不能闹僵了呀，你们要是闹僵了，最心痛最难过的就是我了，看在我的面子上，就大事化小，小事化了，握手言和吧。"

方法：以情制胜法

以情制胜是指以彼此之间的情谊来打动各方，最终让他们冰释前嫌。在上述事例中，张经理强调小李和小王是他的左膀右臂，都是得力助手，昔日共事的情谊不能忘，往后共事的情谊还会继续，握手言和才是最佳选择。

小王因未能成功晋升为项目主管而情绪失控，以致大闹张总办公室。

从小王冲进张总的办公室开始，同事们就只听到小王激动的声音，而张总则始终平静地看着他，一言不发，任其发泄。片刻过后，小王终于安静下来，张总这才开始与小王耐心沟通。

● 方法：以静制动法

以静制动是指当团队成员出现过失或情绪激动时，应给对方申述或调整的空间，认真听取对方的不满或意见，不宜严厉指责或针锋相对。在上述事例中，张总面对小王的激动情绪和强烈不满，选择安静地聆听，任其发泄，待其平静下来之后再进行沟通和劝导。

情境与实践

1. 假如你是部门经理，你最得力的下属在竞聘部门副经理时失利，你会如何安慰他并让他重拾信心呢？

2. 假如你是项目组长，你所带领的团队一盘散沙，缺乏一种向心力和协作精神，你打算召开一次谈心会，会上你将如何发表简洁的演说以提升团队的凝聚力呢？

第二部分　布置工作

布置工作、委派任务是管理者相当重要的工作内容之一。下属能否正确理解你的委派意图，能否欣然接受你的任务布置，能否倾力完成你的工作安排，都与管理者的领导水平和管理口才有着紧密的关系。管理者在给下属布置工作时要注意以下几点：

1. 言简意赅、突出重点

所谓言简意赅、突出重点是指管理者在布置工作、委派任务时不宜喋喋不休，而应尽可能用最少的语言将工作任务交待清楚，并且让下属明白哪些是工作重点，必须保质保量地高效完成。

2. 态度严谨、排除误解

所谓态度严谨、排除误解是指管理者在布置工作、委派任务时应抱着严谨的态度，阐述清晰的观点，不能让下属产生误解，从而贻误工作。

3. 措辞委婉、拉近距离

所谓措辞委婉、拉近距离是指管理者在布置工作、委派任务时并非一定要采取严肃下达命令的方式，而是可以采用请求、商量、肯定、激励等方式真诚地和下属进行交流沟通，这样更能拉近彼此之间的距离，获得更好的表达效果。

“小文，请将这份资料复印两份，下班前交给李秘书，请注意复印质量，王总要看。”

方法：明确要素法

明确要素是指管理者在布置工作、委派任务时必须交待清楚什么人在什么时间范围内完成什么工作任务，需要达到什么要求或效果。在上述事例中，管理者在布置工作任务时，虽寥寥数语，却将哪份资料需要复印、复印几份、何时交给何人、要达到怎样的复印质量等要素交待得相当清楚。

“二战”初期，面对来势汹汹的纳粹军队，英国曾一度节节败退、士气低沉。为挽救国家民族的命运，时已年迈的丘吉尔首相做了一次简短而精练的演说，这次演说耗时二十分钟，却始终只有四个字：“永不放弃。”士兵们和丘吉尔一起高呼这四个字，喊声响彻整个军营，极大地鼓舞了英军的士气。

● 方法：强调重点法

强调重点是指用短小精练的语言将工作任务的重点提炼出来并适当强调，让下属能够牢牢记住并且全力以赴。在上述事例中，丘吉尔首相采用的就是强调重点法，对于当时的英国而言，只有全国上下牢牢记住且切实做到“永不放弃”，才能看到希望的曙光。

陈经理出差前嘱咐副经理：“小李，明天开始我要出差一周，我走后公司的事情由你全权负责，尤其是A项目一定要跟进，千万不能出任何差错，随时和我保持联系。”

● 方法：明确表态法

明确表态是指管理者在布置工作、委派任务时一定要概念清晰、指示明白，不能含糊其辞。在上述事例中，陈经理通过全权负责、项目跟进、保持联系等关键词，简洁有效地将工作交待得清楚明白。

有个动物园曾发生过一件趣事。饲养员向领班汇报说黑天鹅老是啄伤游客，不知道该怎么办。领班忙昏了头，随口打趣道：“那就把它宰了喂狮子吧。”那个饲养员信以为真，结果犯了严重的错误。

● 方法：慎用幽默法

慎用幽默是指布置工作、委派任务是严肃的事情，不宜采用幽默谐趣的方式来处理，以免混淆视听，引起误会甚至造成不可挽回的错误。在上述事例中，领班的一句玩笑，让下属出现了严重的工作错误，这一方面是因为饲养员不懂幽默、不动脑子，另一方面也是因为管理者指示不清、态度不明，没有进行明确清晰的表述。

"嗨，吉米，现在有一个项目需要你的帮助。"

方法：请求帮助法

请求帮助是指管理者在布置工作或委派任务时，不以命令的口吻下达，而是采用请求对方帮助的语气，让对方感觉到被需要，从而愉快地接受工作任务。

"小文，我向来都看好你，相信这次的工作任务你也一定能出色地完成。"

方法：肯定激励法

肯定激励是指管理者在向下属布置工作、委派任务时，充分肯定其成绩，并对其能力表现出充分的信任，以激励其更好地完成工作任务。在上述事例中，管理者首先向小文表达了一贯的信任，接下来对小文能顺利完成此次任务表现出了足够的信心，这些信任和肯定都将激励小文全力以赴地完成工作任务。

"公司将在A县城设立一个办事处，需要一个既熟悉业务又能独当一面的人过去主持工作。小吴，你的能力是大家有目共睹的，我想推荐你过去，又担心小县城委屈了你，你自己的想法和意见如何？"

方法：尊重商量法

尊重商量是指管理者在布置工作、委派任务时能考虑下属的感受，尊重下属的想法，让下属在被尊重被需要的良好心理感受下愉快地接受工作任务。在上述事例中，管理者在肯定下属工作能力的前提下，提出欲委派其去小县城工作的想法，更真诚地表达了担心小县城委屈了下属的心意，让下属充分感受到被需要、被尊重、被关怀，相信能打动下属并让其作出正确的选择。

情境与实践

1. 作为部门经理，你在向小王布置某项相对艰巨的工作任务时，小王却不愿接受，你该如何劝说并让小王坦然接受工作任务呢？

2. 假如你是部门经理，你的下属小丽刚生完孩子回公司上班，可是有一项紧急任务需要大家连续加班才能完成，你该如何向小丽布置工作呢？

第三部分　主持会议

主持会议是管理者日常工作中必不可少的重要内容，会议能否进展顺利并取得预期效果，与管理者的主持水平和表达技巧紧密相关。要主持好一次会议，管理者除了要明确会议目的、把握会议主题、了解会议议程、熟悉会议资料等，还应具备良好的口才艺术，做到以下三点：

1. 先声夺人、巧设开场

所谓先声夺人、巧设开场是指管理者在会议的开始阶段应凭借良好的口才引起与会人员对会议的重视或兴趣，同时，在此过程中必须向与会人员交待清楚会议的目的、主题、意义、议程等相关内容。精彩的开场能高度集中与会人员的注意力，充分调动与会人员的积极性，为会议最终取得圆满成功奠定良好的基础。

2. 机智应对、控制进程

所谓机智应对、控制进程是指管理者应凭借良好的口才快速解决会议过程中出现的各种问题，以确保会议能按既定程序顺利进行且达到预期效果。

3. 收放自如、善始善终

所谓收放自如、善始善终是指管理者应凭借良好的口才给会议画上一个圆满的句号。

经理召开公司会议并开场发言："各位同仁，今天开这个会是因为我们这个月的销量比上个月下降了10%，比去年同期下降了15%。这个下降比例明显处于非正常状态，现在将大家聚在一起，不是为了批评或指责，而是要做两件事：第一件事是冷静分析，找出销量下降的原因；第二件事是积极献策，找到提升销量的方法。下面我们先做第一件事，请大家踊跃发言。"

● 方法：开宗明义法

开宗明义是指会议开场白不拖泥带水，一开场即讲明会议目的，说清会议重点，提示与会人员会议的重要性，并请与会人员做好发言准备。在上述事例中，经理在会议开始阶段便将开会的原因、目的以及会上需要解决的问题都交待得清清楚楚，这种干脆利落的交待足以引起与会人员对会议内容的高度重视。

在某油菜花节的开幕式上，当地领导发言："百里菜花似海，四方宾客如潮，在这鸟语花香、蜂飞蝶舞的阳春三月，我们迎来了第三届油菜花节。我们诚挚地欢迎来自祖国以及世界各地的新老朋友……"

● 方法：因境制宜法

因境制宜是指会议主持者充分利用与会人员所置身的环境或会议议题所涉及的环境来烘托会议主题，吸引与会人员的注意力。在上述事例中，当地领导的开场白生动明快，遣词造句、节奏氛围均与会议主题和现场情境完美结合、相得益彰。

某项目组召开会议，项目组长开场发言道："各位同仁，今天这个短会是我们项目组成立以来的第一次会议，在正式开会之前我想先给大家讲个故事。从前，有两个饥饿的人得到了一位长者的恩赐：一张鱼网和一篓活鱼。他们一个人拿了那篓鱼，另一个人拿了那张网，然后就分道扬镳了。得到鱼的人就地生火煮鱼，然后狼吞虎咽，转瞬间连鱼带汤都吃了个精光，但过了一段时间，他还是饿死在空空的鱼篓旁。另一个人则提着鱼网忍饥挨饿艰难前行，可当他终于看到不远处那片蔚蓝色的大海时，浑身的最后一点力气也用完了，只能带着无尽的遗憾离开人间。又有两个饥饿的人，同样得到了长者恩赐的一张鱼网和一篓活鱼，他们并没有各奔东西，而是一起去寻找大海，他们每次只煮一条鱼，两个人分着吃，经过长途跋涉，他们终于来到了海边，从此，两人开始了以捕鱼为生的日子。几年后，他们盖起了房子，拥有了家庭，造了艘渔船，过上了富足而幸福的生活。这个故事告诉我们，团结就是力量，协作造就成功，希望在以后的工作中，我们整个项目组的所有成员都能精诚团结，携手并进。"

方法：故事开篇法

所谓故事开篇法是指在正式开会前先讲一个与会议主题相关的小故事，同时言简意赅地点明故事主旨，以便启发下属。在上述事例中，项目组长就是通过讲述两个饥饿的人如何赢得生存的故事，启发团队成员认识到团结协作的重要性。故事开篇法的优势在于：一方面，生动浅显的小故事能在第一时间吸引与会人员的注意力，很好地起到静场收心的作用；另一方面，这些小故事所彰显的深刻哲理与领导者或管理者空讲的大道理相比，更能深入与会人员的大脑与心灵，起到事半功倍的效果。

公司正在就某个项目进行论证，小徐从自己的工作经验出发提出了几个建议，经理接着说："小徐的想法和建议非常好，下面我们来听听其他同志的想法。"

● 方法：适时肯定法

适时肯定是指当发言者见解独到时，管理者应及时给予肯定，同时也激励其他与会人员踊跃发言。在上述事例中，经理简短的发言既对小徐的建议予以肯定，又及时提醒和督促其他与会人员畅所欲言。

公司面临销售危机，经理紧急召开会议进行应对，会上气氛比较沉闷，大家低头不语，经理于是说："小宋，你一向心直口快且见解独到，今天怎么不说话啦，谈谈你的看法和建议吧。"

● 方法：临危点将法

所谓临危点将法是指当与会人员陷入沉默，整个会议面临冷场时，管理者可指定人员发言，以推动会议继续进行。管理者的临危点将既能促使被点者及时发表见解，又能激发其他与会人员积极参与发言，从而化解会议冷场的尴尬。运用此法时需要注意的是，所点之"将"应是能言善道、见解独到之人，而非沉默寡言、人云亦云之辈。

公司某部门就如何提高销量召开会议进行讨论，大家发言踊跃，有人说影响销量的一个因素是产品包装不够美观，大家纷纷认同并开始就产品如何设计包装展开议论，持续了半个小时。部门经理见状马上说："刚刚大家谈到的产品包装不美观的问题，确实是存在的，大家的建议也很有价值，今后可以专门为此开会讨论。不过，今天的中心议题是如何提高销量，我们现在先集中精力解决好今天的中心议题吧。"

● 方法：正本清源法

所谓正本清源法是指当发言内容出现偏离会议中心议题的情况时，管理者应及时将话题拉回中心议题，以确保会议能按既定程序顺利进行。在上述事例中，部门经理看到大家将讨论的重心放在改良产品包装方面时，及时进行引导，强调本次会议的中心议题是如何提高销量。运用此法时需要注意，管理者在引导会议进入中心议题时应该对与会人员离题的发言适当给予肯定或回应，如：“大家反映的问题确实存在”，“大家的建议很有价值”，“大家的想法都很好”，“下次我们专门开会讨论大家刚才提出的问题”，等等，而不宜直接批评其发言跑题或置之不理，以免打击与会人员发言的积极性。

公司的会议上，有两位同志因为对于某个问题的意见不一致而发生争执，经理赶紧说：“两位，别激动，听说高分贝的声音会把耳膜震破的，为了不让我们都成聋子，我建议大家发言时都把嗓音降低二十分贝，行吗？”

● 方法：谐趣圆场法

所谓谐趣圆场法是指当发言者因意见不统一发生争执时，管理者可用幽默诙谐的语言及时“降温”，使双方都冷静下来，以便会议能继续进行下去。在上述事例中，经理所采用的就是这种方法。需要注意的是，千万不能将诙谐幽默变成冷嘲热讽或人身攻击，以免火上浇油或扩大战线。

在某次商务洽谈会的闭幕式上，其中一家企业的老总在总结发言时说：“各位来宾，本次商务洽谈会到此圆满结束了。金秋十月，秋风送爽，秋天是收获的季节，我们的会议虽然短暂但非常务实，相信双方企业之间已经建立起了联系的纽带、互信的桥梁。在此我们衷心地祝愿双方企业都能以此为契机，找到值得信任的合作伙伴，为企业的壮大及产业的发展注入新的能量。”

方法：触景煽情法

所谓触景煽情法是指在会议结束阶段采用煽情性较强的语言，表达对与会人员的祝福和对与会单位的祝愿，让整个会议在温馨愉悦中圆满结束。在上述事例中，其中一方企业的老总就用充满感情甚至有些煽情的语言，不仅充分肯定了此次洽谈会的重要意义，更让大家增添了友好合作的信心，描绘了携手并进的蓝图。

在某次会议上，领导作总结发言："刚才大家的话让我深受感动，有人说喊破嗓子不如干出样子，有人说既然选择了就绝不言悔，有人说跪着也要走下去，坚持就是胜利。我相信有这种决心和坚持，我们一定能排除万难，最终走向胜利的彼岸！"

方法：拾玉穿珠法

所谓拾玉穿珠法是指将与会人员那些闪光的言语或想法串联起来，并将之升华，形成有价值的会议总结。在上述事例中，领导选择了三位同志的发言精华，并将之提升到排除万难、走向胜利的高度，取得了良好的会议总结效果，有利于振奋团队精神，凝聚团队力量。需要注意的是，我们所拾的"玉"和"珠"并非哗众取宠的华丽辞藻或牵强附会的名言警句，而应是紧扣会议主题，有利于团结人心、激励斗志的铿锵妙语。

在会议结束时，经理总结道："各位同仁的发言都相当中肯，列举的措施也切实可行，会后请小王根据今天的会议内容起草一份详细的项目策划书，下周一交给我。下一步我们要做的是将该项目落实到位，散会。"

方法：拍板表态法

所谓拍板表态法是指管理者在会议结束阶段应做出科学合理的决策，确保会议能真正解决问题，尽量避免议而不决的情况发生。在上述事例中，经理在会议总结时就安排小王具体负责项目策划书的撰写，并对下一步项目落实工作提出要求，表态果断坚决，充分显示了管理者的魄力。

情境与实践

1. 妇女节即将来临，公司决定召开一年一度的巾帼英雄表彰大会，假如你是公司领导和本次会议的主持人，在大会开始之初，你将对与会人员说些什么呢？

2. 公司召开一年一度的年终总结大会，会议已经开始十分钟了，可是会场仍然没有安静下来，作为公司经理，你将如何维持好会场秩序并推进会议呢？

第二章　生活口才

第一模块　相识与交谈

学习目标

1. 掌握相识之初寻找话题的技巧和方法。
2. 掌握交谈的原则和方法，并能在实际生活中灵活运用。

第一部分　巧妙相识

现代社会是一个竞争与合作的社会，一个人的言谈交际能力显得日益重要。因为交谈是人际交往中进行有效沟通的重要手段，通过交谈不仅可以沟通信息，联络感情，而且有助于各种问题的解决。“万事开头难”，与人相识的第一次交谈是人际交往中最重要的步骤之一，处理好这一步可以使人结识很多朋友，处理不好会引起尴尬，失去很多机会。如何与人开口交谈呢？

首先要适时寒暄。

与人初次见面交往，在尽量短的时间内开口打招呼十分重要。与人一照面，很快客气地寒暄几句，显得自然、随和又热情，为下面的交谈打下了基础。如果过了这个时间再打招呼，对方会觉得冷淡，双方都会感到不自然，常常导致交谈失败，给以后的交往设置了障碍。在公众场合，若有事要与长辈或领导（对方不认识自己）交谈，最好在他们的应酬告一段落之后再上前自我介绍，这样较为得体。寒暄时要面露微笑，千万不要板起面孔，微笑着问候，会使人乐于作答，不忍拒绝，使交谈得以进行下去。

其次要寻找话题。

寒暄过后就进入了闲谈期。这时的关键是寻找适当的话题，以避免无话可谈而导致冷场。这正如写文章选了好题目，往往会文思泉涌，一挥而就。交谈选择了好话题，会使谈话融洽自如。好话题是初次交谈的媒介，深入细谈的基础，纵情畅谈的开端。

那么，什么样的话题是好话题呢？这与具体的对象、时间、环境等因素相关。所选话题，对方至少要了解，能谈；感兴趣，爱谈；有讨论的余地，好谈。

那么，如何寻找话题呢？

小张与小王在开往西藏的列车上相遇了，旅途风光很美，若能一路说说笑笑，就真是一次完美的旅程。小张见小王的脖子上佩戴着一块玉，就率先开口了："您好，看来您也很喜欢美玉啊！您看，我也戴着一个玉镯子呢。"话题一打开，小王也热情地谈起了自己买玉器的经历，两人由陌生到熟悉，相约一起游西藏呢。

方法：异中求同法

初次见面，从服饰、举止、谈吐可看出对方的修养、生活习惯、心情等，通过这些找到自己与对方的相同之处。比如，他和你都穿着休闲装，或佩戴同一种首饰，或用同一款手机，你就能以此为话题开始你们的谈话。"您也喜欢……？"很自然地开始了闲谈。

在一次宴会上，小刘和小龙正好坐在一起。大家举杯喝酒时，小刘发现小龙带着较重的湖南口音，于是小刘欣喜地对小龙说："您是湖南人吧？湖南可是人杰地灵哦。山水美，有南岳衡山，有张家界，风景十分秀丽，令人流连忘返啊！湖南人，牛啊，出了毛主席，还出了许多将军，真是令人佩服！"小龙一听，也高兴了，很快两人就聊得十分投机。

方法：乡音引申法

打招呼时，若能辨出对方的地方口音，不妨以此为话题。比如"您是四川人吧，天府之国呀，九寨沟、黄龙是人间仙境，青城天下幽，峨眉天下秀，好地方啊，我去过……”，于是两人越谈越欢。需要注意的是，不能取笑对方口音，要尊重对方，并真诚赞美对方家乡。有道是“美言一句三冬暖，恶语伤人六月寒”。尊重是谈话的前提。

学校举行家长联谊会，小朋友们纷纷登台表演节目展示自我。这时，一个小姑娘的舞蹈表演吸引了大家的目光。小宋坐在台下也看得很认真，突然她注意到旁边的女士看得非常投入，还面带微笑和爱意。小宋轻轻凑过去问道：“您好，请问台上的小姑娘是您女儿吗？她的舞跳得真好。”旁边的女士自豪地说：“是的，她是我女儿。”就这样，两位家长相识了，后来还经常互相交流孩子的教育问题呢。

● 方法：投石问路法

河中投石可知水的深浅，接着怎么走就心中有数。与陌生人交谈，先设置几个问题，投石问路，略有了解后，就可有针对性地选择话题进行交谈。如聚会中见到陌生人，就可询问：“您和发起人是同事吗？”不论其是同事还是同学，或是老乡、战友等，均可循着对方答话谈下去，谈工作、学习、生活、家乡等，很快便能谈得比较投机。

王梅坐在候机大厅等待前往长沙的航班，这时一位衣着时尚的姑娘走过并坐在王梅的旁边。王梅抬起头礼貌地打招呼：“您好！”姑娘回应道：“您好！请问您也去长沙吗？”王梅说：“是啊，现在去长沙可方便啦，不仅有航班，还有京广高铁呢，但不知道坐高铁舒不舒服。”姑娘答道：“可舒服啦，还不像飞机这样经常颠簸呢。”二人就京广高铁展开了热烈的交谈，相处甚欢。

● 方法：时事导引法

选择众人关心的事件来说，很快就会“语花四溅”，谈兴渐浓。每天的电视新闻中都要播发一些政治、经济、文化信息，这些都能成为谈话的素材，尤其是那些备受瞩目的时事，更能激发交谈双方的兴趣，从而建立良好的交往基础。

小明想去拜访一位大学语文老师，去之前小明向别人打听过这位唐老师的喜好，原来唐老师喜欢养花。于是，小明去花店买了一束漂亮的花。唐老师开门之后见到小明手里的鲜花，欣喜地说：“你买的鲜花很特别哦。”小明说：“我只觉得这束花很漂亮，但不知道究竟是什么花呢。”唐老师笑着说：“是风信子。风信子的花语是点燃生命之火便可享受美好人生，很有意义呢。”小明说：“唐老师您再给我讲讲别的鲜花花语吧，太有意思啦。”

● 方法：循趣导入法

若能探明对方的兴趣爱好，并由此入手，就能顺利地找到话题。因为对方最感兴趣的事是他最乐于去谈、最有话可谈的，你对此又表现出浓厚的兴趣，对方会感到十分愉快。选择这样的话题会拉近双方距离，使自己成为受欢迎的人。不必担心自己是否了解内容，若自己曾有涉猎，就能谈得很融洽；若自己不了解，也可借此大开眼界，增长知识。

校园联谊会正热热闹闹地进行着，许多同学在这里结识了新朋友。

小松：请问您是学什么专业的？

小雪：我学旅游的。

小松：真的，太好了。我假期想去九寨沟，您有什么建议吗？

小雪：九寨沟四季的景色都很迷人，春天冰雪消融、山花烂漫，夏天树木苍翠、水色斑斓，秋天树叶多彩、水色丰富，冬天银装素裹、湖水洁净。我个人喜欢秋季的九寨沟。

小松：那我秋天去吧。

● 方法：虚心求教法

虚心求教是一种十分便捷的开场白。比方说，对方若是学美术的，你可以问："墙上这幅画是徐悲鸿的作品吧？"对方若是学计算机的，你可以问："我想买台电脑，您有什么建议吗？"一句话就让对方打开了话匣子，又表现出对人的尊重，谈话能愉快地进行下去，同时也能赢得对方的好感。

寒假到了，大家纷纷赶回老家过年，许多原本陌生的学子在列车上结识了老乡或朋友。

小益：嗨，对面的朋友，我叫小益，我坐车回武汉，你呢？

小华：你好，我是小华，我去广州。

小益：今年的春运又开始了，火车站真是人山人海啊。你的车票是如何买到的呢？

小华：我是打电话预订的，你呢？

小益：我在网上预订的，现在买火车票真是比以前便捷多啦。

● 方法：即兴引入法

巧妙借用当时的天气、环境、服饰、偶发事件等即兴引入话题，自然又应景。话题可谓俯拾皆是，比如，你来的路上正好赶上塞车，就能以城市交通为话题；再比如，有人说某某因住院不能来了，这时就能以健康为话题开始谈话；若是在餐厅，能提供良好开端的话题就是食品和饮品。

总之，话题选用，因人而异，可根据实际情况灵活采用。只要能激起对方的谈兴，就会取得好的效果。

开口交谈后，下一步就是如何将谈话进行下去。这时只要适时变换话题，就能持续地有话可谈，将相识转化为相熟，为进一步交谈和交往做好准备。

情境与实践

1. 在一次聚会上，你碰到了某公司的王经理，正好你所在的单位想跟这个公司建立业务联系，于是你想结识一下王经理。听你的朋友介绍说，王经理是地道的山西人，毕业于某名牌大学计算机系。获知这些信息后，你将如何跟王经理进行初次交谈呢？

2. 登上火车找到自己的座位后，你发现对面坐着的是一位漂亮的女孩，趁她抬头的时候，你与她打了个招呼："您好！这趟车是去北京的吗？"女孩显得有点愕然，你这时才意识到自己的问题有些不妥，似乎有明知故问的嫌疑。你将怎样化解初次相识的语言尴尬并争取进一步交谈呢？

第二部分　善于交谈

这里说的交谈是指两个人或更多人之间进行的一种符合礼仪要求的会话。交谈是社会生活中最基本的一种口语交际形式，它在人际交往中运用相当广泛，如聊天、问讯、拜访等，都要用到交谈这种会话方式。

要善于交谈，必须注意相关原则和方式：

1. 双向共感

交谈，究其实质乃是一种合作。因此，在交谈中切忌一言堂，也不可一味宣泄个人的情感，而应适时把话语权交给其他参与交谈的人，让每个人都有发言的机会。

社交礼仪规定，在交谈中应遵循"双向共感"原则。也就是说，人们在交谈时应注意双向交流，并且在可能的前提下，要尽量使交谈围绕交谈对象进行，无论如何都不要妄自尊大，忽略对方的存在。交谈的中心内容，应尽量使交谈各方皆感兴趣，并能够愉快地接受，积极地参与，不能只顾自己而不看其他人的反应。

双向是交谈对象互动的问题，共感是有关交谈话题的问题。交谈的话题有时比较明确、集中，但是在很多情况下，话题比较分散。交谈前双方不一定有共同的明确的话题，或者在交谈过程中由一个话题转到另一个话题，因此，善于提出并把握话题，遵守双向共感的原则，是使交谈顺利进行并取得成功的关键。

2. 神态专注

在交谈中，各方都希望自己的见解为对方所接受，所以从某种意义上讲，“说”的一方并不难，难就难在“听”的一方。古人曾就此有感而发：“愚者善说，智者善听。”“听”的一方在交谈中表现得神态专注，就是对“说”的一方的最大尊重。善于聆听，主要表现在以下三个方面：

首先，表情要认真。在倾听时，要目视对方，聚精会神，把注意力全部集中在说话者身上；而用心不专，目光游移不定，坐立不安，“身在曹营心在汉”，则是倾听者走神的明显表现。

其次，动作要配合。如果对方提出的观点为自己所接受，或与自己的看法不谋而合时，应以微笑、点头等动作表示支持、肯定，切勿无动于衷。

最后，语言要合作。在对方“说”的过程中，不妨以“嗯”或“是”回应来表示自己在认真倾听。在对方需要理解、支持时，应以肯定的方式加以呼应，如说“对”“没错”“我有同感”等。必要时，还应在自己的讲话中适当引述对方刚刚发表过的见解，或者直接向对方请教高见。这些，都是以语言同对方进行合作。

3. 施辞委婉

在交谈中，不应直接陈述令对方不快、反感之事，更不能因此伤害其自尊心。必要时，在表达方法上应当力求含蓄、婉转，并留有余地，善解人意，这就是所谓施辞委婉，也就是婉言。

婉言在日常生活中的使用是十分广泛的。由于日常交际中人们总会遇到一些不便说、不忍说，或者是由于语言环境的限制而不能直说的话，因此不得不故意说些与本意相关、相似或看似无关的事物，来烘托本来要直说的意思，使本来也许有点困难的交谈，变得顺利起来。例如，在用餐时要去洗手间，不宜直接说“我上厕所去”，而应说“我出去一下”“我去有点事”“我去打个电话”。来访者停留时间过长，从而影响本人，需要请其离开，不宜直接说“你该走了”“你待得太久了”，而应当说“我不再占用你的宝贵时间了”等，均属婉言的具体运用。

在交谈中，运用婉言可采用的方式和注意的事项有：旁敲侧击法；比喻暗示法；间接提示法；先肯定，再否定；多用设问句，不用祈使句；表达留有余地。进一步而言，运用婉言尤其要注意三点：一是要尊重对方的感觉，无论在语言上或行动上都不能刺伤对方；二是不应用婉言挖苦、讽刺别人，讨别人的便宜；三是不要把婉言使用到啰唆、虚伪和矫饰的程度。

4. 礼让对方

在交谈中，务必要争取以对方为中心，处处礼让对方，尊重对方，尽量避免出现失礼于人的情况。

不要独白　既然交谈讲究双向沟通，那么在交谈中就要目中有人，礼让他人，要多给别人发言的机会，让大家都有机会交流。不要一人侃侃而谈，只顾自己尽兴，而始终不给他人张嘴的机会。

不要冷场　不允许在交谈中走向另一个极端，即从头到尾保持沉默，不置一词，从而使交谈变得冷场，破坏现场的气氛。不论交谈的主题与自己是否有关，自己是否有兴趣，都应热情投入，积极合作。万一交谈中因他人之故冷场，切勿默然视之，而应努力主动改善局面，如转移旧话题，引出新话题，使交谈顺利进行。

不要插嘴　出于对他人的尊重，在他人讲话时，尽量不要在中途予以打断，或不经允许地插嘴。这种做法不仅干扰了对方的思路，破坏了交谈的效果，而且会给人以自以为是之感。确需发表个人意见或进行补充，应待对方把话讲完，或是在对方同意后再讲。不过，插话次数不宜多，时间不宜长。特别是与陌生人交谈时更不允许中途打断或插话。

不要抬杠　抬杠，是指与人争辩，固执己见，强词夺理。在一般性的交谈中，应允许各抒己见，言论自由，不作结论，重在集思广益，活跃气氛，取长补短。如果自以为一贯正确，无理辩三分，得理不让人，非要争个面红耳赤，最终伤了和气，是有悖交谈原则的。

不要否定　在交谈中，要善于聆听他人的意见，若对方所述无伤大雅，无关大是大非，一般不宜当面否定，让对方下不了台。社交礼仪有一条重要的原则即“不得纠正”。它的含义是：对交谈对象的所作所为，应当求大同，存小异，若其无关宏旨，不触犯法律，不违反伦理道德，没有辱没国格人格，一般没有必要确认其对错，更没有必要当面加以否定。在交谈中不否定对方的见解，就是该原则的具体运用。

5. 说话得体

交谈既要吸引对方，又要适应对方，不能出现“话不投机半句多”的情况。这就要求交谈时不仅要注重内容，还要注意用语得体。用语得体包括用语准确、规范、简洁、文雅、生动、幽默等，同时还表现在恰当使用称呼语、敬语、谦语和委婉语上。

交谈时，所说的话要尽可能与自己的身份相符。职务与工作性质只是社会分工不同而已，不应自卑自贱，更不应该借此傲视他人，这样才能发展健康的人际关系。位尊者，言谈不盛气凌人；识高者，不贬他人浅薄；职低者，不自卑而谄媚。只要心灵相通，言语必定和谐。

要想说话得体，应注意这样几个方面：一是不对心情惆怅的人说得意话；二是不对志得意满的人说“多多提携”之类的肉麻话；三是当对方请教你时不说搪塞应付的题外话；四是在别人不愿回答的问题上应该知趣而退。总之，运用语言的能力愈高，交谈效果就愈好，人际关系处理得就愈完满。

6. 适可而止

与其他形式的社交活动一样，交谈也受制于时间。虽然说亲朋好友之间的交谈往往“酒逢知己千杯少”，但是实际上它仍需要见好就收，适可而止。这样不仅可使下次交谈还有话可说，而且还会使每次交谈都令人回味。

交谈适可而止，主要有四点好处：第一，可以为大家节省时间；第二，可以使每个参加者都有平等发言的机会；第三，可以使大家的发言尽可能精练，少讲废话；第四，可以使大家对交谈意犹未尽，保持美好的印象。

俗话说“良言一句三冬暖”，意思是说成功的交谈像冬日里的暖流，深入人心，使人长时间感到温暖。生活离不开交谈，我们经常要和长辈交谈，和同学朋友交谈，和服务对象交谈，和陌生人交谈，等等。好的交谈不仅能融洽双方感情，增进相互了解，更重要的是能赢得好感，给对方留下美好的印象，为进一步发展双方关系、推进合作和顺利开展各项工作奠定重要基础。交谈中如何才能赢得好感呢？

卡耐基出差在外，闲暇之时请他的一位同事帮其买一份报纸。过了十分钟，这位同事回来了，两手空空，并低声咒骂着。这位同事说道：“我走到马路对面的那个报亭，拿了一份报纸，递给那家伙一张十美元的票子，他不找钱，而是从我的腋下抽走那份报纸。我正在纳闷，他开始教训我，他的生意不是在高峰期给人换零钱。”卡耐基愿意去试试，于是在这位同事的注视下穿过马路，去那个报亭买报纸。来到报亭后，他非常客气地说：“先生，对不起，不知道你能不能帮我一个忙。我是外地人，需要一份《纽约时报》。我只有一张十美元的票子，我该怎么办？”

那位卖报人毫不犹豫地递给卡耐基一份报纸，说："嗨！拿去吧。找开钱再回来！"

● 方法：尊重别人法

相互尊重是双方进行交流和沟通的前提，是赢得好感的途径和方法之一。人都有一种普遍的心理，希望得到他人的尊重，这是一种心理满足。如果我们在交谈中能注意运用这种技巧，不仅能沟通双方情感，和谐彼此关系，而且能在赢得对方好感的同时，达到自己预想的目的。从上述事例可以看出，尊重是交谈的基础，是获得对方友爱的前提，当对方得到尊重之后，好感也油然而生，满足你的请求就顺理成章了。

某大商场下班前十分钟停止入内，保安站岗。一位女士急于进商场购物，遭到拒绝。再三请求，无济于事。之后，另一位男士赶到，在同样遭到拒绝后，男士先评价保安忠于职守，做法是正确的，是对工作负责任的表现。三言两语，令对方感动。然后，这位男士说明了急于购物的原因，并保证快进快出，结果得到了保安的允许。

● 方法：换位言语法

生活中常听到"公说公有理，婆说婆有理"的事例，结果是彼此互不相让，除了无法达成共识、损伤双方感情外，什么事情也办不成。如何让对方接受自己的观点，如何实现自己的想法，感动对方是重要的方式之一。首先必须让对方对你产生好感，让对方感到你理解对方，赞赏对方，其他的事情也就迎刃而解了。分析上述事例，为什么同样的情况下，那位男士办成了事，而那位女士遭到了拒绝呢？原因在于交谈的技巧。男士首先站在交谈对象的立场上说话，认定对方是正确的，当保安听到这一番话后，心里一定很愉悦，内心产生了好感，男士的问题也就顺利解决了。

一位同学在一个计算机应用方面的招聘面试中大谈自己的长处，如取得的各种荣誉，担任班干部组织的各种活动等，而当招聘人员问及计算机操作能力时，这位同学却一略而过，招聘人员感到很失望，结果这位同学没有被录用。

● 方法：引发兴趣法

引发兴趣是赢得好感并促使交谈成功的重要技巧。谈话是双方的事情，绝不能只顾及自己的爱好，重要的是看对方的交谈兴趣在哪里。要在交谈过程中快速、准确地捕捉到这种信息，顺应对方关心的、感兴趣的话题说下去，满足对方交谈的需求，触及和深化对方交谈的兴趣点，这样就容易赢得对方的好感。

在一次招聘面试中，招聘人员听完一位同学关于自己种种成绩的介绍后，感觉意犹未尽，于是再问："你认为自身的最大缺点是什么？"这位同学毫不掩饰，立刻回答说："我有时容易急躁，不过工作后我会时刻提醒自己，逐步改掉自己的缺点。"结果这位同学被录用了。后来他问招聘人员为什么会录用自己，招聘人员回答说，敢于正视自己不足的人往往会在事业上有较大的发展。

● 方法：诚恳示弱法

学校生活结束后，踏上社会，招聘面试是每位同学必须面对的事情。在招聘面试中，一般人都认为应该多谈自己的长处，讲足自己的优势，开列出自己的全部成绩，唯恐有遗漏，唯恐暴露自己的弱点。有时不妨换个角度来考虑这个问题。古人云，人无完人，这是客观事实。正确认识自己，客观公正地评价自己，在交谈中能诚恳地说出自己的不足，这其实是坦诚和自信的表现，也容易给人留下好印象。

元旦即将到来，班上要举办元旦晚会。

女生们纷纷打开行李箱，寻找最漂亮的衣服扮靓自己。赵苹平时比较腼腆，衣着朴素，但看见姐妹们喜洋洋地穿上新衣服去参加晚会，赵苹也忍不住拿出自己最心爱的衣服穿上。这是一件浅绿色的大衣，腰部还配有一条黑色的腰带。黄颖见了，拉住赵苹的手说："你今天真漂亮啊！绿色把你的皮肤衬得更白啦！"赵苹连声道谢。

● 方法：肯定对方法

人与人之间相处要善于洞察对方的举动和变化，注意发掘别人在生活中的闪光点，并及时给予肯定，以增进双方情感。当你看到某个同学帮助别人时要真诚地说一句"你真好"；当你看到某个同学在技能比赛中取得了好成绩时要真诚地说一声"你真让人羡慕"；当你看到某个同学积极地为班级做有益的工作时要真诚地说一声"你总想着大家"；当你看到某个同学逐渐改掉缺点时要真诚地说一声"祝贺你取得进步"，等等。注意观察同学、朋友、同事的举动和变化，并在交谈中随时给予肯定，对方一定会感到春意融融，感受到你的关注和重视，这样，他人对你的好感会不断提升。

某保险公司举行十周年庆祝大会，邀请两位来宾大会发言。一位来宾历数公司取得的种种业绩，这些业绩人人皆知，因此并没有打动大家的心。另一位来宾却从第三者的良好反映，特别是从投保者的良好反映说起，肯定了公司的成绩，让公司领导和员工听着格外贴心，从而赢得了大家的一致好感。

● 方法：引用观点法

引用观点也是交谈的重要技巧之一。正面肯定别人的长处，固然会令对方感动，但有时引用别人的话，从侧面赞赏对方的成绩，更容易打动对方的心，赢得对方的好感。因为第三者的话更客观，更公正，更具有说服力。当老师引用同学的话评价你，认为你是一位很有责任心的人，你一定会很高兴；当你把毕业生高度评价老师的话说给老师听，老师同样也会感到快慰和满足。

情境与实践

1. 某同学买了一套运动服，回家后感觉不合适，想回商场退换，你认为她应该怎样说才能赢得服务员的好感并主动为她退换？

2. 假设你利用假日到一位初中（或小学）老师家去拜访。拜访时要问候老师的健康状况和生活情况，要简要汇报自己在职业院校学习的情况，要注意进出门时的礼貌用语，要注意赢得老师的好感。

第二模块　赞扬与批评

学习目标

1. 掌握赞扬的方法，并在生活中经常运用。
2. 掌握批评的原则和方法。

第一部分　学会赞扬

赞扬是一股春风，温暖心灵；赞扬是一阵细雨，滋润心田。如果是你的朋友，你要适时赞扬，加深彼此之间的友谊；如果是你的对手，你也要适时赞扬，化解彼此之间的隔阂。人曰：赠人玫瑰，手有余香。如果你付出的是一种温暖，一片滋润，那么，你收获的也将是同样的馈赠——请不要吝惜你的赞扬。

赞扬他人，要真实，要真诚，要把握适当的分寸，要运用适当的方式和技巧，以期达到最佳的效果。

有一年，高尔基在意大利的一个岛上休养，他的儿子跟着母亲前来探望。儿子闲暇之际，就学着花匠在窗前种了许多花。儿子走后不久，花开了，放眼满目的鲜花，聆听轻柔的海潮，高尔基感到十分惬意，于是给儿子写了一封信。他这样写道："孩子，你走了，留下了你种的鲜花，使岛上增添了美丽的风景！要是你不管在什么时候、什么地方都留给人们以美好的东西，那你的生活该多么充实啊！”

● 方法：具体明确法

所谓具体明确的赞扬，就是指要根据具体而明确的事情有针对性地赞扬他人，不能虚构事实进行虚伪的赞扬，也不能含混其词进行空泛的赞扬，简单地说，就是要赞扬得有理有据。高尔基对儿子的赞扬就是如此。如果你做过类似的事情，得到过同样的赞扬，你一定会觉得心中涌动着一股暖流；如果别人为你做过类似的事情，你就应该献出最诚挚的谢意和赞美。这样，无论是你，还是他人，彼此心间流淌的都将是一份融融的暖意，世界和人生都将因此而变得更加美好和睦。

卡耐基在《人性的弱点》一书中讲述过这样的事情：一天，卡耐基去邮局寄挂号信。在等待的过程中，他发现这家邮局的办事员显得很不耐烦，服务质量比较差。因此，他便准备用赞扬的方法使这位办事员改变服务态度。当轮到他称信件重量时，卡耐基便对办事员称赞道：“真希望我也有你这样的头发。”听了这种赞扬，办事员脸上露出了微笑，接着便热情周到地为卡耐基服务起来。自那以后，卡耐基每次光临这家邮局，这位办事员都笑脸相迎。

● 方法：扬长避短法

人都有一种希望别人注意其不同凡响之处的心理和愿望，如果能把握这一点，去观察和发现某人与别人的不同之处并以此进行赞扬，可能会让人在赞扬中自觉或不自觉地修正不足，取得出乎意料的效果。在上述事例中，如果当时卡耐基赞扬办事员工作热情，办事员可能觉得这是卡耐基对他进行挖苦和讽刺；如果直接批评他服务质量差，办事员的态度可能会更加恶劣。所以，当卡耐基发现办事员的头发很好时，他聪明地绕过办事员的短处和雷区，迂回而真诚地赞扬了办事员的长处，结果取得了理想的效果，不仅使办事员改善了服务态度，而且还让办事员后来一直与他保持着良好的关系，可谓一举多得。

有一个孩子数学成绩非常好，善于动脑思考问题，经常能用不同的方法解答数学习题，但是他有点粗心，在正确的解题步骤下容易犯一些小的运算错误。一次，这个孩子参加了学校组织的数学竞赛，在比赛中他的解题思路非常好，就是有两个题出现了运算失误，因此他只获得了二等奖。这个孩子自己也觉得有点遗憾和懊恼，班主任老师知道情况后找他谈了一次话：“祝贺你在数学竞赛中取得了好成绩，我很高兴你为我们的班级争了光。你是一个非常聪明的孩子，在数学方面很有发展潜力，如果你能更加留意运算过程，我相信你在数学方面的才华将得到更加充分的体现，期待你的下一次优异表现。”孩子得到老师的赞扬后不仅更加有信心了，而且开始有意识地加强运算，减少失误，最终通过努力更上一层楼。

● 方法：扬长论短法

如果说卡耐基的言论是避而不谈某人的不足和短处，而从其独特之处入手进行赞扬，那么，扬长论短地赞扬就意味着在赞扬的过程中暗示或提及某人的不足和短处，从更高的要求和水平出发对某人进行提升式地赞扬。一般而言，这种赞扬也能取得不错的效果。

小李大学毕业后到一所学校任教，刚到单位时，他所在的教研室主任好像对他有点不信任，教研室组织的科研项目也不愿让他参加。他不服气，找到主任说明自己的意愿，主任才勉强让他参加了相关项目的研究。然而，当他把研究报告递交上去后，本以为主任会表扬几句，谁料主任不仅没有表扬，还批评他做事不够认真。他觉得很委屈，下定决心要做出成绩，让主任对他刮目相看。后来，他的一篇论文在刊物上发表了，主任看见后，简单地表扬了他几句；再后来，他出版了一本专著，当他把专著送给主任“指正”时，主任很高兴地赞扬了他。年终总结时，主任还在大会上对他提出了表扬，让他很受鼓舞。现在，每当小李提到主任，总是赞不绝口，说这位主任办事公道，有判断力，批评得有道理，赞扬得有分寸，能根据成绩大小循序渐进地进行赞扬，更让人对今后的赞扬充满期待，从而更加努力。

● 方法：循序渐进法

从整体上看，赞扬是可以逐渐升级、循序渐进的，要注意把握好语言的分寸和心理接受的过程。心理学家的研究表明，人们喜欢那些不断增加对自己赞扬的人，尤其是那些采用欲扬先抑式赞扬的人。

在赞扬他人时，一定要遵循适度的原则。赞扬的力度不够，让人觉得轻描淡写；赞扬的程度过高，容易造成夸张的效果，甚至变成奉承，从而偏离了赞扬的本质。

情境与实践

1. 班上有一位同学平时成绩一般，但是通过一个学期的努力，他的成绩迅速提高并名列前茅。作为同学，你将如何赞扬他呢？假设你是班主任，你又该如何进行适度的赞扬（表扬）呢？

2. 你刚搬进新居所，有一位朋友来看望你，她带着一个瓷花瓶作为礼物送给你，但是她看到你的客厅里已经摆着一个玻璃花瓶了，觉得有点不好意思，说：“看来我的礼物送得有点重复了。”请思考一下，这时候你可以从哪些角度进行赞扬呢？

第二部分　善意批评

在日常生活中，我们总会碰到形形色色的人，遇到多种多样的事，这些人或事可能存在着不同程度的问题，也许是不符合某种价值标准，也许是在细节上有点偏差，如果我们不想对这些问题视而不见，就可以善意地加以提醒和劝诫，帮助其认识问题、解决问题，从而收到善意批评的良好效果。

善意的批评要注意把握好如下原则和方式：

1. 要看清对象，因人而异

不同的人，由于个人经历、文化程度的不同，性别、年龄、身份、职业、性格等方面的差异，其接受批评的方式和承受力也有很大的区别。有的人受到批评满不在乎，有的人遭到斥责则难以承受；有的人能正视自己的缺点和错误，受到批评后能坦率认错，且知错能改；有的人则不愿正视自己的问题，明知有错，却死要面子，不肯悔改。这就要求我们要在了解对象的基础上，根据对象的不同特点，采用不同的批评方式，或直接或委婉，或公开或隐蔽，或严厉或温和。总之，一定要掌握好批评的度，不能突破对方的心理承受力，要努力创造一种和谐、融洽的气氛，以达到善意批评的目的。

2. 要审时度势，因时而异

个人的情绪、心情总是不断变化的，当一个人心平气和时，较能以客观的态度对待批评，可采取稍直接一些的方法；当对方情绪低落，心中充满不平时，很难正确地对待批评，此时就不宜太直接，宜采取委婉含蓄的方式，而且要做到态度诚恳而友好。另外，也要注意场合，当众批评，宜采用委婉、含蓄的方式，借题发挥或用弦外之音，引人深思，发人深省；一对一单独批评时，可直截了当一些，开门见山、一针见血指出要害，让其认识到错误。

3. 要认清目标，因事而异

批评他人总是针对某一具体行为而发，指向某一具体事件。事件往往有大小之分，轻重之别，这就要求批评者要分清大小、轻重，因事而异，采取恰当的批评方式。正确的批评一定要细密周到，恰如其分。普遍性的问题可以直接些，可以当面进行批评，对于个别现象就应个别进行。严重的、影响较大的问题，应采取直接、严厉、公开批评的方式；轻微的、影响较小的错误，可采用隐蔽含蓄一些的方法。

春秋时期，有一次晋国正卿赵简子外出，要他的属下臣僚脱衣推车上坡，唯有虎会一人不予理睬，独自荷戟高歌而行。赵简子认为这是臣下侮辱君主，要问罪于他。虎会毫无惧色，坦言道："你只知臣不能侮其君，却不知君亦不能侮其臣。"赵简子问什么是君侮其臣。虎会说："用人不用其长，使智者不为谋，辩者不为使，勇者不为斗，此便是君侮其臣。智者不为谋则社稷危，辩者不为使则事不通，勇者不为斗则国土被侵，此三者不行则君位难保。”赵简子听了，遂令属下群臣停止推车。

● 方法：一针见血法

所谓一针见血，就是针对问题提出简明而直接的批评。在上述事例中，面对赵简子的不是，虎会直言不讳地加以指责，令其明白逆理而行必将铸成大错，以促其幡然醒悟，可谓恰到好处。若非这样一针见血，而只是轻描淡写或转弯抹角地说上一遍，恐怕无济于事。

一天，春秋时晋国赵襄子痛饮方休，对侍者说：“我还不错吧，饮了五天五夜，竟不醉倒！”优莫在一旁说：“比商纣王还差着哩！商纣王饮了七天七夜。”赵襄子闻言惊出一身冷汗，问优莫说：“照你所说，我将要灭亡了？”优莫说：“不会。”赵襄子说：“比商纣王只差两天了，不亡又等待什么？”优莫说：“夏桀、商纣之所以灭亡，是因为遇上了商汤、周武这样的明君。现在天下尽是夏桀，而你学的是商纣；桀、纣并世，谁又能战胜谁？不过离灭亡恐怕不会很远了。”此后，赵襄子便节制饮酒作乐了。

● 方法：借题发挥法

所谓借题发挥，就是指借谈论另一个题目来表达自己真正的意思。优莫借题发挥，委婉提出自己平日不敢说的意见，既可避免正面冲突带来的麻烦，又可令对方在不知不觉中受到启迪而改过，不愧为批评的良方。

战国时颇有声誉的政治家晏婴所居近闹市，齐景公要为他更换新居。晏子不肯，说：“家近闹市，早晚都可得许多我想得到的东西。”景公笑问：“你身近闹市，知道物价的贵贱吗？”当时，景公滥用刖刑，国内被砍脚的人很多，因此，为断足者所特制的“踊”（刖足刑者所穿的鞋子）比一般人所穿的“履”价钱要高。这时，晏子听了景公的问话，趁机回答说：“踊贵履贱。”景公听后陡然变色，从此减轻刑罚。

● 方法：顺水推舟法

所谓顺水推舟，就是指顺应趋势来办事。顺水推舟的进言，不会因单刀直入的规劝而使对方恼怒，能让对方在一问一答中领悟到自己的错误。晏子的做法颇为得当。

西汉黥布叛乱时，高祖刘邦正大病，不愿见任何人，连重臣周勃、灌婴也无可奈何。过了十多天，开国勋臣樊哙见事危急，率领群臣直闯进宫。见刘邦枕在一个宦官身上卧着，他边流泪边诉说道：“过去，您与我们从丰、沛起事定天下，是何等的壮烈；现在天下已定，您又是何等的懒散！局势这么严重，您又生着大病，大臣都很担心，您却不与我们见面议事，难道准备独自一个人与宦官诀别吗？您没有看见秦朝就亡在宦官赵高手里吗？”一番慷慨激昂的话，寓理于情，说得刘邦精神为之一振，笑着从床上爬起来。他带病出征，终于平定了叛乱。

● 方法：出其不意法

出其不意是指趁对方没有料到就采取行动。樊哙在出乎刘邦的意料下闯宫进谏，义正词严地追昔说今，抨击刘邦的懒散之弊，使其震惊之余而被激将出征。倘若樊哙不是出其不意，仅以一般晋见上书，那刘邦很可能无动于衷了。

东汉延熹年间，桓帝驾临竟陵，过云梦，临沔水，沿途百姓聚而观之。独有一老农夫耕田不辍，没有理睬。尚书郎张温奇怪地上前与他交谈。老农夫说：“我是田野之人，不懂你所说的话。请问立天子是为了乱天下，还是为了治天下？天子应该施惠天下百姓，还是役使天下百姓去侍奉天子一人？从前圣王治世，自身节俭，而万民安宁。现在你的君王，劳人自纵，逸游无忌。难道你不羞，还忍心要别人去参观吗？”张温听了，深感惭愧。

● 方法：反唇相讥法

反唇相讥是指受到指责或责问不服气而反过来讥讽对方。反唇相讥的批评，可变被动为主动，如重锤敲鼓令对方反躬自省，老农夫反过来责问张温就起到了投石见波的作用。

晋武帝时期朝臣都认为太子司马衷迟钝，不宜接班当皇帝，官为司空的卫瓘也每每想启奏废之，但一想到若直说则必犯上而难免遭不幸，故不敢贸然规劝。那么怎样才能把自己的意图告诉皇上呢？只能见机而行。有一次，武帝宴饮于陵云台。卫瓘借口酒醉，就势跪在武帝座前，说：“我有话想启奏。”武帝问：“公有何言？”卫瓘前后三次欲言又止，最后用手抚着武帝之座叹息一声：“此座可惜！”晋武帝领悟到其含义，但又无奈，只好故意不解地说：“公真大醉耶？”遂未加罪于卫瓘。卫瓘之规劝也堪谓佳策。

● 方法：一语双关法

一语双关是指一句话包含两个意思，其中一个意思是表面的，另外一个意思才是说话者真正的意图和目的。卫瓘表面上说皇帝的宝座可惜，实际是批评让太子登上皇位可惜了，以规劝晋武帝废弃太子。

南宋绍兴年间，殿前都指挥使杨存中率军于建康（今南京），诸军中旗帜上有双胜交环，名为“二胜环”，取两宫（指徽、钦二帝）北还之意。后来，杨存中将这个二胜环图形刻在一块美玉上，贡献给高宗日常佩戴。有一天，高宗指环颇为得意地说：“此杨太尉进献，名‘二胜环’。”众臣争相恭维，独有一伶人在旁冷冷奏道：“可惜‘二胜环’俱放在脑后。”其言外之意是，高宗称臣纳币，乞和于金，偏安江南，不图北进，将徽、钦二帝置于脑后。高宗闻言，为之色变，并立志收复失地。

● 方法：弦外有音法

弦外有音是指话语中另有间接透露和没有明说的意思。弦外有音的批评，不会轻易惹火对方，倒会使对方领会其意后改弦易辙。那伶人虽只一声，却如雷贯耳，促人猛醒。

正值“十一”旅游高峰，车多人多。每到一景点临下车前，干练的导游小姐总是一再交代集合时间、地点和注意事项，并反复强调为了下一个景点都玩好必须要遵守规则。到了约定的时间，只有一家三口没有返回。又过了一阵子，还不见人影。来自不同地区的一车人中间开始有人沉不住气了，责怪之声不时响起。近二十分钟后，这一家三口才在人们的起哄下上了车。这时候，导游小姐显得平静自如：“刚才上来的两位和孩子，一定是流连忘返了。大伙儿陪着耽误了这么长时间，心情肯定不好。要不三位来个节目活跃一下气氛好不好？”“好！”满车人怨气顿消，兴高采烈地鼓起掌来。

● 方法：转换方向法

转换方向是指在进行一定程度的批评之后，迅速转移话题或方向，将言语引入到另一个话题或方向，从而既达到批评的目的，又不使人过于难堪。导游小姐对游客的错误作了点到即止的批评，之后马上转换了话题方向，将之引入对错误的弥补方式上，取得了大家都满意的良好效果。

批评是一个十分敏感的话题，没有人愿意挨批评，哪怕是委婉的批评，都不会如赞扬那样使人感到畅快。只有运用恰当的方式和方法，把握好批评的尺度，才会使批评达到春风化雨、润物无声的效果。

同时，我们也要谨记，批评的目的是希望对方认识自己的问题，改正自己的缺点和错误，从而往正确的方向发展，它着眼的是未来，所以，批评一定要避免揭对方伤疤，要做到实事求是，就事论事，避免做人身攻击，用词要恰当，态度要诚恳，语气要亲切，要让人心悦诚服。

情境与实践

1. 电影院里，大家都在认真地观赏影片，但有两位年轻人不时地进行交谈和评论，影响了周围观众（包括你），你将如何委婉、善意地提醒这两位年轻人并使之改正呢？

2. 假设你是一位教师，你所在班级的一位学生由于迷恋上网导致学习成绩急剧下降，你将如何对他进行善意批评并使之正确对待上网呢？

第三模块　鼓励与拒绝

学习目标

1. 掌握鼓励的方法，进一步完善人际关系。
2. 掌握拒绝的技巧，并在恰当的时机灵活运用。

第一部分　热情鼓励

美国著名女诗人普拉斯曾经说过：“如果没有赞扬和鼓励，任何人都会丧失自信。”自信是成功的一半，因此鼓励在人的一生中起着重要的作用。人性的一个重要方面就是渴望别人的重视和赞许，满足自我人格尊严的需要。我们渴望别人的鼓励，同时也应该把鼓励赠予别人。老师鼓励学生，学生会更加奋发；长辈鼓励晚辈，晚辈会越发孝顺；上司鼓励下属，下属会加倍尽职；老板鼓励员工，员工会格外敬业……人会在鼓励中扬起生活的风帆，在鼓励中享受成功的喜悦，在鼓励中创造生命的奇迹。因此，鼓励他人既是处世的艺术又是做人的美德。

给人鼓励是一件好事情，但如何适时、恰当地鼓励别人，却不是一件易事。若在鼓励别人时，不掌握一定的技巧，不审时度势，即使是热情而真诚的鼓励，也不会达到理想的效果。

某公司的一位清洁工，在面对公司的保险箱被窃时，没有选择躲避，而是冒着危险奋不顾身地与窃贼展开了搏斗，最终保住了公司财产。事后，有人问他为什么会勇敢地站出来维护公司利益，这位清洁工说："虽然我的工作很不起眼，但总经理从我身边经过时，会经常对我微笑并夸赞我工作表现出色。"

● 方法：热情夸赞法

夸赞和鼓励的作用非同小可，就像植物必须浇水才能生长一样，每个人也需要鼓励才能获得自信、勇气和上进心。其实生活中鼓励无处不在，一句由衷的夸赞，一声热情的鼓励，也许都会给别人留下深刻的记忆，从而激发起前进的动力。

有位理发师傅带了个徒弟。徒弟给第一位顾客理完发，顾客照照镜子说："头发留得太长。"徒弟不语。师傅在一旁笑着解释："头发长使您显得含蓄，这叫深藏不露。"顾客高兴而去。徒弟给第二位顾客理完发，顾客照照镜子说："头发剪得太短。"徒弟无语。师傅笑着解释："头发短使您显得精神、朴实、厚道。"顾客听了欣喜而去。徒弟给第三位顾客理完发，顾客笑道："花时间挺长的。"徒弟无言。师傅笑着解释："为'首脑'多花点时间很有必要，您没听说：进门苍头秀士，出门白面书生？"顾客大笑而去。徒弟给第四位顾客理完发，顾客笑道："二十分钟就解决问题？"徒弟不知所措。师傅抢答："如今时间就是金钱，'顶上运动'速战速决，为您赢得了时间和金钱。"顾客欢笑告辞。晚上打烊。徒弟怯怯地问师傅："我没有一次做对，您为什么每次都替我说话？"师傅宽厚地笑道："不错，每一件事都包含了两重性，有对有错，有利有弊。我之所以在顾客面前鼓励你，原因有二：对于顾客而言，是让人家欢喜，因为谁都爱听吉言；对你而言，既是鼓励又是鞭策，万事开头难，我希望你以后把工作做得更加漂亮。"徒弟很受感动，从此，他越发刻苦学艺，技艺日益精湛。

● 方法：巧妙鞭策法

鼓励不等于护短，但是看似护短的巧妙鼓励，却能够鞭策和激励他人奋发前进。理发师针对四次不同的情况，有意凸显每一次的长处和益处，增强了徒弟的信心，达到了较好的鼓励效果。

把指责变成赞美和鼓励，看来是难以想象的，能真正做到也实在不易，但是世界著名企业家洛克菲勒却做到了。一次，公司职员贝佛处置失当，在南非做错一桩买卖，损失100万美元。洛克菲勒知道后并没有指责贝佛，他反而找了些可以称赞的事，感谢贝佛保全了他投资金额的60%，并热情鼓励贝佛继续为公司创造更多的业绩。这样的处理完全出乎贝佛的意料，他感动万分，从此更努力地为公司效力。

● 方法：反向赞美法

许多事情都是一体两面的，公司职员的失职导致公司损失了40%，老板原本可以因此严厉指责职员让公司蒙受了巨额损失，可是，聪明的企业家却反其道而行之，感谢职员保全了余下的60%资产，并鼓励职员奋发上进，而职员也因为老板的宽容大度变得更加积极努力。可见，在很多情况下，鼓励比指责更具效力。

大家都知道张海迪的故事，有一次，她应日本友人之邀，赴日本参加特意为她举行的演讲音乐会。在台上，她第一次用自学的日语做了自我介绍，并唱了几首她自己创作的歌曲。演讲结束之后，她是多么希望得到别人的热情鼓励啊。这时，日本著名作家和翻译家秋山先生上台来紧紧抱住她，热情地说：“讲得太好了，我们全都听懂了，你一定会成功的！”这简短的鼓励深深地打动了张海迪，也给张海迪创造生命的奇迹增添了无穷动力。

● 方法：及时肯定法

人人都有渴望得到别人肯定的心理需求，在一些特定的时候更是如此，例如在报上发表了文章，成功地完成了论文，通过努力工作取得了良好的业绩等，都希望得到别人及时的肯定。这时，不失时机地给予真诚的赞许和鼓励就非常必要了。

足球教练文斯·伦巴迪是一位富有传奇色彩的人物。在训练队伍时，他发现一个叫杰里·克雷默的小伙子思维敏捷，球路较多。他非常看好这个小伙子。一天，他轻轻地拍一拍克雷默的肩膀说："不错，有一天你会成为国家足球队的最佳后卫。"后来果然被教练言中，克雷默真的成了国家足球队的主力球员。他后来回忆说："伦巴迪鼓励我的那句话对我的一生产生了巨大的影响。"

● 方法：目标激励法

方向和目标能对一个人产生巨大的影响力，也会更加激发人的潜能。在鼓励别人时，为其树立一个目标，往往能让人坚定信念，为这一目标而奋斗，最终取得成功。

情境与实践

1. 快毕业了，同学们纷纷参加用人单位的招聘，眼看一个个同学都顺利通过面试，找到了满意的工作，小王却因为一次次的应聘失败而沮丧不已，这时你该怎样鼓励他呢？

2. 有一位学习积极性很高的同学，很喜欢在课堂上回答问题，但是又经常答错，引来了部分同学的嘲笑。如果你是一位教师，在不挫伤那位同学积极性的前提下，你将用什么方式来鼓励他呢？

第二部分　委婉拒绝

在人际交往中，我们难免会碰到被人拒绝或拒绝他人的情况，如何委婉、巧妙地说出"不"字，是一种生活和语言的艺术。拒绝得当，既能达到自己的目的，又能不置人于尴尬之地、不伤人自尊之心，所以，拒绝他人要注意运用恰当的方式和技巧，以取得良好的效果。

周五的下午，即将下班。蓓蓓很兴奋地走到好朋友丽丽的办公桌旁："丽丽，明天休息不用上班，要不今晚我们出去吃饭逛商场吧？"丽丽因为最近工作特别忙，连续几日加班，便友好而抱歉地朝蓓蓓笑了笑，无奈地耸了耸肩膀。蓓蓓只好遗憾地独自离开了。

● 方法：沉默是金法

当你对他人的要求或想法表示出沉默或不回应时，你其实就是在表示自己的拒绝与否定，当然，在这个沉默的过程中你的态度应该是礼貌而谦和的。如果有人问你是否喜欢或厌恶某人，而你不想进行评论，你只要示之以沉默或一笑置之即可，这就表明你想拒绝回答此类问题，别人也会明白你的意图。同样地，如果一位不太熟悉的朋友送来请柬邀请你参加一个聚会，你可以不予回复以表明你的婉拒。有时候，无声的语言也传达着某种拒绝的信息，当然，如果不是主观的拒绝而是因为客观的原因不能赴会，最好还是打个电话给这位朋友，对他的邀请表示感谢并说明不能出席的原因以取得谅解。

小张想约小李周末去打球，小李是这样回答的："最近我比较忙，工作上的事情比较紧张，要不下周再约吧？"小李这样说其实是在婉拒小张当前的邀约。

● 方法：缓兵之计法

缓兵之计是一种延缓对方进攻的计策，往往通过拖延时间，然后再想办法。小李的回答表明，他周末没有空闲时间去打球，但也许下周会有空应约，其实小李下周是否有空亦不确定，但他通过这种延缓时间的方式婉拒了当前的邀约。

小王陪着一位朋友看了一部武侠电影，小王并不喜欢这种风格的影片，而朋友却显得十分兴奋，他问小王："我觉得这部电影很精彩，动作设计得很棒，你觉得怎么样？"小王回答："我更喜欢《乱世佳人》那样的影片，唯美浪漫，很容易打动人心。"

● 方法：转换角度法

有的问题当你不便或拒绝从正面进行回答时，可以试着从另一个角度入手，委婉地表达否定的意思。

甲想约乙下班后一起吃饭，乙因为累了想下班后直接回家，但乙知道甲对电影比较感兴趣，于是岔开话题说："听说你最近去看了一部最新的电影，我也想看看，但不知道拍得好不好，你给我介绍一下吧。"这个新话题比较吻合甲的兴趣，甲开始滔滔不绝地说起了剧情。

● 方法：变换话题法

面对他人的要求、提议或想法，如果你不感兴趣而想拒绝，可以在适当的时候变换话题，从而改变谈话的重心或方向，达到婉拒的目的。乙就是通过引发甲对另一事物的兴趣，转移了甲的注意力，从而间接婉拒了甲的邀约。

甘罗的爷爷是秦朝的宰相，相传有一天甘罗看到爷爷在后花园走来走去，不停地唉声叹气。甘罗问："爷爷，您碰到了什么难事？"爷爷说："大王不知听了谁的挑唆，硬要吃公鸡下的蛋，并命令满朝文武想法去寻找，要是三天内找不到，大家就都要挨罚，可是天下哪有公鸡下的蛋哪！"甘罗想了想，说道："大王真是有点不讲道理，但是，爷爷不要着急，我有办法对付，只要您让我明天替您上朝就行了。"第二天，甘罗真的替爷爷上朝去了，秦王见了很不高兴，责问甘罗为什么来捣乱，甘罗说：“我爷爷今天来不了啦，他正在家里生孩子呢，所以托我上朝。”秦王哈哈大笑，说：“胡言乱语，哪有男人生孩子的。”甘罗说：“既然大王知道男人不能生孩子，那公鸡怎么会下蛋呢？”

● 方法：触类相喻法

触类相喻是指通过用类似的事例作比喻，来达到说明某个道理的目的。如果有人要求你帮忙办比较难的事情，而你不好意思直接拒绝，这时你不妨说出一个类似的故事或事情，让对方觉出事情的难度，从而主动放弃不合理的要求。甘罗用类似的事理巧妙地指出了秦王的荒谬，从而委婉地拒绝了不合理的要求。这个故事未必是真，但其中包含的逻辑和方法却是值得学习的。

刚毕业的大学生小柳工作热情比较高，公司最近决定对某个项目进行设计和规划，小柳专门找部门经理谈了自己对这个项目的认识和设想，并提交了一份计划书，经理看完后说：“你的计划很有创意也很有前景，恐怕现在公司的规模还不够大，估计等到公司再壮大一些后实施起来就容易了，先好好保留你的创见吧，总有机会的。”

● 方法：模糊应对法

模糊应对指的是从表面上肯定对方的说法或要求，但又从语言上模糊某些信息，达到看似明确而又不甚明朗的效果，从而委婉地拒绝了对方。经理对小柳说的这段话模糊的是计划实施的现实条件和时间，并没有否定计划本身，这样的婉拒使人在心理上比较容易接受。

以上方式和技巧有时是互通互补的，可以根据不同的情况进行选择，但要强调的是，委婉拒绝并不意味着就能随意伤害他人的自尊心或自信心，也不意味着随意推诿，在某些具体的情况下，如何勇于拒绝并善于拒绝是我们在生活实践中需要不断学习和总结的。

情境与实践

1. 假如你是一位小有名气的作家，你最近出版的一本小说非常畅销。有一天，一位记者打电话给你，想约你周三接受他的采访，但你是个甘于寂寞、不喜欢张扬的人，请问这时你如何在电话里委婉拒绝他的邀约？

2. 你快要过生日了，你的一位好友想买一个游戏机作为礼物送给你，你知道这种游戏机比较贵重，更知道好友的一番好意，你会如何礼貌地回绝这份礼物呢？

第四模块　沟通与说服

学习目标

1. 掌握沟通的方法，在生活中形成良好的沟通习惯。
2. 掌握说服他人的方法，并在具体情境中加以运用。

第一部分　良好沟通

沟通就是人与人之间有意义有目的的信息交流。

上下级之间需要沟通，同事之间也需要沟通，推销产品需要沟通，培养人才也需要沟通。父母与子女，丈夫与妻子之间，都需要沟通。在人类的整个社会生活里，沟通可谓无处不在。

良好的沟通能有效地提高社会生活的效率。在美国、英国等发达国家，职场沟通能力培训，已成为一个新兴产业。在实际生活中，如果我们善于沟通，往往能够使我们如鱼得水，游刃有余。

威廉·温特曾指出："自我表现是人类天性中最主要的需求。"因此要让对方觉得有表现的机会，而不是看你表现。所以，你需要用80%的时间倾听，而只用20%的时间说话，这也是沟通中的"二八定律"。

● 方法：安静聆听法

我们在滔滔不绝的同时，往往忘了别人的感受，没有留意这个话题对方是否感兴趣；或者在对方说话时，我们往往不太专心，只想着自己应该要说什么，而忽略了那正在说得起兴的对方，事实上这是不礼貌又令人生厌的行为。一个真正的谈话高手要能够专心地听对方说话。

美国心理学家里斯·加伯林说："人们首先关心的是自己而不是你。"请把这几个词从你的词典中剔除出去：我，我自己，我的。改用另一个词，一个人类语言中最有力的词来代替它：您。当你能成功地引导对方谈论他们自己的时候，你已经悄悄地开启了沟通的大门。

● 方法：关注对方法

当你与人沟通时要懂得关注对方，这样才能让对方感受到你的关心和诚意。交谈时，应首先选择对方最感兴趣的话题切入，而他们最感兴趣的话题就是——他们自己！当你与对方谈及他们自己时，他们就会兴致勃勃，同时他们对你的好感也将油然而生，这就容易形成良好的沟通氛围。

20世纪20年代，查理·夏布是全美少数年收入超过百万的商人。1912年，他被独具慧眼的安德鲁·卡内基任命为新成立的"美国钢铁公司"第一任总裁时，仅仅三十八岁。许多人都对安德鲁·卡内基为什么每年要花一百万美金聘请夏布先生大惑不解。因为夏布先生既不是一个了不起的营销天才，对钢铁生产也不比别人懂得多。

夏布之所以获得高薪，主要是因为他能够处理人事、管理人事。他说："促使人将自身能力发挥至极限的最好办法，就是赞赏和鼓励。如果说我会什么，那就是：真诚、慷慨地赞美他人。"这就是夏布成功的秘诀。

● 方法：真诚赞赏法

真诚地赞美使夏布拥有超强的沟通能力，从而拥有整个企业的指挥能力。赞美的关键在于真诚，倘若流于形式，还不如不说。另外，你必须注意，赞美一定要具体，要有的放矢。比如“小张，你的年终报告写得很好”式的赞美就胜过“小张是个很好的职员”式的赞美。也就是说，你应该赞美行为本身，而不要直接赞美人。

乔治·强斯顿是一家营建公司的安全检查员。检查工地上的工人有没有戴上安全帽，是强斯顿的职责之一。每当他发现有工人在工作时不戴安全帽，他便会用职位上的权威要求工人改正。其结果是，受指责的工人常显得不悦，而且等他一离开，就又把帽子拿掉。

后来强斯顿决定改变方式。第二回他看见有工人不戴安全帽时，便问是否帽子戴起来不舒服，或是帽子尺寸不合适，并且用愉快的声调提醒工人戴安全帽的重要性，然后要求他们在工作时最好戴上。这样做的效果果然比以前好得多，也没有工人显得不高兴了。

● 方法：远离争论法

沟通中常常会与人讨论。讨论是有益的，它通过交流思想达到拉近距离、互相理解的目的。因此可以说，讨论是双赢的。但千万不要发生争论，因为争论是试图强行改变别人的观点。争论的结果，总是一方“赢”了，一方“输”了，而即使你赢了一场争论，你也可能毁掉了与对方的关系，你的沟通也是失败的。生活中我们常常发现一些人在沟通过程中不断证明自己是对的，但十分不得人缘。所以，不要直接指出对方的错误，即使对方有错，要记住沟通的目的不是证明对方是错的。哪怕不赞同对方的想法，不妨还是仔细听他话中的真正意思。若要表达不同的意见，切记不要说：“你这样说是没错，但我认为……”而最好说：“我很感激你的意见，我觉得这样非常好，同时，我有另一种看法，不知道你认为如何？”

孔子的学生子贡有一次问孔子，说人生的修养能不能用一句话来概括。孔子说：“其恕乎！己所不欲，勿施于人。”

● 方法：换位思考法

孔子的意思是说，自己不喜欢的事情，不要强加在别人身上。也就是说，要懂得设身处地地替人着想。推己及人、换位思考既是一种很高的人生修养，更是一种重要的沟通技巧。人与人之间很多的分歧往往是因为双方都只是从自己的角度思考问题。如果能换个位置，多为对方着想，就一定能使对方更容易产生共鸣，从而达成共识。

良好的沟通除语言文字技巧外，其他因素也很重要。有专家指出，人与人面对面沟通的三大要素是文字、声音以及肢体动作。经过行为科学家近60年的研究发现，面对面沟通时，三大要素影响力各自的百分比分别是：文字7%，声音38%，肢体语言55%。一般人在与人面对面沟通时，常常强调讲话内容，却忽视了声音和肢体语言的重要性，而一个顶尖沟通者是善于综合运用沟通的三大要素的，即增强声音的感染力，理解他人的身体语言，恰当使用自己的身体语言。沟通还有很多技巧，如果你善于综合运用，你一定会是个沟通高手。

情境与实践

1. 你所在班级的同学推荐你进入学生会体育部，负责广播操的打分。你本着公平公正的原则，给广播操做得不好的自己的所在班扣了分。没想到有的同学对你有了意见，你该如何与他们沟通？

2. 周末在家，你总爱看看书。可是你的隔壁邻居却很喜欢唱卡拉OK，常常吵得你无法看书。你该怎样和他沟通并解决问题呢？

第二部分　积极说服

在人际交往的过程中，由于性格修养、生活经历、思维方式等差异，人们对同一事物的认识和评价，往往不尽一致，有的甚至相去甚远。怎样去说服他人认同自己的观点，就需要掌握一定的方式和方法。

春秋时期，晋文公联合秦穆公攻打郑国，郑国危在旦夕。郑文公派烛之武去劝说秦穆公撤军，烛之武因年轻时没有得到重用而闹情绪不愿去，郑文公就劝他："我不能及早重用你，现在国家危急才求你出力，这是我的过错。然而郑国灭亡了，对你也是不利呀！"烛之武一想也对，到秦国军营里劝起了秦穆公："……如果灭了郑国对您有好处，那么麻烦您还值得。可是，越过晋国而占领遥远的郑国作为秦国的边邑，您一定知道这样做是很困难的。既然这样，何苦用灭亡郑国来增加邻国的实力呢？邻国的实力雄厚了就等于您本身的实力削弱了。假若放弃灭郑而留下郑国作为您的东道主，秦国使臣往来，遇到资粮不足时郑国可以供应，这对您是没有什么害处的……"秦穆公觉得有道理，就和郑国私订和约撤军回国了。

● 方法：晓以利害法

上述两段说辞有一个共同的特点，就是能站在对方的立场上，抓住对方最关心的问题分析利弊，打动对方，达到目的。

战国时齐国邹忌为了劝说齐王虚心接受臣下们的意见，用自己家里发生的事情启发齐王："我本来就知道自己不如徐公漂亮，但是，妻子偏爱我，小妾惧怕我，客人有求于我，都说我比徐公美。如今齐国土地方圆达千余里，有一百二十座城池。王后王妃和身边的人没有谁不偏爱您，朝廷上的臣子没有谁不害怕您，全国范围内没有谁不向您有所请求。从这点看来，大王受到的蒙蔽可厉害了。”

● 方法：由此及彼法

在上述事例中，邹忌由自身之事引发开去，从家庭联系到朝廷，由小事情阐发出大道理，使齐王茅塞顿开，广纳良言，最终齐国大治。

建安十三年，曹操率大军南下，把刘备打得一败涂地，东吴也岌岌可危。是战是降，东吴的文臣武将争得不可开交，都在等待关键人物周瑜表态，而周瑜闪烁其词，令人琢磨不透。当鲁肃带着诸葛亮来会见，周瑜透露出投降之意，诸葛亮故意说赞成周瑜的意见：“曹操最善于用兵，天下没有谁敢于抵抗他。过去只有吕布、袁绍、袁术、刘表敢与他对敌，现在这些人都被他消灭了，天下没有英雄了。只有刘备不识时务，还在顽强地与曹操抗衡，如今一个人躲在江夏，生死难料。周将军下决心向曹操投降，可以保护妻子，可以保全富贵。”并且还献上一计：“不劳牵羊担酒，纳士献印，也不要亲自渡江，只要派一个使者，用一条小船送两个人到江上。曹操一旦得到这两人，百万大军就会卸甲卷旗退兵了。”周瑜问是哪两个人，诸葛亮告诉他，曹操是好色之徒，久闻江东乔公二女大乔小乔长得漂亮非凡，垂涎欲滴，就筑了一座铜雀台，梦想夺得二乔安放其中，来安度晚年。诸葛亮还吟诵曹操儿子曹植所作《铜雀台赋》来加以证实。周瑜听罢，勃然大怒，发誓要和曹操抗争到底。

● 方法：巧妙激将法

在上述事例中，诸葛亮用了激将法。他知道周瑜少年得志、血气方刚，婚姻美满、夫妻恩爱，但是心胸不宽，所以故意说天下无人，只有把周瑜的妻子送去求和来激怒他，使周瑜下定决心抗曹，不留退路。

唐太宗是历史上有名的明君，但到晚年，也逐渐奢靡起来。大臣魏征深为忧虑，连续上疏劝谏。其中《谏太宗十思疏》劝说唐太宗“居安思危，戒奢以俭”，太宗一读，马上接受意见。这是因为魏征运用了巧妙的说服技巧：文章开头不采用一般奏疏落笔点题的写法，而是用树木长高、河流长远来比喻国家的长治久安，生动形象，浅显易懂，曲笔明义，使太宗听得顺耳，易于接受；接着引用历史上君主善始者多、克终者少，逆境能诚恳对待臣下、顺境则傲视臣下的事实，证明取易守难、“载舟覆舟，所宜深慎”的道理；然后具体指出十个必须认真思考的问题，阐明了“居安”怎样“思危”。晓之以理，导之以行，使太宗口服心服。

方法：委婉开导法

要说服一个人，可以通过由浅入深、层层剖析的方法，来陈述一个道理，这样的开导自然平易，别人也乐于接受，从而达到说服的目的。

抗战时期，中央警卫团划归军委后由叶剑英同志领导。当时警卫团大多都是从前线战斗部队抽调来的老同志，不愿意留在后方。叶剑英了解这一情况后，就召开了全团大会。当他谈到有些人不安心工作时，有意加大嗓门说：“中央警卫团应该改名，不叫警卫团，叫‘钢盔团’。”大家一听不知其意，叶剑英解释说：“钢盔干什么的？钢盔是保护脑袋的！中央警卫团是保卫全党的脑袋——党中央的，所以叫做‘钢盔团’，你们说对不对？”大家恍然大悟，异口同声地说：“对！”“人没有脑袋行不行？”大家说：“不行！”“你们都是英雄好汉，到前方去可以杀千百个鬼子，但没有党中央领导抗战，能不能把鬼子打出去？”“不能！”于是叶剑英大声宣布：“谁再不安心警卫团工作，叫他到办公室找我，我们来谈这个道理。”同志们听了这番话，思想豁然开朗，再也没有人提出要离开警卫团了。

● 方法：形象比喻法

在上述事例中，叶剑英同志把警卫团比作钢盔团，形象而又风趣，道理说得通俗易懂。通过比喻的方式，往往能将道理阐释得直接、具体、形象，更易于被他人接受，达到良好的说服效果。

某医院的孙院长是个双鬓染雪的老者，一次在电梯里有个身强力壮的歹徒用匕首顶着他的胸口逼他把钱交出来。孙院长看了看胸前的匕首，又看了看那个凶相毕露的年轻人，和善地说："你缺钱花，不要采取这样的方式，直接跟我说就行。你能把刀子收起同我说话吗？"当歹徒继续逼他时，他微笑着打开随身带的小包，说："我这里有一万元钱，你如果坚持要拿去，我也没话说。但你用刀逼着我拿钱就算抢劫，这样会坑你一辈子。"孙院长不惊不乱，镇定自若，既表现出对对方状况的理解，营造能够平等交流的氛围，也表现出对持刀抢劫这种行为的不齿，没有被对方的嚣张气焰吓倒，并对歹徒晓以利害。见歹徒有所犹豫，孙院长掏出一张名片，对歹徒说："不如这样，我给你留张名片，你需要钱到我家里去取。"这一切，深深震撼了歹徒的心灵，使歹徒无地自容，匕首落下。当电梯停下，孙院长见有人来，悄悄捡起匕首放进自己包里，随后说："小伙子，你有什么难事，对我说，我一定会尽力帮助你的。"见年轻人一个劲儿地哭泣，又拍拍他的肩膀说："谁都有做错事的时候，有错不怕，改了就好。"年轻人泪水夺眶而出，表示"再也不干这种缺德事了"。

● 方法：以情动人法

真实的情感是最能打动人心的，尤其是站在对方的角度主动为对方着想，更能让人感动于心，说服对方也就并非难事了。孙院长面对危险，用发自肺腑的一番话语和慈行善举，不仅使自己化险为夷，而且还挽救了一个失足的青年。

情境与实践

1. 某位同学经常破袜子乱丢，从不打扫寝室和教室，有时还爱占小便宜，不买牙膏、洗衣粉。人家说他，他还满口道理：“我将来是要干大事业的，这些小事算什么！”你怎样去说服他改掉这些坏毛病？

2. 你的父亲因为一件小事与邻居发生矛盾，气愤不已，准备请人来出一口恶气。你怎样说服父亲化干戈为玉帛，处理好邻里关系？

第五模块　建议与汇报

学习目标

1. 掌握巧提建议的方法，在学习和生活中加以运用。
2. 掌握汇报的方法并恰当运用。

第一部分　巧提建议

一个人生活在社会大家庭中，总是希望自己能更好地融入群体，希望自己能更大程度地被人接纳。有时候，因为害怕遭到拒绝和抵触，或者害怕辜负他人的信任和期待，当我们看到某些人或某些事处于某种状态时，我们可能会犹豫该不该指出，该不该提醒，该不该让这种状态得到改变或改善。其实，不必顾虑这么多，只要我们用真诚的心灵、温馨的情谊去面对，灵活地说出自己的见解，巧妙地提出自己的建议，相信我们会收获一份真心的欣赏和感动。

小芳后天要去参加一个面试，她让好朋友小佳陪着自己去商场选购一套衣服。小芳看中了一套可爱型的粉色衣服，试了又试，爱不释手，但她还是礼貌地向小佳征求意见。小佳觉得既然是面试，服装应该区别于日常着装，不能根据平时的喜好来选择服装，而要考虑面试的需要。于是她说："这套粉色衣服挺好看的，但是你看那边还有好多漂亮衣服啊，那套淡蓝色的衣服简洁大方，应该很适合你，那套白色的裙装典雅端庄，你应该也会喜欢，还有那套浅灰色的衣服也很漂亮，你不想试试它们吗？也许会有新的收获呢。”小芳按照小佳的建议又试穿了这几套衣服，结果买到了更加得体的面试衣装。

方法：多项选择法

提建议应该尽量委婉，让对方在一种宽松的氛围里认真聆听你的主张，轻松接纳你的建议。为对方设想多种可行性，让对方选择最能接受的一项建议，这就是一个好方法。

王同学明年就要毕业了，他已经联系好两个单位进行实习，但不知去哪个更好一些。一天，他和顺路回家的李同学提起了自己的烦恼，想听听李同学的建议。李同学知道平日里王同学和赵同学关系很好，而且赵同学也曾和自己讨论过王同学实习的事情，于是说道：“你的好朋友赵同学前两天也跟我提过你要实习的事情，赵同学觉得甲单位更适合我们所学的专业，更能锻炼我们的技能，乙单位虽然待遇更好一些，但离我们的专业相对较远，不利于发挥我们的专业特长，我也认同赵同学的观点。也许你还可以去请教老师和父母，听听他们的意见。”

方法：他者叙述法

他者叙述是指借他人之口表达自己的观点和建议，有时能取得较好的效果。需要注意的是，假借他者之口阐述自己的建议和主张，并不意味着可以杜撰或捏造他人的观点，他者叙述的内容必须是真实的，我们只是借助他人之口让对方更易于理解和接受自己的建议。

学校文艺部决定举办一次中秋晚会，但大家对于选择晚会地点存在着不同意见，有人主张去校外找个漂亮一些的礼堂，有人主张就用学校的旧礼堂。张同学是文艺部的学生干部，他对大家说：“我有一个想法，不知是否妥当，供大家参考。因为中秋之后马上要期中考试了，这次中秋晚会的准备工作能否在保证学习的基础上适当从简一些呢？咱们学校的礼堂虽然简陋些，但是距离近，有空的话大家随时可以去布置和装饰，能节约不少时间和开支呢，不知大家是否觉得可行？”大家一听，都认为张同学说得很中肯，于是欣然接受了他的建议。

● 方法：假装请教法

假装请教就是假装要向某人请教某个问题，实际是以请教某个建议或主张是否可行的方式，向对方委婉地说出自己的看法，供对方参考选择。假装请教常用的句式有：“不知道这个想法是否妥当”，“我们是不是可以这样呢”，“不知这样好不好”，等等。

小勇下周就要过生日了，一家人聚在一起商量着怎样为小勇庆祝。爸爸说：“我请小勇吃饭吧，一家人好久没去饭店了。”妈妈说：“我送小勇一件衣服吧，人长高了，以前的衣服好像也不太合身了。”小勇觉得庆祝生日的形式不能一成不变，他想过得更有意义。于是，小勇说：“每年生日都吃大餐穿新衣，我觉得就像一个人天天吃肥肉，终于有一天他尝到了一盘青菜，大赞其鲜美可口。今年的生日我们也换个方式庆祝吧，全家去郊游，领略自然美景，呼吸新鲜空气，就像品尝时令蔬菜，清新恬淡，舒适惬意！”父母欣悦地接受了小勇的建议，全家踏上了自然之旅。

● 方法：善用比喻法

比喻可以是具体形象的，细细品读就能领会其中包含的意味；比喻也可以是意味深长的，慢慢琢磨才能感悟其中蕴含的意义。用比喻的方式提出自己的想法和建议，这是一种有效的方法，能让对方在品味之余得到启示，继而接受我们的建议。

公司决定启动一个新的项目，李经理请小吴先做一份市场调查，并论证一下该项目的可行性和实际价值。小吴经过半年的调研，发现这个项目的市场前景比较可观，只是初期投入很大，需要较多的人力资源和资金支持。李经理看完调查报告后有些犹豫，毕竟这个项目的投入很多，万一运作失误公司将蒙受巨大的损失。李经理想听听小吴的想法，毕竟小吴是这个项目的主要调研者和论证者。小吴说："五年前我在一家小公司工作，收入还不错，但我总觉得自己的天地应该更宽广些，于是我打算辞职去学校进一步深造。当时我父母都很担心我的选择是否正确，因为这意味着我将付出更多的努力重新拼搏，而得失无法预料。现在我觉得自己的付出都是有价值的，因为今天的我比昨天的我更有力量更加自信。勇敢去创造并努力坚持，一定会成功的，这是我的人生体会。您觉得呢？"李经理终于下定决心放手拼搏，因为他也相信一分付出一分收获。

方法：设立情境法

设立情境是指为了提出一个建议，特意设立一个类似或相关的情境，通过解说这个情境表达自己的见解和建议。为了建议李经理启动一个新的项目，小吴以自己辞职去学校深造为例，表达了勇敢创造和努力坚持就会成功这一观点，最终使李经理决定放手一搏，达到了建议的效果。

情境与实践

1. 你的邻居小梅进入一所高职院校学习，现在她面临着选择专业的问题。小梅是一个活泼伶俐的女孩，她想选择旅游专业，而小梅的父母觉得计算机专业比较实用，就业面广。于是她找到了刚从高职院校毕业踏上工作岗位的你，想听听你的看法，你会给她什么样的建议呢？

2. 你和同事小许一起到某地开会，这个地区旅游资源丰富。小许是一个旅游爱好者，开完会后他提议推迟回程，让你和他一起到一个著名的景区游览，这个景区也是你向往已久的，但是你深知私自出游违反公司规定，你将如何委婉地建议小许按照原定计划返回公司呢？

第二部分 恰当汇报

所谓汇报，就是指下级向上级陈述工作情况或事实经过，通常分为口头汇报和书面汇报。这里主要指运用口语所进行的汇报。

汇报在工作中显得非常重要。对于上级而言，听取下级汇报往往是他们了解基层工作的途径；而对于下级而言，向上级汇报也是展示自己的工作成果和工作能力的机会，所以汇报是上下级之间进行沟通的重要手段。

战国时代赵国屡受秦国侵扰，苦于没有强将领兵，赵王便想重召名将廉颇，又担心他年纪已老，就派使者前去观察。使者收受了秦国的贿赂，回来向赵王汇报便谎称廉颇虽然还能吃饭，却“一饭三遗矢”，使赵王认为廉颇已老，便不再任用。这次虚假的汇报不仅断送了廉颇为国效力的机会，也使赵国失去了一道抵御秦军的屏障，最终被秦国消灭。

● 方法：实话实说法

员工和下属在向领导汇报工作时，必须实事求是，是喜说喜，是忧说忧，不夸大成绩，不回避问题。只有坚持这个原则，领导才会了解到真实的情况。如果只报喜不报忧，虽然可能会博得领导一时的赞赏，但一旦问题暴露必然失去领导的信任，同时由于向领导提供了错误的信息，也将影响他作出正确的决策，可谓有百害而无一利。在实际生活中，就有一些投机钻营者，他们出于谋取私利的卑劣目的，或夸大成绩、隐瞒问题以逢迎领导；或揽功推过、混淆视听以排挤同仁；甚至歪曲事实、颠倒黑白，对事业造成危害。在上述事例中，正因为使者未做到实话实说，所以导致了严重的后果。

小明是班长，经过和班委会其他成员商量，班里想举办一次演讲比赛，他决定就此事向班主任进行汇报。

小明：王老师，班委会想举办一次班级演讲比赛，大家的积极性很高。如果您同意，我们想下周五下午举行，演讲题目是《我的青春我做主》，我们想邀请您、刘老师、朱老师和宋老师担任评委，您觉得如何？

班主任：挺好啊，我支持班委会开展此项活动。

小明：谢谢您。另外，班里小辉同学生病住院了，今天下课后班委会想邀请您一起去看看他，请问您有空吗？

班主任：好的，我们到时一起去慰问小辉。

● 方法：紧扣重点法

工作汇报常常一次要汇报好几项工作，这就要求汇报者一定要懂得区分主次，安排详略，以突出重点。在汇报之前一定要先想清楚哪项工作是重点，然后在汇报时详细说明，予以突出，使上级领导能留下深刻印象。同时要注意安排顺序，根据“先入为主”的心理，应按先主后次的顺序，将最重要的事项安排在最先汇报，这样才能做到主次分明。如果面面俱到，很容易思路不清，要点不明，让人不得要领，所以，汇报者需要事先做好充分的准备。

明洪武年间，刑部主事茹太素曾上万言谏书，朱元璋命人朗读茹太素的谏言给他听，由于文章过于冗长，所以读到中间时，朱元璋已经不耐烦了，十分生气，于是把茹太素宣来，斥责一顿，再罚以廷杖之刑。第二天，朱元璋让人读剩下的内容，读完之后，朱元璋终于明白茹太素的谏言是对的，只是文章太长，只要五百字就足够了。

● 方法：言简意赅法

由于汇报通常是口头进行的，这就需要汇报者语言简洁，表意明确，否则很容易词不达意，使听者云里雾里，不知所云。上述事例中的茹太素，其谏言是正确的，但由于行文过于冗长，差点得不到朱元璋的肯定和采纳。

此外，在进行汇报时，还须掌握几个原则。第一，慎言是非。汇报是向上级反映情况，不能以汇报工作为名谈论是非。第二，对事不对人。汇报工作难免会涉及具体的人，尤其在反映问题时，常常面临着不得不提到某个人缺点的尴尬。如果分寸掌握不当，难免会有背后指责他人的嫌疑，因此，汇报者一定要坚持对事不对人的原则，在汇报时一定要把重点放在事理的阐述上。

情境与实践

1. 公司研发了一款新手机，刚投入市场半年，经理决定让你去进行一次问卷调查，以了解该款手机的市场销售和用户使用情况。你通过问卷调查发现，该款手机由于受到其他品牌手机的冲击，其市场占有率并不高；用户反映这款手机的外形不太美观，功能设计也不够人性化，还存在着信号不稳定、耗电速度快等问题。你将如何向经理汇报这些调查结果呢？

2. 你发现在上班时间内办公室某些同事经常上网打游戏或上网聊天，耽误了工作进度，影响了团队的合作，尤其是你的同事小蒋，常常在网上逗留一个小时，你私下曾跟他沟通过，他却毫不在乎，不听你的劝告。你为了提高大家的工作效率，决定向领导汇报和反映这些事情，你该如何说以争取到领导的支持呢？

第三章　例文赏析

第一模块　竞赛类例文与赏析

竞赛类例文与赏析1

“面子”与“粽子”

龙国庆

各位评委、各位领导、各位朋友：

大家好！

据《新民晚报》报道，今年5月28日，中国药科大学一名大学生竟将千里迢迢从河北来探望自己的母亲拦在校门之外，唯一的理由是母亲带来的粽子上不了“档次”，使自己在同学面前没有“面子”！

的确，“面子”，已成为极少数同学考虑问题的首选。

据《新华社每日电讯》报道：一名大学本科生一年的平均花费，是贫困地区一位农民35年的收入！

当某些同学在酒吧与哥们痛饮冰镇啤酒的时候，他们的父母锄禾正当午，一滴汗珠摔八瓣；当他给女朋友殷勤地递上菜单的时候，他的一家老少正在同喝一碗咸菜汤！

这样的“面子”能换来知音吗？不能！谁见过钟子期为俞伯牙唱“高山流水”的卡拉OK买单？

这样的“面子”能换来爱情吗？也不能！不然，那大富翁之女卓文君，为何与司马相如这个穷光蛋连夜私奔，远走他乡？

我要向某些同学大喝一声，你们追求的其实是虚荣，正像苍蝇不是蜜蜂一样，虚荣绝不是“面子”！古往今来，真正的“面子”，有着你们所不了解的丰富内涵：“面子”是“苟利国家生死以”，是“不破楼兰终不还”；“面子”是壮士烽火狼牙山，是开国大典上那一声湖南口音的呐喊！“面子”是刘翔以12秒88扬威于洛桑，是中国数学家完全解开的“庞加莱猜想”！“面子”是郑洁、晏紫温网夺冠后那个甜甜的微笑，是洪战辉那个卖书的小小地摊！“面子”是一种自信，是一种自律，是一种自立，是一种自强！只有真正懂得“面子”内涵的人，才能在逆境中爆发，才能功在国家、利在大众，才能赢来有口皆碑，才能博得万古流芳！

2006年3月，胡锦涛主席提出了包括“以艰苦奋斗为荣，以骄奢淫逸为耻”为内容的社会主义荣辱观，为中华民族的“面子观”注入了崭新的时代内涵，为我们当代大学生送来了及时雨、雪中炭！看：浙江，有背着妈妈上大学的刘霆；湖北，有背着爸爸上大学的黄来女；湖南，有带着妹妹上大学的洪战辉！在“八荣八耻”荣辱观的指引下，我们“知荣明耻”，新时代的大学生大有希望！

要面子而不要粽子的同学呵——我亲爱的兄弟，请把咱妈请回来吧！要知道，妈妈的粽子里包裹的是十分的希望、百般的关爱、千缕的情丝、万结的柔肠……你我难道不应该好好地感恩、细细地品尝？请妈妈回来，请她常到校园里看看！从此以后，我们将用“八荣八耻”的荣辱观严格要求自己，为祖国和妈妈争得光彩照人而又货真价实的面子！

谢谢大家！

赏析

我对该文以下三点印象深刻：

第一，立意巧妙而凝练。演讲的主题定为弘扬“八荣八耻”荣辱观。作者没有面面俱到，而是从“以艰苦奋斗为荣，以骄奢淫逸为耻”的侧面进入，选取广受社会关注的某些大学生贪图虚荣、消费失度的题材，从“粽子”聚焦到虚荣的“面子”，再从“虚荣”深入到真正的“面子”，由表及里，由点及面，步步深入，标题生动而新颖，主题集中而深刻，切入角度十分巧妙。

第二，题目生动而新颖。本文涉及的两个主要对象——“粽子”与“面子”，是人们熟悉的事物。其他如“高山流水”“文君夜奔”，是经典佳话；刘翔跑出好成绩，中国数学家完全解开“庞加莱猜想”，郑洁、晏紫夺冠等，都是当时刚发生不久、令大众深受鼓舞的事件，当然能直抵人心、引发共鸣。

第三，句式整齐而多变。演讲辞被称为“排比句的森林”。排比句富于节奏感与气势，对抒情议理具有不可替代的作用，但也存在单调、呆板的风险。本文大量使用排比句，却没有丝毫板滞之感，主要是运用了多变的修辞与灵活的句式：“当某些同学在酒吧……他的一家老少正在同喝一碗咸菜汤”，是对比；“十分的希望、百般的关爱、千缕的情丝、万结的柔肠”，是递进；“这样的‘面子’能换来知音吗……为何与司马相如这个穷光蛋连夜私奔，远走他乡”，既是设问与反问，又是嘲讽与幽默。

全文跌宕起伏而气势贯通，既有整齐美，又有错落美，很好地体现了演讲语言的节奏感和音乐感。（黄河）

竞赛类例文与赏析2

一棵古树的守望

刘　重

走进火红的七月，我却分明触摸到了祖国大地上春意般的生机，让我的思绪情不自禁地回到绿荫如盖的小山村，感慨乡亲们都住上了崭新的小楼，用上了电灯、电话、电视机，特别是村里架起通讯信号塔后，让面朝黄土的村民们生活更便捷了。当然，最让我感怀的还是那棵守望着一代又一代村民的古樟树。

那棵古樟树，据说是清朝康熙年间一个秀才栽下的，到现在已有三百多年历史。古树长得高大苍翠，树干要五个人才能合抱。这棵树，守望着一代代村民的成长和生活，见证着村子几百年的时世变迁，这棵树，村里人倾注了太多的感情！

可是，这棵古树差点没了！一条如炸雷般的消息在村民们中传开了：一条高速公路要从村口通过，那棵古树保不住啦！面对即将从眼前消失的古樟树，村民们默然却万般无奈。要想富，先修路！何况修的是高速公路！该给咱们村带来多大的发展机遇啊……可现在，一棵古树，要高速公路改道，怎么可能！

一个月之后的一天深夜，爷爷打电话来告诉我，古树保住啦！我非常惊讶，高速公路不修啦？爷爷兴奋地说，修啊！怎么不修！政府为了保住古树，高速公路特意拐了个弯！光这个弯，就要多花好多钱呢！县里的一位领导还专门现场办公，说，钱可以挣来，这棵古树砍了就没有了……

是的，一棵古树的意义不再仅仅是一棵树的价值。留住古树，给村民一片绿色，让大地一片生机，是一种远见，是一种科学发展的理念！许许多多的优秀共产党员用一生的忠诚和奉献，践行着这种理念。杨善洲，就是其中的一位。

这位为环保而身体力行工作40年的老党员、老干部，扎根云南大亮山，义务植树造林，一干就是22年，建成了面积为5.6万亩的大亮山林场。2009年4月，杨善洲将价值超过3亿元的大亮山林场经营管理权无偿移交给国家！

无独有偶，在三湘大地，也有很多令人感动的杨善洲式的好党员好干部：郴州市宜章县刘真茂，默默守护狮子口大山35万亩原始森林，长达29年，大家亲切地称他“大山卫士”！今年79岁高龄的湖南省林业厅退休干部吴鹤鸣，十多年来，跑坏了5辆自行车，穿破了十多双胶鞋，带领屈原区的干部群众发展林业经济，建成了林带纵横、森林覆盖率达16.86%的绿色新区……他们在平凡的岗位上，用心血和汗水书写着对党的无限忠诚，在祖国的红土地上写下了感人的绿色篇章！

一滴水能折射七彩阳光，一棵古樟，一个林场，揭示了党的执政为民本质；一批批信仰坚定、鞠躬尽瘁的共产党员承载着中华儿女热切的期盼，描绘着祖国欣欣向荣的宏伟蓝图！回眸历史，我们走过了千山万水，放眼未来，我们还要风雨兼程，但我们坚信：只要有党的旗帜引领，我们奔腾向前的步伐将永不停息！

赏析

一棵古树，见证着村民的成长，守望着农村几百年的时世变迁，更烘托出一代代忠贞无私又敬业奉献的共产党员们践行科学发展观、执政为民的优秀品质。

全文精心安排，以真实故事开篇，引人入胜又娓娓道来地讲述了古树从“即将消失”到“终于保住”的戏剧性“遭遇”，折射出政府决策的英明与远见。古树的意义与价值远远不止一棵树这样简单，演讲稿随后以古树为导线牵引出了几个事例：义务植树造林22年的杨善洲；守护郴州狮子口原始森林29年的“大山卫士”刘真茂；不遗余力发展林业经济的好干部吴鹤鸣。这些事例与一棵古树的故事相互呼应，紧扣绿色环保的大主题，可以说作者用新颖独特的角度吸引人，用巧妙合理的逻辑说服人，用精练真挚的语言打动人，写作了一篇优秀的演讲稿。（唐树芝）

竞赛类例文与赏析3

用爱熔铸师魂

李艺晨

朋友们，大家好！世界上的东西，给予他人的时候，往往是越分越少，可唯有一样东西却是越分越多。是什么呢？那就是爱！爱，不是索取，不是等价交换，爱是付出，是奉献，是自我牺牲。教师的事业就是爱的事业，就是奉献、牺牲的事业。今天我演讲的题目就是——用爱熔铸师魂。

我想，在每个人的记忆中都有着一个故事，一位老师改变了你的一生。我也有这样一个故事。记得15岁那年，为了改变自己胆小怯弱的毛病，我鼓足勇气参加了学校的演讲比赛，在台上我不知所措，手心里全是汗，脸也涨得通红。这时台下传来一个声音：“这孩子声音真不错。”这微小而温柔的声音让我渐渐平静了下来，在感动中我完成了人生的第一次演讲。之后，我知道给我鼓励的是学校的副校长曾老师，他和我进行了一次彻入心扉的交谈，最后对我说：“给你一个机会，好好把握它！”于是曾老师带着我参加了全省的中学生演讲比赛……

在曾老师的鼓励和帮助下，在一次次的锻炼中，我逐渐变得坚强、自信、勇敢！而我的人生也因为曾老师对我的爱和信任开始闪光。我已记不清这是第几次站上演讲台了，但我清楚如果没有曾老师对我的爱和关怀，恐怕今天的我还是以前那个连上课回答问题都会全身发抖的孩子。

“每个人都需要爱，没有爱就没有教育。”这是曾老师当年常说的话。是啊！中国有句古话：“爱屋及乌。”老师对学生的爱，会被学生内化为对老师的爱，进而把这种爱迁移到老师所教的学科上，正所谓“亲其师，信其道”而“乐其道”，因此爱的教育是我们教学上巨大的推动力。老师有了对学生的爱，才会用伯乐的眼光去发现学生的闪光点；学生有了老师给予的爱，才会对前途和理想充满信心。师爱是阳光，可以把坚冰融化；是春雨，能让小草发芽；是神奇，可以点石成金。爱是教育的源泉，是师德的灵魂！

两年前我走进电大，也成为了一名教师。起初因为自己学的并不是师范类专业，总有些忐忑和迷茫，但当我站上讲台，看到那一双双眼睛里闪烁的希冀，我豁然开朗！当年我不正像他们一样仰望着蓝天，渴求着阳光雨露的滋润吗？老师用爱改变了我，我也应该用爱给这群孩子们带去甘甜。

清晨，我领着他们在学校的小花园里练声；课间，我和他们聊聊生活，谈谈理想，一起开怀大笑；有同学跟不上，我为他们补课；要演出了，我给她们化妆，帮她们放松紧张的心情。“小李老师好”，这调皮的问候总能带给我一天的快乐和欢畅；节日里，他们的祝福总是让我感到满满的充实和欣慰。

然而他们毕竟还是一群正在成长中的孩子，对作业敷衍了事的态度、学习上的停滞不前、对专业的松懈懒散时常会让我头痛、忧虑、愤怒甚至大发雷霆。记得前不久的一次课，我准时来到教室，可惊讶地发现教室里一个人也没有。我拿起手表开始计时：8点01分，来了第一位同学；8点05分，第二位、第三位；8点06分，第四位；8点09分，第五位……一直到8点31分，人终于到齐了。一个小小的、只有17个人的班却在上课后的半个多小时人才到齐，这让作为任课老师的我百感交集！是我课上得不好吗？是学生们对我有意见吗？我的脑子里浮现出种种猜测，交错复杂，身体也开始莫名的颤抖，我尽量克制着自己，咬着牙问道：“知道今天要上课吗？”“为什么迟到？”“是老师的课上得不好吗？”可教室里始终是一片沉寂。顿时，我完全失去了理性，一把抓起教案冲出教室，眼泪也不争气地流了下来。突然手机响了起来，是班长发来的短信："小李老师，我代表全班同学向你道歉。近些日子我们懒散了，让你失望了，对不起。我们一定坚持梦想走下去，不让你伤心！"泪眼婆娑中，我仿佛看见排练厅里他们滴下的汗水，专业教室里他们追寻的眼神，比赛获奖时他们雀跃的欢呼。突然间，我为自己幼稚的冲动懊恼不已，我怎么能忘记，他们是我可爱的学生啊……

在那之后我明白了给予爱的确是一件很甜美的事情，但给予爱的道路却是艰辛的。无论我们面对的是怎样的学生，我们的爱却要始终如一、坚持不变。庄稼毁了可以再种，东西丢了可以再买，春去了可以再来，可人生没有轮回。学生的命运就掌握在我们的手中，也许他们有几许固执、鲁莽，也许他们欠缺几分理性和沉稳，但他们正渴望着你的关注，企盼着你的关爱，在意着你的关怀。相信，用爱浇灌的灵魂也会用爱去创造世界！

教书育人是爱的事业，教师的爱与众不同，师爱是严慈相济的爱、只讲付出不计回报的爱、没有血缘关系却广博无私的爱。三寸粉笔孜孜以求地传递着文明和知识，它书写的是下一代精彩的人生；三尺讲台是我们思绪纵横的绚丽舞台，它面对的是将来的桃李满天下；明净课堂有我们灯火阑珊的彻悟境界，那里写满了学生成长的点点滴滴。

我们就像在进行一场永无止境的接力赛，对学生、对事业的爱便是我们手中的接力棒。我很光荣地接过了老师的接力棒，我明白这接力棒里凝聚了无数老师的爱，尽管我只是这漫漫长路中小小的一员，但我一样会努力跑出我的精彩，把我的爱融进这充满荣耀的接力棒，让我的爱融进每一位学生的心里。

赏析

演讲是演讲者人生的宣言，不仅反映演讲者的主张观点，更多地反映出演讲者的思想境界和对生活的理解与热爱。文章从教师本身的成长经历出发，突出了独具女性细腻温婉的抒情特性，事例鲜活，充满感情，是一篇用心的佳作。主题突出、思想明确是本文的亮点，文字通篇描述、展现了师德的崇高、爱的伟大；其次是文思细腻，充满了真情实感，让人身临其境，感同身受，极富感染力；同时写作手法上的夹叙夹议、小中见大、开门见山都是可取之处。"捧着一颗心来，不带半根草去"是老师光辉形象的写照，如果文稿能进一步提升师德大爱到中华传统美德的弘扬和民族复兴的现实理想中来，则更具演讲的感召力。（杨智勇）

竞赛类例文与赏析4

梦想的纪念日

吴俊宏

朋友们，今天，我想和你们分享与我梦想有关的四个纪念日。

第一个纪念日，是1998年8月1日——我七岁时的建军节。那天，妈妈带着我，去看爸爸在军区参加的阅兵，当他作为护旗手，高举红旗走过阅兵的操场，那威武的雄姿让我羡慕极了。当场，我就对妈妈说："长大了，我也要当军人！"从那天起，这个军旅梦想便一直伴随我的求学旅程，坚定而执着。

我梦想的第二个纪念日，是2009年8月24日。这一天，我步入大学，光荣地成为一名国防生。梦想，仿佛离我越来越近！从此，我开始经历一种从未有过的生活。除了完成规定的课程学习，时常伴随我的还有清晨6点的哨音，上午8点的军姿，傍晚7点沿江的长跑，以及每个周末整整一天的操练……在经受了这样高强度的国防生生活后，我却迷茫了，这就是我坚定不移要实现的梦想吗？日复一日的辛劳疲惫，就是为了换来大学四年后这身并不耀眼的橄榄绿吗？曾经的梦想，仿佛遥远了许多……

第三个纪念日，是2009年9月18日。那天凌晨1点，一个嘹亮又短促的紧急集合哨将我们从睡梦中惊醒。一刻钟后，我们已在忠烈祠前集合完毕。教官说："今天是9月18日，是中国的国耻日。在不远的将来，你们都将成为国家的军人。到那时，你们要用什么去守卫这个国家？是你们瘦弱的身体吗？是你们脆弱的信念吗？站在这洒满英雄热血的岳麓山下，请问问自己，你担当得起这个重任吗？身为中国军人，要为荣誉而生，为人民而生，为祖国而生！"那一刻，戎装在身，一种比梦想更为坚实的信念扎根在我们脑海，那就是军人的使命！从这天起，我的梦想不再迷茫，坚定而踏实！

第四个纪念日，是2010年9月22日。在军训的阅兵式中，当我作为校旗护旗手走在阅兵方阵的最前列，那一刻，我仿佛回到了军旅梦想启航的地方。脚下的路，是从未有过的坚实，因为我已知道：这手中的红旗、心中的信念、神圣的使命便是一代代军人传承的梦想！

伟大的牺牲和奉献源于使命，辉煌的成就和事业源于梦想。因为承载梦想，因为肩负使命，才有抗洪一线人民子弟兵的英雄无悔，才有汶川地震共和国卫士的大爱无疆，才有亚丁湾上中国海军迈向世界的扬帆远航。作为未来的军人，我愿和大家一起永远追随这鲜艳的旗帜，用奋进的心去实现一名国防生、一名中国军人永远的梦想：为荣誉而生，为人民而生，为祖国而生！

赏析

该文最大的亮点在于主题鲜明集中，结构新颖精巧。主题上，紧扣“梦想”这一关键词。十余年寻梦之路，浓缩成四个关于梦想的纪念日，在有限的篇幅里讲述梦想的诞生、迷茫、坚定、光荣的曲折历程；构思上，视角由小及大，意义由浅到深，时间由过去到现在再到将来，清晰勾勒了一幅幅梦想的蓝图。主题的集中，让“梦想”于细小处见宏伟，荡气回肠，余音绕梁；结构的新巧，让文章于平凡处见雄壮，让人回味悠长，心生激荡。

“四个梦想日”激励作者脚踏实地，努力学习，奋发有为，层次清晰。如果作者在写自己担任护旗手时，用一两句话回顾父亲，则让两代护旗手画面重叠，更具情感。如果在阐明“四个梦想日”之后，说明未来军旅路上，还有更多这样难忘的日子在迎接自己，伴其终生，则演讲将更开阔，更引人深思。（刘优良）

竞赛类例文与赏析5

用青春共铸中国梦

杨海琪

首先，我想和大家分享关于中国青年志愿者的两幅画面。

画面一：我们的“小白菜”。2010年8月，妈妈带我参观上海世博会。那天中午，天空忽然下起了瓢泼大雨。我和妈妈没有带雨伞，只能冒雨在世博园里，像没头的苍蝇一样四处寻找出口。就在此时，一位身穿“小白菜”志愿者服的姐姐看见了我们。她飞快地冲了过来，为我们撑起了一把大伞，一路把我们送到了出口。到这时，我才发现，她的衬衫和裤子都早已湿透，但她一路带给我们的，却是热情与感动。

画面二：“我们在一起”。2013年4月，远在雅安的小朋友们，正依偎在志愿者的怀里进入梦乡。小朋友们睡得正香，在他们身边，青年志愿者们正在小心翼翼地拭去他们额头上的尘土，细心地为他们擦汗，轻轻地为他们盖上被子。在地震发生的第一时间，无数青年志愿者赶赴灾区，用他们有力的双手，救出了瓦砾下的同胞，用爱心的温暖抚平地震带给人们的伤痛。

两幅画面就是两个故事，这两个故事展示着当代青少年共同的精神标识：这是一种舍己为人的品质，一种舍我其谁的担当,更是一种众志成城的力量！这种品质、担当和力量的动力，正是因为拥有共同的梦想。这共同的梦想，就是美丽的中国梦！

我们每一位中学生都是这梦想群体中的一员，在实现中国梦的伟大征程中，承载着怎样的青春梦想？应该如何用美丽的青春去实现梦想呢？我想，对于我们中学生来说，就要志存高远，敢于有梦；风雨兼程，勇于追梦；脚踏实地，勤于圆梦！带着对美好梦想的追求，我也加入了青年志愿者的团队。去年暑假，老师带领我和同学们来到了一个偏僻的山村小学支教。支教的条件很艰苦,我们只能在破损的课桌上备课，在简陋的木板上睡觉。这些都是以前我们没有经历过的生活，最初我有些不适应，但是，当我看到小朋友们求知若渴的眼神，感受到梦想也在他们的心中生根发芽时，所有的付出，都值得。因为梦想，我和他们共同成长……

我们每一位青少年，都是有梦者、追梦者、圆梦者！少年智则国智，少年强则国强，我们是祖国的未来，实现美丽的中国梦，时不我待，舍我其谁！

亲爱的同学们，就让我们从今天开始，从现在做起，从小事做起，把梦想付诸行动,勤于学习，甘于奉献，勇于担当，搭建从梦想通向现实的桥梁！为这个时代、这个民族、这个国家注入更多自信、温暖和希望，用青春共筑我们的中国梦！

赏析

学生的生活经历虽然不是那样丰富繁杂，但也是多姿多彩的，只要用心，遍地散落的珍珠随手就能肆意撷取，不过需要有一根贯穿其中的主线。这篇演讲辞呼吁包括演讲人在内的青少年用自己的青春铸就中国梦，主旨高远，但并不凌空蹈虚，而是运用电影蒙太奇的方式，先向人们展现“小白菜”和“我们在一起”这样两幅朴实的画面，一个是自身的经历，一个是自身的感受。以自己的经历感受，触动自己的追求和梦想；以梁启超的警世名言，表达青少年共铸中国梦的心声。迂回曲折，发人深思！语言朴实，掷地有声！如果能用精练的语言将两幅画面的故事与中国梦之间的联系进一步巧妙地深化和阐释，可能更具说服力。（岳凯华）

竞赛类例文与赏析6

家乡的墙

唐丰果

小时候，在我老家的房子对面，有一面墙，墙上总写着这么几个大字：鼓足干劲，力争上游，多快好省地建设社会主义。

小学时的一天中午，我看到墙上的字变成了：联产承包，责任到户。尽管我不太明白这几个字的真正含义，但我知道，从那以后，我们家有田了，也有地了，爸爸妈妈更忙了，也更开心了。家里收获的稻谷堆满了谷仓；地里长出来的花生呀、土豆呀、红薯呀、油菜呀，多得吃都吃不完。于是，妈妈就把这些东西拿到集市上去卖，给家里换来了更多的东西，而我也能吃到各种各样的零食了，身上的衣服也越来越好看了。

中学时，那墙上的字又变成了：要想富，先修路。随着改革开放的不断深入，生活水平不断提高，人们不再满足于“吃得饱穿得暖”这个简单的要求了。家里余粮多了，农副产品也多了，专业种植养殖的更多了。满仓的稻谷，满塘的鱼儿，满山的瓜果，满院的鸡鸭。没过多久，我的家乡就有了平整的乡村公路。从那以后，乡亲们一车一车地把农副产品拖出去，把一沓一沓的钞票拿回来。于是，乡亲们的家用电器多了，汽车摩托车也多了，新盖的楼房一栋比一栋漂亮！

2006年，那墙上的字又变成了：农民种地，政府贴钱。这标语不仅刷上了墙，更温暖了乡亲们的心。“不用交公粮了还发钱”，这是中国历史上开天辟地头一次，让农民真真切切、实实在在地得了实惠。

去年清明节，我再次回到家乡，惊喜地发现：我家对面的那面墙都变了，乡亲们告诉我，原来，那面墙被拆掉了，建成了现在的两层楼的“村民文化活动中心”，被修缮一新的雪白的墙上，工工整整地写着这么几个大字：生态环境也是资产，造福子孙科学发展。朋友们，给这句精彩的标语来点掌声吧。（掌声起）因为，它标志着改革开放迎来了一个崭新的时代。确实，在以往的日子里，我们的菜篮子堆满了，钱袋子殷实了，物质条件更加丰富了，但伴随而来的洪水、干旱、泥石流、大冰灾等自然灾害，也给了我们太多的警示。这些灾难背后，是乱砍滥伐、环境污染、臭氧层被破坏、自然生态失去平衡造成的后果。好在党的十七大已经吹响了科学发展的世纪最强音。在科学发展观的指导下，祖国的发展将更加和谐、更加持久、更加强劲，我们的天更蓝，水更绿，家园更美丽，人民更幸福。

这就是我家门前的那面墙，它就像一面镜子竖立在祖国960万平方千米的土地上。它见证了广大农村的沧桑巨变；它记录了改革开放三十年的巨大成就；它彰显了我们民族创新发展的伟大智慧。它的每一次变化都在诠释着华夏儿女奋勇向前的澎湃激情；它的每一次变化都在向着更高更强更伟大的目标迈进！

朋友们，今天，我庄严地向祖国报告：我家乡的那面墙，书写的绝不仅仅只是理想，还有着中华民族伟大复兴的底气和荣光！

赏析

演讲的对象是大众，目的是说服和鼓动。越通俗、越大众、越朴实的演讲风格就越能够与大众建立起有效的沟通交流，达到演讲的目的。

此文以“家乡的墙”为题，因其寻常无奇，不仅一开头就拉近了与听众的距离，迅速建立起平等交流的沟通氛围，而且也为接下来的讲述做了颇有悬念的铺垫，紧紧地吸引住了听众。

叙说家乡变化时，作者选择从乡亲们日常的衣食住行讲起，处处注意使用口语化的朴素语言，贴近大众，使人觉得亲切真实，于朴实的表达之中为演讲平添了强烈的语言感染力。

文稿以“墙”上标语四次文字变化为线索，使演讲内容在结构上层层递进，形象而有力地以家乡的变化说明了时代的进步，说理以小见大，举例以简胜繁，结构简洁明晰，以内在的逻辑力量，水到渠成地唤起了听众的共鸣。结尾更是只用一个句子就把全文收到了演讲主题上，使整个演讲显得严谨有序，收放自如。（刘湘鄢）

第二模块　非竞赛类例文与赏析

非竞赛类例文与赏析1

寸草也念三春晖

——女儿在父亲60岁生日上的演讲

王伊伊

爸爸：

生日快乐！

在您面前，我平时很少说话，以至于您曾对朋友说："我的女儿将来恐怕表达能力不行。"

但您可知道，静水流深，您可听说过："也许，心底藏着一座重洋，但流出来的，是一颗泪珠……"

此刻，我想说说我的感动与感悟。感动万千，我只说四个：第一天送我到幼儿园的，是您；第一天送我进小学校门的，是您；第一天陪我到中学报到的，还是您。小时候的许多事我都忘了，但我忘不了那天第一次到幼儿园，您和妈妈一走，我就吓傻了，哭了个天昏地暗。从此整整三年半，我对您就是一个要求："爸爸，下午您要第一个来接我！"而从此三年半，很多时候，无论刮风下雨，进来接孩子的第一批家长中，就一定有您！

前几天您又牵着我的手到大学报到，我说：您别牵了，我都十八岁了！您却说：我牵惯了，这儿车多，怕把你碰着……

爸爸，女儿长大了，您放心我，好吗？从此该我牵着您上街了，十八年的时间里，您用健康与精力，哺育了儿女，实现着生命与知识的代际传递！

感慨万千，我只说一件事：2011年底，我将去参加"播音主持"的专业考试，已卧病在床一年的您为我请了辅导老师，为我请了专业的化妆师，为我请有经验的陪考老师，在临出门前，我来到您病榻前，您正在输液，脸色苍白，语音很弱："伊伊，放开考，别顾虑成绩好坏。考好了，是我的女儿；考砸了，也是我的女儿。在人生的考场上，学校考试只是一科，专业考试更只是很小的一门功课，我小学五年级即辍学，上山下乡，当工农兵学员，而现在爸爸不也过得还行吗？”

爸爸，您不知道您的话给了我多大的力量——它消除了我患得患失的恐惧，使我有了最好的发挥！同时它也让我再次明白了，在人生这个考场，考试将以各种形式进行，将在人生各个层次进行，从此，我对许多事情的判断，都有了新的角度！

爸爸，生我养我之恩难忘，教我育我之恩更难忘！

爸爸刚才说：“伊伊，你成年了，爸爸的电话以后晚上可以关机了。”难怪这些年来，我只要需要，无论是在学校还是在东京，都会得到爸爸立即给予的关怀和帮助，今天方知自从我进中学之后，六年中，爸爸24小时从来没有关过机。其实，我知道，爸爸说是这样说，但是不会关机，人们说“知子莫如父”，我要说“知父莫若女”！爸爸曾对妈妈说：“我不敢停下来，伊伊还要读大学，还未成家，还需要我。”

爸爸，需要您的，何止是我——在若干个市政府，在若干个企业，在若干所大学，您都担任顾问或兼职教授；在政协当委员，一干就是四届二十年，为民生献计，您鞠躬尽瘁……

爸爸，女儿对您只有一个请求：您能不能停一停，至少缓一缓，您毕竟六十岁了呀！只有这件事您会驳我，您已说过：“伊伊，正是因为六十岁了，爸爸更是不能停，在我们的国家、我们的民族过‘历史的三峡’之时，每个人都要尽全力啊！”

爸爸办公室里，挂着一幅著名学者的题词：“无论崎岖或宽广，我们都走在路上；无论料峭或和煦，我们都迎风而行。”

爸爸，顺者为孝，女儿理解您，女儿希望自己能多少帮得上您，与您同行，为您分担，为国家尽责，不辜负今日您对女儿的期许！

爸爸，为了女儿，愿您再逢甲子。再祝一个六十年！

赏析

生日祝词属应用文范畴，因而写作时要遵守一定的程序与规范。其内容一般包括三方面：第一，祝贺生日；第二，对被祝贺者作肯定性评价；第三，再次表示祝贺（生日与未来）。

本祝词结合父女这种特殊的人物关系，用“感动”与“感悟”两个关键词高度概括了父亲在女儿求学过程中的倾心付出；接下来，用三个“第一”与一件“事情”讲述感动与感悟的具体内容。由总到分，概述与细叙结合，层次清晰。尤其是感悟处的叙议结合，以小见大，由此及彼，凸现了悟，升华了情。

生日祝词的窠臼难离“福如东海，寿比南山”，少不了“生日快乐，健康长寿”，但作者却奇文有妙思，曲笔言心：以一个请求来祝愿父亲福寿安康。最值得一提的是，虽是生日祝词，落脚点却不只是父女情、养育恩，字里行间还饱含了女儿对心怀民族情、爱国心的父亲的无限敬佩。

本祝词文白夹杂，多处排比，多处引用；虽为口语表达，却能雅俗共存，读来齿颊生香，别有韵味。

建议有三：第一，开场语段可直入主题，对父亲的生日表示祝贺，对亲友的到来表示感谢；第二，24小时开机一事可和专业考试之事并列，归入“感悟”；第三，个别过渡句段以及几处用词有待完善。（刘黎）

非竞赛类例文与赏析2

毕业典礼发言稿

龙　腾

尊敬的各位领导、老师，亲爱的同学们：

上午好！

我是2009级武警国防生龙腾，先后担任班长、全校国防生大队长，曾获得优秀班长、新生军训优秀教官、优秀国防生等荣誉。荣誉属于集体！我和众多的国防生一样，在过去的大学四年中不是舞台上最闪亮的那颗星，但我们愿意做绿叶，穿上这身橄榄绿，与老师和同学们共同托起一颗颗闪耀的校园之星。无论是开学典礼、毕业典礼、校运会，还是校园文化艺术节、新生军训或体育艺术高考，只要是领导老师和选培办交给我们的任何一项任务，我都会作为国防生大队长带领着战友们在严寒酷暑中，为不辜负领导老师和同学们的信任，为学校的荣誉，齐心协力，坚守岗位，不辱使命！感谢母校给我这个机会，今天，我为心怀感恩、情系校园、默默奉献的国防生代言！为曾荣获华南五省高校国防生集训团体最高荣誉的2009级国防生团队代言！为秉承大学精神，即将奔赴新疆、西藏、青海、甘肃、北京、上海、广东等地保家卫国的2009级全体战友们代言！

四年前，我们怀揣着美好的求学梦、橄榄梦来到了这里。浸润在深厚浓郁的人文气息中，成长在仁爱精勤的精神引领下，我们的目标愈发明晰、梦想愈发真切、斗志愈发昂扬。此时此刻，有太多的感激：感谢师长，您勤政善教，甘为人梯，挥洒汗水哺育我们茁壮成长，传授知识引领我们学海远航，教会了我们师范仁道、爱人以德、勤奋踏实；感谢同学，我们同甘共苦，休戚与共，朝夕相处的一千多个日日夜夜给彼此的青春增添了斑斓的色彩，用真心换来友情的永恒；感谢选培办，您言传身教，身先士卒，带领我们流大汗、不掉队，为成为能打仗、打胜仗的军中精英迈出了坚实的第一步；感谢母校，这方清灵的水土留下了我们最好的年华和最美的记忆！

明天，我们将离别亲爱的母校，离别这学脉绵延、弦歌不绝的圣地，携着铭刻于心的师大精神，迈向全新的人生征程。我们不会忘记忠烈祠前的庄严宣誓；不会忘记图书馆里的甘之如饴；不会忘记训练场上和越野五千米时的挥汗如雨。这些成长的经历依旧刻骨铭心，这些青春的片段永远弥足珍贵。无论历经多少岁月，走过多少风景，我们都不会忘记：美丽的师大、青春的师大、永远的师大！

习近平主席说："有梦想，有机会，有奋斗，一切美好的东西都能够创造出来。"此刻，我们带着母校的期许，带着四年的收获，带着中国梦、强军梦的向往即将远航。请师长放心，我们将以昂扬的精神状态奔赴祖国大江南北，以强烈的爱国热忱、崇高的奉献精神扎根军营！请选培办放心，我们将以对党和人民的绝对忠诚，履行职责，不辱使命！请母校放心，只要祖国需要，人民需要，时代需要，哪里有需要哪里就有2009级师大国防生英勇的身影！

最后，祝愿各位师长身体健康，阖家幸福！

祝愿全体毕业生梦想成真，一帆风顺！

祝愿亲爱的母校、伟大的祖国欣欣向荣，再谱华章！

赏析

此文既抒发了对母校、师长、同学的感激和怀念之情，更立下了爱国奉献、不辱使命的报国之志，其精彩之处在于"励志""传情""达意"。

演讲稿紧扣主题，把梦想、责任、荣誉融为一体，志存高远，铿锵有力，充分展现了当代大学生放飞梦想、敢于担当、甘于奉献的崇高追求，将"励志"的主旨表现得淋漓尽致。

演讲稿情感丰富，把内心深处的眷恋、感恩、奋发娓娓道来，情真意切，心神合一，生动表述了当代国防生火热的青春情感和昂扬向上的精神风貌，是一篇"传情"佳作。

演讲稿构思新颖，把所学所获、所思所悟、所向所往融汇其中，一气呵成，文字精练，表达流畅，较好地展示了作者的文学素养和文字功底，具有较高的"达意"水准。

如果在讲述大学生活时更注意对生活细节的点染，寓情于物于事；在回味求知的道路时更斟酌对事理的思考提炼，有理有据有节，效果可能会更好。

当然，这只是对青年才俊寄予厚望，文稿所透出的豪情与才情已是非同凡响了。(陈维旭)

非竞赛类例文与赏析3

在2011届毕业典礼上的演讲

向梅林

各位领导，各位老师，亲爱的毕业班同学们：

大家好！

首先请允许我代表学院全体教师向圆满完成学业的同学们表示热烈的祝贺！

火红的六月，同学们又将远行。临行之际，母校为你们一针又一针密密缝制的，不是披挂在你们身上的征衣和战袍，而是一句又一句恳切的祝愿和真诚的叮咛。黄书记殷切的期待和真诚的祝愿还在耳畔回响，向老师又按捺不住要和同学们说一说再见的话题。

向老师说的第一个话题是：遗忘与记忆。

每年进入六月份，一种熟悉而又新鲜的气氛就在空气中荡漾。“喊楼大战”“散伙宴会”“毕业留影”……啤酒与眼泪共舞，青春和唾沫齐飞。因为你们和母校一同经历了四年的成长！你们想用种种开放而又自由的方式深深地将美好的岁月镶嵌在你们的记忆里！同学们：请记住馨园的绿草，记住丽园的沉静，记住东来阁的琅琅书声……记住小树林里的忘情沉醉，记住拐角处悄悄追随暗恋对象的青涩表情……记住不太宁静的宁静楼里的思考，记住涵虚不足的涵虚楼里的沉淀……在没有龙的龙蟠湖畔，你们从少年蜕变成了青年，从此刻起即将渐行渐远，但是无论走到哪里，请别忘了，在你们的身后，始终有着母校的牵挂和关切，你们的光荣将是我们的光荣，你们的前途也必定会成为我们心中的挂念。

在记住美好的同时，向老师希望你们集体患上选择性失忆症：忘掉那些老师有点啰唆的课堂点名，忘掉寝室里财物被盗时攥紧的拳头和在空气中无处发泄的怨恨与悲伤，忘掉那些被蚊虫叮咬后久久不肯消失的小红疙瘩，忘掉同学之间曾经的误会，忘掉室友之间曾经看得很大很大其实很小很小的裂痕和摩擦！因为：人生中最珍贵的财富里面，有一种叫做宽容，有一种叫做友情！友情中最最弥足珍贵的，就是同学之情、同窗之情！大学时光的同窗情谊，将是照耀你们整个人生旅程的一盏又一盏明灯！

同学们，在依依不舍离开母校的时候，请互相对视拥抱一下，让这个拥抱见证我们青春的成长和纯粹的友情！让我们高呼青春万岁友谊万岁！

我要说的第二个话题是：超越与陷落。

《超越与陷落》是我2005年出版的一本专著的书名，也是我在同学们毕业之际反复思考的问题。我欣赏积极的饱满的人生。我认为人生就是不断超越的过程。在这个过程中，我们充实着、富有着、快乐着。在同学们毕业之际，我要送给同学们两句话。第一句话是：不断学习，终生学习，不可陷落于惰性的泥潭；第二句话是：修炼心灵，提升人格，超越思考的浮躁与物欲的膨胀。

不断学习，终生学习，这是学识的超越，是竞争实力的超越。从大学校园这个人生加油站出发，我们还需要不断地为生命补充能量。

修炼心灵，提升人格，这是人生境界的超越，是生活智慧的超越。心怀善意待人，眼含笑意观景，常读诸子箴言，静听心灵回声。这是一种人生的品格，更是一种生活的智慧。超越的是心灵，充实的是灵魂。心灵纯净了，灵魂充实了，人生才会绽放出美丽的光彩！

同学们，朋友们，长空万里，好风劲吹。走出校门，你们告别的不仅仅是校园的茵茵绿草，也是一段青葱的青春记忆，不管你喜欢不喜欢，学院已经注定和你的生命结缘。走出校园，不要忘了自己的社会责任，不要忘了自己是一个受过高等教育的人！不要忘记你们的母校！

再见了，亲爱的同学们！向老师满怀激情地祝福你们！祝你们一路顺风！一生平安！鹏程万里！谢谢！

赏析

这是一篇庄重朴实又不乏智慧，不刻意煽情却掩不住真情的精彩的毕业典礼演讲辞。没有刻意的媚俗求酷，没有刻意的求深求奇，但语言不老套不刻板，谆谆话语饱含着一位睿智明慧的教授的人文情怀。

演讲体现了三个精彩。一是构思精彩，“遗忘与记忆”“超越与陷落”两个反义组合的小标题，集合成演讲的主题，俨然如两条语言的运输线，载着截然不同的思考，撞击着听众的心灵。二是情思精彩，她在用德情育人：“修炼心灵，提升人格”，“常读诸子箴言，静听心灵回声”；她在用师情感人：“母校为你们一针又一针密密缝制的，不是披挂在你们身上的征衣和战袍，而是一句又一句恳切的祝愿和真诚的叮咛”；她在用友情动人：“人生中最珍贵的财富里面，有一种叫做宽容，有一种叫做友情！友情中最最弥足珍贵的，就是同学之情、同窗之情！”三是文思精彩，整篇演讲辞思如泉涌。涌出的是端严的思想、欢快的思风。馨园的绿草，丽园的沉静，东来阁的琅琅书声，小树林里的忘情沉醉，拐角处悄悄追随暗恋对象的青涩表情，不太宁静的宁静楼里的思考，涵虚不足的涵虚楼里的沉淀，这些切情切景的描述，在生动活泼的文采中强化了学子们对于母校的画面记忆，运用在演讲之中，可谓经典精致精彩。如果在篇幅上稍加控制，语句更加推敲凝练，效果可能更佳。（蔡颂）

非竞赛类例文与赏析4

我和我的兄弟

毕明哲

我叫毕明哲，是保险职业学院2010级核保核赔一班学生。今天站在这里，我的内心非常激动。我和我的好兄弟王理在过去八年里共同走过的酸甜苦辣的历程，仿佛就在昨天，历历在目。

八年前，2004年9月的一天，放学很久了，刚刚升入初中竞选上班长的我，发现行动不便的王理，独自坐在教室里，接他放学的家人迟迟未到，我没有犹豫地背他回了家。因为工作繁忙，耽误了接送的王爸爸对我连声感谢。这天，我了解到，王理的妈妈患有严重疾病，很早就从单位病退，他姥爷年纪大了，也背不动王理了。看着不到四十岁，两鬓却已斑白的王爸爸，我脑子一热，冲动地对他说："叔叔，从明天开始，接送王理上学的事就包给我了吧！"

连我自己也未曾想过，就为着这句话，我将王理背上自己肩膀，这一背竟然就是八年。初中到高中，又从高中到大学，三千多个日日夜夜，一万余里风风雨雨，只为着内心认为正确的事情，只为着那句冲动的承诺。

那时候，每天凌晨五点半，我就早早起床，花半个小时的时间步行到王理家，然后背起他赶着上六点半开始的早自习。而到了晚上，本来九点半就结束的晚自习，等我送完王理再回到家，往往要到十一点。酷热的夏天，他的前胸贴着我的后背，交织的汗水湿透了我们的衣衫；凛冽的寒冬，我一直在坚守着自己的脚步。

背人上学，久了以后，我确实感到既单调又劳累。记得高中会考的时候，姐姐心疼我这个弟弟，担心会影响我升学，也担心影响我的身体发育，坚决地反对我再背王理上学。更令我心烦的是，有流言蜚语传到我们家：有的说我背王理是为了出风头，得名声；有的说王理家给我们好几万块钱一年。诸如此类，很多很多尖刻刺耳的话，对我的家庭造成了很深的伤害。记得有一次我对那个喜欢闲言碎语的邻居大吼了起来：我给你十万，你背几年试试?

那段时间，我觉得很对不起自己家里人，好想好想放弃。但后来的一件事情，让我重新坚定了帮助王理的决心。

那天深夜，我突然接到王理的电话，原来王理跟家里吵架了，他把自己反锁在屋里，谁也不理。他在电话里哭了很久很久，等稍微平静了一点后，我对王理进行了耐心的劝导……一个多小时过去了，挂电话的时候，感情不会轻易外露的王理说："老毕，你是我最好的朋友和依靠，我真的不知道，如果这个世界没有你，我该怎么办。谢谢！"

这一声"谢谢"，让我感觉到了王理对我的依靠！而帮助王理带给我的快乐远甚于照顾他带给我的劳累。我对家里人说："不背王理，对我来说，只是一个选择，但对王理来说，却是他人生难以承受的打击！所以，不管别人说什么，只要我做的是正确的，就坚持下去。"

2010年高考，我们俩私下商量，要填报同一所大学，继续我们的兄弟情缘。高考成绩公布后，我被新疆一所本科院校录取，而王理，因为治病影响了成绩，只勉强达到了专科线。难道，六年的兄弟情要"就此别过，后会有期"了吗?

一个从长沙打来的电话改变了我们人生的道路。

打电话的是保险职业学院党委书记兼院长朱甘宁。他从《中国青年报》等媒体看到我和王理的故事后，热情地邀请我们到保险职业学院就读。

接到电话后，我陷入了长久的纠结和矛盾中。放弃已经被录取的本科去读专科，那对自己意味着怎样的牺牲和付出？犹疑中，王理对于大学的向往和渴望，六年来我们相处的深厚情谊，一直在我的脑海里闪现。现在有机会一起去省城的大学读书，对王理将是一个多好的机会啊。

我放心不下自己的兄弟，我决定，背着兄弟上大学。我偷偷地将本科录取通知书撕掉扔进了垃圾桶。妈妈知道后，觉得我太不把自己的前途当回事了，很是生气。但她没有直接责怪我，只是当着我的面，啜泣着不做声。善良的妈妈其实心里明白，虽然付出的太多太多，但她的儿子已经成为一个真正的、有担当的男子汉。我对妈妈说："妈妈，我长大了，我越来越明白，这些年，我确实帮助了王理，王理也让我变得更加有责任感，他的自强不息、勇敢顽强的精神，同样在影响着我、鞭策着我。可以说，我们互相成就着对方。"妈妈最终露出了笑容。

就这样，我和王理双双被录取到保险职业学院就读。在学校，很多同学加入到了帮助王理的队伍，我也热情地参加各类志愿服务活动，我要用自己的实际行动，去帮助更多的人，阐释更深沉更博大的爱的内涵。

多年求医问药，王理病情没有根本性好转。前段时间，他沮丧地跟我说："老毕，我放弃算了。"王理是个坚强的人，那么多年，即使是在最绝望的时候，他都从不轻言放弃。听了他的话，我的泪水在那一刻止不住地往下滑落。我紧紧地握住他的手，对他说：我不允许你说这些！要记得，我们共同的梦想！

是的，我，和王理一样，内心潜藏着一个温馨但异常艰难的梦：有一天，王理能和我、和在座的各位一样，自由地奔跑，自由地跳跃，自由地欢笑。

我相信，有那么多好心人在关心和帮助着王理。总有一天，他能勇敢地站起来！我们能像其他的好兄弟一样，架着对方的肩膀，骄傲地走向未来！

我相信！我一直都坚信！

谢谢！

赏析

选材真实典型、用语朴实简洁、情感真挚贴切是巡回报告演讲文稿的要素，毕明哲的报告紧紧围绕一个"真"字，恰到好处地阐释了这些要点。真性情：十几岁的孩子，纯真善良的冲动承诺尽显男儿本色；真事情：一背八年岂会风平浪静？但用自己与家人、自己与邻居、自己与自己等几对矛盾，缀玉联珠，将八年浓缩，轻描淡写，把大事小说；真感情：为亲子孟母择邻而居令后世趋之，为同学痛舍学业共进退真交情令人敬佩；真动情：高调做事，低调做人，真人做实事，实事显真情；真梦想：让王理站起来，让老毕和王理互相架着对方的肩膀，骄傲地走向未来！

演讲稿通篇不见生硬的说理，处处都是情理的交融。言说者云淡风清、娓娓道来处，正是倾听者情难自已、意犹未尽、思弦拨动、共识形成时。全文平地起波澜，极具感召力！（曾力勤）

非竞赛类例文与赏析5

一次高水平的成功

李 梅

借大家的热情和智慧，我形成了一股力量，这股力量萌发了我点评的灵感。但愿我5分钟的点评能引起各位领导及听众朋友们的共鸣，能得到15位选手的一致认同。通过对各位选手演讲辞的审读和演讲技巧的鉴赏，我认为这次电视演讲大赛的成功是一次高水平的成功。谈“三高”观点予以佐证：

第一，演讲内容立意高。主题突出，题目新颖，故事生动，说理透彻。从《红色的爱》到《爱在天地间》，从《生命里的一米阳光》到《让血脉架起生命的桥梁》，从《祈祷》《有个人在等着我》到《血脉浇灌生命花》《飘扬的红十字》等，这些来自红色家园中心血站的最初的创作元素，巧借电影、歌曲、诗歌的名字，不但使人联想、遐想，而且使人成功地接受到这样一组信息：无偿献血、呵护生命、健康他人、升华自我，甚至懂得了什么叫“献血”什么叫“卖血”。

第二，有声语言语境高。这不是一次普通话比赛，但是一次普通话的大检阅；这不是一次诗歌朗诵会，但是一次富有诗情的演讲。程瑞秋：声音洪亮、浑厚、富有弹性，体现了男性演讲中的阳刚之壮；文英、李小英、刘芳、曾秋慧等人的声音，清脆、圆润、甜美感人，展现了女性演讲中的阴柔之丽。中学生代表冯雅妮演讲中有几分天真，几分稚气。言娟的语境反映了当代大学生知识的多成分性、思想的多智慧性、成长过程中的多样性。唐因的语境华美如春之飞絮、夏之流火、秋之金黄、冬天的苍穹，震撼大地，化作了一个永恒的主题——奉献！奉献于人性的天空，奉献于爱心的银河！演讲中相当多的选手运用了小说中的对话形式，制造了多层次、多人物的语调，将听众引入到一个鲜明生动、富有个性，又含义丰富的视觉场面。选手文芳、言娟伴随音乐显示唇齿光华。因为这个时候，音乐会点燃希望，拒绝困扰，洗涤满身的尘埃和超负荷工作的疲惫。这些都成功地达到了“说话标准流利、声韵优美甜润、语境流畅达意、语音清晰纯正”的评判要求。

第三，态势语言技巧高。所有选手大家都能情随语出、动随情牵。选手肖闵陈子在演讲中那纯洁、纯朴、纯情少女的心态、心理、心情，那心中奔腾的热情、激情、深情，那亭亭玉立于演讲台上的绰约丰姿给人留下了美好的印象。李茜的态势语言表现在气质、气度、气势、气运上面，那种情随动牵、语中有情，那语气、神气的巧妙运用非常到位。演讲者不仅感动了自己，更感动了听众。这些都成功地形成了“仪态动作加无声，姿眼手势动表情，七分文字看公式，三八比例是声音，阿尔伯特有定义，百分五五面部情”这样一种演讲风范。

有位学者在《怎样识别形体语言》一文中借用梅拉比安的一个公式：信息总效果＝7%的文字+38%的声音+55%的表情。在这个时候，演讲者的台风、个性、仪表、内涵、情绪都会跃然于形体与语言之中。这些就是我在这次评判当中所学、所感、所悟、所想、所说的一些评判观点。谢谢！

赏析

演讲赛中的点评是整个比赛过程中的亮点、难点和最大的看点。好的点评可以起到总结和升华、画龙点睛之作用。李梅以《一次高水平的成功》为题的精彩点评，确实起到了此等作用。一是总结层次很清晰，评内容和主题，评语言和声音，评气势和表情，脉络分明，形式完整。二是演讲术语很专业，比如："声音洪亮、浑厚、富有弹性，体现了男性演讲中的阳刚之壮"等语言，语美不晦涩，诗美不浮华，具体不啰唆，通俗不脱雅。三是评判升华很到位，成功的本身就有高的含义，含义是潜在的、隐形的。点评者将成功上升到了一个高度，《一次高水平的成功》也很自然地成了点评的主旋律。标题用"一高"，"一高"衍生出"三高"，即演讲内容立意高、有声语言语境高、态势语言技巧高，紧扣讲眼，说高论高；匠心独运，高中见高。如果在点评的最后再点到为止，说一点点美中不足的话，也许点评的针对性会更精准，点评的指导性会更明显，点评的内容会更完美。（颜永平）

非竞赛类例文与赏析6

爱岗敬业、无私奉献
在传道授业中践行社会主义核心价值观

常小荣

尊敬的各位领导、同志们，老师、同学们：

大家上午好！

我叫常小荣。1978年，我大学毕业后留校任教至今已经34个年头了。在34年的执教生涯中，我忠于党的教育事业，在三尺讲台上耕耘着自己的人生，默默守护着我的学生，尽情享受着育人的这份快乐。

我深爱着教师这份职业。我把三尺讲台看作我一生奋斗与追求的精神高地和精彩人生的演绎舞台。作为教师，首先得把书教好，把"业"授好，做好"经师"。三十多年来，我一直在用心教学。课前认真准备、精心设计是我一贯坚守的教学原则，无论是新课还是老课，无论是大课还是小课，我都一以贯之，毫不马虎，为的是能更快、更好地增强课堂授课效果，传授学生更多更新的知识。我注重教学内容更新、教学方法改革，重视用最新的科研成果补充教材、发展教材、超越教材。在上古老的《针灸推拿学》这门课时，我就苦苦思考如何将现代科学技术运用到该课的教学中。为此，我带领我的

教学团队经过了三年的努力奋斗，终于研制开发了《针灸推拿学》全套教学软件，解决了我们教学中的难点和疑点，深受学生一致好评。我是重点学科带头人，既要抓学科建设还要带研究生，工作特别繁重，但我始终坚持不放弃本科一线教学，我深知大学生是多么渴望教授上讲台，作为一名教师，我没有理由不上课。每年新生入学，我都会给本科新生做一场“神奇的针灸疗法”学术报告。学生们都说，爱上针灸就是从常老师那富有激情的演讲开始的。

学生是孩子，孩子是学生。三十余载，这些孩子带给我多少牵挂与快乐，也带走了我的托付与希望。每一届毕业生毕业离校之际，他们总是一个接一个来和我作别，依依不舍，眷恋有加；我也感觉他们就像是自己的孩子要远行一样，是那样的不舍。我总是想自己的孩子也是在外地读书的一名大学生，爱学生就像是在爱自己的孩子一样。平时由于工作太忙不能经常和同学在一起，我就常常打一个电话问候一声，无论是贫困生还是优等生，我都是一视同仁。对性格孤僻的学生，我心里有一种无名的着急感，真想一下子让他们变得开朗、阳光起来。可是用什么方法才能如愿以偿呢？我尝试着用更多的热情和关爱来帮助他们，走进这些孩子的心灵。这些孩子在我真心与贴心的交流下，恢复了自信，走出了自我评价的误区，开始积极地面对生活。看到孩子们的巨大变化，我开心地笑了。人的感觉是相同的，教师的真诚，学生是感受得到的，只有当学生接受了你这个人，才能以主动的心态接受你的教育。关心学生的生活与学习也是我常做的事情。近五年来我共资助十余位贫困生。有的给他们补交学费，有的给他们生活费，有的给他们买衣服，有的给他们买书买生活用品。我将自家的电脑送给学生，并鼓励他继续深造，还把自己的办公室腾出来给学生复习考博。有一年春节前夕，我看到一名男生在又黑又冷的水房里洗衣服,就问：“学校都放假了，你为什么不回家过年呢？”这个学生两眼含泪说：“我家在贵州一个偏远的山区，家里没钱，就不回去了。”作为一位母亲，听了这话之后，我的心被深深地刺痛了，我什么也没想，立即从包里拿出2 000元钱递给学生说：“快回家过年吧，你妈妈一定很想念你。”

“让学生站在自己的肩膀上”，这是我常说的一句话，因为我深深感到我就是站在我导师的肩膀上成长起来的。我经常和我的学生说：“导师影响了我一辈子，我也想影响你一辈子。”对学生的培养我倾其所有，尽自己最大的努力做好学生的“推手”，帮助他们一步一步攀登科学的高峰。为了指导硕士生、博士生搞科研，每年的寒暑假我几乎都是和学生一起泡在实验室度过的。为了观察一个实验24小时不眠不休是常事。然而并不是所有的实验只要付出就会成功。我记得有一次和学生一起做实验，在实验室待了四十多个小时，天气又闷又热，我中暑倒在了实验室。学生们哭着把我送进急救室，但最后实验还是未成功，我鼓励我的学生说："'九层之台起于垒土'，每一次的喷薄而出都经历了无数次的震荡与酝酿。尽管我们现在所做的努力有些还看不到结果，但这是在为下一代人铺路。"我还积极为学生创造良好的环境和机会，每年暑假我都将研究生送出去参加国际、国内学术交流。我知道只有把他们送出去见世面，他们才知道外面的世界多精彩！

尝遍为人师者的种种滋味后，我深深感悟到："三尺讲台上没有令人羡慕的财富和权力，教师在黑板上写下的是奉献，擦去的是名利！"我不是栋梁，但我的事业是培养栋梁；我不是未来，但我的事业是造就未来！奉献不言苦，追求无止境。我热爱我的事业，所以我用心承诺；我热爱教师这个职业，为了把这份崇高而又平凡的工作做好，我将不停地向上攀行跋涉，虽然艰苦，但心底涌起欣慰和满足，在这条路上，我会奋斗一辈子。如果有来生，我仍愿做一名教师，要做得比现在更优秀。

谢谢大家！

赏析

这篇演讲稿没有空话、套话，而是以既平凡又典型的事实很有说服力地阐明了爱岗敬业、无私奉献这个老生常谈的主题，却又令人耳目一新，深受感动。

大学教师的工作主要包括教学、科研与育人等三方面，演讲稿中将每一方面都写得颇为典型。教学永不满足于已有成就，不断更新教学内容、改革教学方法，如用三年时间研发出《针灸推拿学》的全套教学软件；科研经常在实验室24小时不休不眠，甚至坚持四十多个小时直至中暑晕倒；爱护学生如同自己的孩子，长期解囊资助贫寒学生。这些事实都充分说明"榜样的力量是无穷的"，最好的教学育人就是言传身教。

作者首先实干得好，言行一致。演讲稿写得如何呢？从演讲稿的写作要求来看，语言明白如话，朴实无华，没有半文言半白话、半中文半洋文，更无难以听懂的成语典故，但又不乏精辟的格言式体会，处处闪烁着哲理的智慧光芒。如果进一步精心斟酌凝练标题，效果会更好。（李仲华）

第三模块　竞赛类技巧点评

竞赛类技巧点评1

师德闪耀中国梦[1]

但　旦

[2]在我的办公桌上摆着一幅画[3]，他弓着身子，张开双臂紧紧[4]地趴在课桌上，伴着雷鸣般的响声，砖瓦、灰尘、树木[5]纷纷落到他的头上、手上、背上，鲜血顿时奔涌而出[6]；他咬着牙，拼命地撑住课桌，他的身下蜷伏着四个幸存的学生，而他张开守护翅膀的身躯定格为永恒[7]……后来，当搜救人员从教学楼坍塌的废墟中搬走压在他身上最后一块水泥板时，所有抢险人员都为之震撼、落泪[8]。"谭老师——谭老师——谭老师……[9]"

没错[10]，这就是[11]谭千秋。五年前的那一瞬间，他用自己51岁的宝贵生命展现了"美丽中国"师德灵魂的责任[12]与大爱。

一张照片[13]在我们校门口的宣传栏里特别显眼——美丽的老师搂着渴望的孩子们，泪眼涟涟，那是一位在边远山区支教的老师在即将离开的时候孩子们送别的情景。三年的时间，这位老师在大山环抱之中，和孩子们笑过、闹过、唱过、跳过[14]，孩子们学到了太多从来没学过的东西。三年支教期满，老师要离开了。就在这一刻，孩子们竟然全体跪[15]下，"邓老师，别走，别走——"望着孩子们渴望的眼神，环看着那充满生机和希望的大山，这位教师竟然选择留了下来，永远地留[16]了下来。

没错，这就是最美乡村教师邓丽，她用80后的青春容颜和对大山的真挚情感诠释着"美丽中国"师德灵魂的执着与美丽。

一个身影在大同校园是那样的平凡和普通——清晨，不论艳阳高照还是狂风大作，她总会早早地来到校园；上课铃响，她站在讲台前，用最美的声音引导孩子进入学习乐园；放学铃后，在教室里和孩子们一起擦出窗明几[17]净；落日余晖，给她归家的疲惫身影镶嵌一道金边；挑灯夜战，课本书堆中，教学重点难点继续钻研……[18]

没错，这就是我们大同小学一个普通教师的一天，他们用日复一日年复一年的青春流逝彰显着“美丽中国”师德灵魂的情怀与质朴。

同一条湘江，同一个梦想。包括孩子在内，每个人都有梦想，习近平总书记说：“何谓中国梦？我以为实现中华民族的伟大复兴就是中华民族近代最伟大的中国梦。”听了总书记的演讲，我想，作为一名光荣的人民教师，我们就是实践“百年大计、教育为本”的主力军，成为实现伟大中国梦的路基上添砖加瓦的一员。教育改革的浪潮已经让教师与学生平等互爱，以人为本的科学发展思想之中，发展的不仅仅是孩子，还有教师。让师德从最普通的工作生活之中，闪耀着平等与博爱的[19]光芒。

[20]此时此刻，我在回望自己的教师之路——16年、192个月、5 840天，执着和坚守。就像所有普通教师一样，既没有惊天动地，也没有流光溢彩。有的，只是那时光荏苒之中，将热血换作桃李花开，让师德闪耀美丽中国[21]之梦！

谢谢大家！

点评

1. 这是一个主谓宾俱全的标题，既紧扣主题，又显得有一定的灵动感，能吸引评委的注意力。

2. 此处用沟通和静场的技巧来开场，入场站定，环看左右观众，大约3秒后开始发声。

3. 此句后面省略了“画中是这样的”，需要用约1秒的停顿来弥补。

4. “紧紧”一词需要力度，表达出当时的紧急感和谭老师的坚定性。本自然段的“撑住课桌”类同。

5. “砖瓦”“灰尘”“树木”三个词之间使用渐进式停顿，“砖瓦”与“灰尘”之间停顿时间可达近1秒，而“灰尘”与“树木”之间可略过。后续“头上”“手上”“背上”三个词的表达可同样处理。

6. 此处对于“出”字，一定要注意用低音，以精确地表达演讲者的情感。

7. “恒”字后考虑给1秒的延音，且发音应该厚重一点，将画面感表达出来。

8. “落泪”一词的表达用低音。

9. 三个“谭老师”音的高低，考虑第一个音作为呼唤的试探，第二个则发出最高音且需要强烈的延音效果，表示呼唤谭老师到极致时的声音，而第三个“谭老师”则考虑用疲倦式的轻音，并渗入对不能唤醒的惋惜。

10. 此处运用了典型的连接技巧，其实前面省略了“您知道他是谁吗”之类的言语，因此“没错”发音之前，应当有1~2秒的停顿，且保持与观众之间良性的沟通态势。后续两段中的“没错”类同。

11. 考虑在“是”后面停顿近1秒，且需带深厚而真挚的情感，后续的信息中本应该讲出谭千秋是哪个学校的教师，事情的发生是什么样的背景，但因为此事众所皆知，故在此省略。在“谭千秋”三字表达结束后，用1秒的停顿技巧直接进入“五年前”的下一句。

12. 此处考虑用一个1秒左右的停顿表示缓冲，更显言语的节律感。后续“执着与美丽”“情怀与质朴”可同样处理。

13. 此处的“片”字容易读成“piān”，正确读音应为“piàn”或“piānr”，如果因为音准问题影响了竞赛中的分数，则会可惜。

14. 四个“过”，考虑运用渐进式停顿的技巧。

15. 此处“跪”的发音需要厚重一些，准确地表达当时的情感。

16. 此处“留”的表达中，可考虑厚重感且加一点颤音，选手的眼神可环看前上方，需要有充分的现场感。

17. 此字容易念成“jǐ”，正确读音应为“jī”。

18. 本段每一个情境的表达都像幻灯片一样闪现，选手在表达时应当将浮现的技巧做到充分。

19. 考虑在“的”后面停顿，将“光芒”处理为重音，为收势做好准备。

20. 进入末尾的收势部分，其内容与上段关联并不十分紧密，此处段与段之间的停顿可达2秒钟。

21. 此处考虑有1秒钟的停顿，且为末端的中上区手势做好准备。（王林）

竞赛类技巧点评2

高尔山下的回响[1]

张 玲

亲爱的朋友们[2]，此时此刻，我的记忆被“德耀税徽、学雷锋、树新风”主题演讲比赛的氛围所唤醒。18年前，我来到了高尔山下，成为沈阳军区的一名新兵[3]，那是雷锋生前战斗的地方。军营里，雷锋照片、雷锋日记、雷锋歌曲、雷锋好事[4]……成为了我视野中高频率的闪动，每个人都以成为雷锋的战友而自豪，我也是。

那是一个冬天的早晨，高尔山公园门口，一位骑着单车的男士，从我和战友身边匆匆而过，后座上夹[5]着一大堆衣服。一阵风吹过，那堆衣服竟然大半掉了下来，而主人却全然不知。我们见状大声喊：“哎——衣服掉啦——[6]”

凛凛寒风中，声音是那么的微弱，衣服的主人并不见减速。我们捡起衣服，就追了出去。整整[7]追了两条街，我们终于见到了主人感谢的笑容。那一刻，我和战友上气不接下气，你看着我，我看着你，傻傻地笑了。如今，从头顶国徽到头顶税徽，无论工作如何变换，我的耳旁时常会响起连长的话："在雷锋部队当过兵，就会流淌雷锋血脉，看到雷锋部队的兵，人们就会感受到不息的雷锋精神。"

两年前，7月30号[8]，那一声晴天霹雳的爆炸声，击碎所有国税人的心，所有人为之震惊。当我在第一时间赶到现场：满屋浓烟灰尘，满地砖块瓦砾，面孔血肉模糊[9]。忘不了爆炸发生后，东屯渡税务分局的干部们不顾自身安危，抢救伤者……我的心在那一刹间被击中：在和平年代，没有硝烟的战场，没有血与肉的厮杀，当我们面对灾难，就是高尔山下军号声吹响的战歌！[10]从此不管岁月流逝，人员更迭，我们国税人心连心，手拉手，用点滴之源，汇聚成爱心的海洋，绝不让受伤的同志成为一座孤岛！一方有难，八方支援；万众一心，众志成城。当年，我市国税入库税收496.1亿，占全省的52.7%，入库收入规模在中部六省省会城市从2009年排名第三跃至2010年的第二名。同志们，这是什么？这就是我们的铮铮誓言，这就是我们的众志成城，这就是我们带着雷锋精神和道德的力量在前行！[11]德耀税徽，829天过去了，纵然是满目疮痍，纵然是困难重重，但是我们敢于拼搏，敢于战斗，我们感恩于心，服务于行；德耀税徽，我市国税系统试行"区内通办"，所有纳税人，可以在辖区内任意窗口办理涉税业务，开创全省乃至全国之先河；德耀税徽，憨实的汉子翟锦华，在基层一干就是20年，去年在所得税汇算清缴时，他因过度劳累患上了急性肠胃炎，但他吃着药、打着点滴坚守在工作岗位上，带领大家提前完成工作任务，走在全局的前列；德耀税徽，一头短发的张心红，消瘦的身体，扎根财务二十余载，静心工作，毫无怨言。[12]国税人用"阳光、坚韧、进取、友爱"之心，快乐生活、快乐工作，怀着钉子般精神，穿越荆棘、跨越迷雾！放眼国税，还有无数的他、她、他们，多年如一日，在平凡的岗位上无悔地坚守，在一分一厘中，为国聚财，支撑着崛起的中华！[13]

雷锋早已不在军营，但雷锋精神的道德力量已成为标杆，团结并激励着我们，感染着我们每一个人。在大楼下，最美妈妈吴菊萍那勇敢的一接，她的生命和孩子紧紧地联通在一起；在校门口，最美教师张丽莉那奋力的一推，将生的希望给了学生，自己的双腿却被车轮碾压得粉碎；在高速公路上，最美司机吴斌那悲壮的一停[14]，避免了一场车毁人亡的惨剧，整个城市[15]为之动容。

雷锋所积聚的一个个、一点点小"善"，滋润了每个人的心田，涤荡了形形色色的污垢。他早已如一粒种子在我们心中生根、发芽，催生了千万棵雷锋之树挺立[16]。

此时此刻，一个声音在我耳边回响，那是当年我们从辽宁抚顺城北高尔山下的军营里传来的声音。

“雷锋——”

“到——[17]”

每天晚上，“雷锋班”点名，第一个点到的就是[18]“雷锋”，全班齐声应答。

年轻的声音在山间回响，这是半个世纪的回声。朋友们，让我们在点名时都答“到”吧，因为雷锋就在你我的心中，就在你我的身边，就在你我前行的[19]路上！

谢谢大家！

点评

1. 该演讲采用的是偏正式的标题，“回响”一词具有灵动感，而“高尔山”则会引发观众的疑问——“这与雷锋有什么关系？”原来，该演讲者正是十八年前从辽宁高尔山下的雷锋班退伍的战士，由此呼应主题，且做到“人稿合一”。

2. 该演讲上场时需要用到沟通的技巧，考虑用军人举手礼，给后续演讲以铺垫。“亲爱的”三个字要体现出较强的热度。

3. 此处“新兵”的表达要体现出当年的阳光度和憧憬感。后续本段末“我也是”类同。

4. 考虑运用渐进式停顿技巧。

5. “夹”字容易读成“jiá”，正确音为“jiā”。

6. “哎”和“啦”之后需要表现当时呼喊的现场感，均需加入约1.5秒的停顿。

7. 此处需要用近1秒的停顿，体现出当时追的过程和气喘吁吁的样子。

8. 因在单位内部讲述事件，无须过多解释，故以此形式出现。如果外延性比赛，此处应该交代得更清楚一些。

9. 此处表达的时候，选手应融入对同事深厚的情感。

10. 此处的音量需要加重，用中上区单手势。

11. 此处的音量需要加重，用中上区单手势。

12. 以上有四个“德耀税徽”的长句排比，是该演讲的切题之处，整体语速可以偏快，就如幻灯片一张张地映现出来，第三和第四个“德耀税徽”四个字，其语气可以加重，成为一种渐进式的表达。

13. 此处的音量需要加重，用中上区单手势。

14. “一接”“一推”“一停”三个“一”的表达，都应体现出现场的紧急感，用双手势加以配合，效果会更佳。

15. 此处需要约1秒的停顿，“为之动容”考虑用中低音处理。

16. 此处的音量需要加重，用中上区单手势，也可用托举式，因人而异。

17.“雷锋”一词的音可以清脆、有力一些，但“到”的回答声需要着重推敲，一方面需要表示众多士兵的声音，另一方面需要对“回响”一词点题，故此处的表达，考虑在加厚重的基础上延音2—3秒，表现出空阔度。

18. 此处考虑1秒的停顿，以体现后面“雷锋”一词的厚重感。

19.“的”后面停顿1秒，“路上”用中区单手势，考虑用中音。（蒋维）

竞赛类技巧点评3

我行！我们行[1]！

陈　森

尊敬的各位领导、评委，亲爱的朋友们：

大家好！

我演讲的题目是《我行！我们行！》[2]。

2008年1月，50年不遇的冰灾肆虐湖湘。1月13号[3]，湖南卫视党员突击队记者张筱玺第一时间赶到冰灾最严重的郴州，凛冽寒风中，一个温暖的声音传遍世界：“我是湖南卫视记者张筱玺，我在郴州向您做现场报道……”[4]看到她憔悴的面容，有人担心地问：你行吗[5]？她毫不犹豫地回答：我行[6]！那一刻，张筱玺的声音感动了三湘大地！谁也不能否认，她就是锦绣潇湘最美丽的铿锵玫瑰！

2009[7]年1月，TD-SCDMA 3G移动通信技术在包括长沙在内的28个城市推广，打破了由美国和欧洲主导的技术垄断，成为我国通信史上的重要里程碑[8]。当移动技术团队接到这项研发任务时，有人关切地问：“你们行吗？”他们斩钉截铁地回答：“我们行！”那一刻，中国移动的声音感动了世界！谁也不能否认，他们就是整个中华民族的自豪和[9]骄傲！

张筱玺说行，是因为她对新闻事业、对神圣使命的执着追求。

中国移动技术团队说行，是因为他们对党、对祖国、对人民的无限忠诚[10]！

今天，作为一名新时代的大学生，面对社会对80后、90后的种种质疑，我们能不能拥有像他们那样的信念、胆略？能不能像他们一样响亮地回答

"我行！我们行！"？

第一次迈进大学校门时，妈妈看着大大的包裹和柔弱的我，怜爱地问："你行吗？"一时间，我不知该如何回答。我的步履还显得蹒跚，我的身姿还不够挺拔，我行吗？我也在问自己。

而今天，经历了大学生活的洗礼、新闻工作的锤炼，我终于可以自豪地告诉自己，告诉所有人：我行！

我行！从中国到美国，从湖南师范大学到中田纳西州立大学，我以中国共产党党员的身份站在了美国大学的领奖台上。

我们行！今年6月，湖南新化、安化等地连降暴雨。当我们实习记者团赶到新化县陈家村时，七十多岁的谭仁祥老人已被洪水围困家中。情况危急，村支部书记刘唐旺二话没说，跳入水中游向危房[11]。我们随身行李也没放下，立即坐上救生艇跟随报道。当我们到达房屋门口时，屋子已经摇摇欲坠，但我们坚持在危房旁拍下了救人的全过程[12]。我们刚回到岸边，房屋"轰"的一声倒塌在水中……妈妈看到我们的报道后，发短信问我：万一救生艇被洪水冲翻或被房屋压坏怎么办？那时，我正在赶往安化采访的路上，只是简单回了一条信息：别担心，妈妈，我行！我们行！[13]

我行，我们行！

我行，因为忠诚的信念赋予了我无限的活力；

我们行，因为神圣的使命高扬着我们理想的风帆[14]！

朋友们，让我们自豪地说：我行，我们行！这是一种众志成城的力量，这是一种舍我其谁的担当，它托起的将是我们伟大的党，亲爱的祖国更加辉煌的明天！[15]

点评

1. 用一个平行式标题，具有从个人到集体的意识，形式新颖，令人期待。

2. 基于大赛选手众多，主持人在现场可能没有报题目，此处可考虑在演讲稿中留着，以便随时应对。如果主持人报题，则此段可省略。

3. 在演讲中，应尽量用口语化的语言，故此处用"号"比"日"更贴切。

4. 此处应停顿到1.5秒左右，以免观众将后续内容听成该记者的现场言语。

5. 此句中，"你"字表示出一点疑问，且需要停顿近1秒。"行"字考虑重音。

6. "行"字需在厚重的基础上，延音1秒以上，后续的大部分"行"字类同。

7. 此处可表达为"09"年，显得更加口语化。

8. 以上长句如新闻播音一样，可考虑言语的快速，其中“移动通信”体现演讲的主题和氛围，“28”体现数字的丰厚，“重要”体现演讲者的情绪，以上三处可用重音。

9.“和”字后面停顿约1秒。

10. 此处“无限忠诚”需要用重音，比上一句的“执着追求”更加推进，考虑用中上形手势。

11.“跳”和“游”字的表达需要表现当时的情景感和危急感，同时要渗入演讲者对该村支书的敬重和担忧。

12.“的”后面考虑停顿1秒，且“全”读成重音。

13. 此处的两个“行”字，因体现在短信中，可考虑用中音。

14. 此处，情绪和张力需要体现得淋漓尽致，末尾用上区单手势。

15. 点题之处，音量需要逐步加重。“辉煌的明天”处用中上区单手势。（张驰）

竞赛类技巧点评4

未尽的情　深深的爱[1]

陈　薇

在我手上，有一张还没有来得及用出去的火车票[2]。

票的这一头，连着株洲；另一头，连着株洲发电公司对外检修项目所在地广州旺隆[3]。去年腊月二十七[4]，除夕前的两天，这张票的主人——株电旺隆检修项目部负责人刘显旺却默默地[5]把它揣回了口袋。

插曲就从这里开始。

“买了买了都买了！小侄儿的礼物我也买好了！好，明天见！”想着第二天就能见到父母，他一边哼着小曲一边收拾着行李[6]。

这些年，自打株电公司成功拓展对外检修业务以来，进厂4年的刘显旺作为项目负责人，常常带队南征北战，完成了二十多个检修项目，为株电叫响检修品牌立下了汗马功劳[7]。四个春节没有陪伴父母，年年到了年三十、年年都临时“爽约”的刘显旺，此时此刻，心啊，早已飞到了父母身旁[8]。

10点了，刘显旺看了看表，快，快，火车还有1小时就开了！他加快了整理行李包的速度。

“叮铃铃，叮铃铃……”刚提上行李包，突然，手机骤响[9]！

“咦，又要临时抢修？”刘显旺接通电话！

“小刘，技术员刚请假，你赶紧去替一下他的班，有没有问题？”[10]

“好，没问题！”刘显旺脱口而出！

戴上安全帽，穿好工作服，刘显旺冲出宿舍！

这边，循泵检修组在吊轴拆出过程中遇到了“拦路虎”，泵体卡住了！

那边，由刘显旺组织的紧急分析会立马召开！导致循泵本体吊不出来的原因，主要是导叶体、三脚架外围与引水坑内壁之间严重腐蚀！

先用煤油注入内壁缝隙之间润滑，再起吊！刘显旺当即拍板！

“安装循环水泵可是个技术活，靠蛮力，只会损坏设备！”刘显旺认真强调！

11点，循环水泵问题顺利解决[11]。

旺隆电厂检修部主任竖起了大拇指！

而此刻，火车已徐徐[12]驶离广州。

“显旺，你的票是腊月二十八动身的吧？这次可别再骗妈妈了啊！妈妈今年又包了好多你喜欢吃的韭菜馅饺子！”妈妈昨天温暖的催促突然响在耳畔。

转过身来，看着好不容易请同学代买到的火车票，再次无法踏上归途的刘显旺觉得上面的字好模糊……[13]

在我手上，还有这样一张贺卡，写满一个年轻父亲对女儿浓浓的爱[14]。

“宝贝，今天是你6岁的生日，爸爸说好一定回家跟你庆祝的，可锅炉突然垮大焦，爸爸必须先和叔叔们一起打完焦。等爸爸浑身汗湿回到家，已是深夜，你已经窝在妈妈的臂弯沉沉地熟睡了，眼角还带着泪珠，小嘴边还残留着爸爸给你订的粉红色蛋糕沫。爸爸的宝贝，原谅爸爸的又一次缺席。”

这位慈爱的父亲就是我们今天的感动湘军人物、株电公司原发电部专工黄昕炀。

此时此刻，他就坐在大家中间[15]。

对女儿的第一次缺席，是在2008年，那个让人永远难忘的冰灾，女儿突发高烧近40度！黄昕炀多想第一时间抱上女儿奔向医院，多想日夜守护在女儿身旁，告诉女儿：“有爸爸在，宝贝不怕！”可当时的冰冻让所有设备连连遭殃，4号炉大面积垮焦，机组随即面临灭火[16]！黄昕炀一如既往冲锋在前，带领大家坚守锅炉底层捅焦，4个小时[17]不下火线！

当病床上的女儿看到满脸都是煤粉的爸爸站在跟前，女儿笑了：“爸爸，你跟包公真是一样一样的[18]！”

黄昕炀还是同事交口称赞的企业“发明家”。担任副操时，由他发明的“锅炉飞灰再循环装置”不仅为株电每年节约数万元，而且获得国家发明专利；担任专工后，由他主持的技术革新项目9次获得公司以上级别成果奖，撰写的多篇论文在省级以上刊物发表，其中3篇获得省级优秀论文奖。在集团公司“集控专业职业导师”比赛中，他以第一名的优异成绩获得“集团公司一级职业导师”荣誉称号[19]。正是由于他对工作那份超乎常人的执着和认真，今年年初，他被提拔为株电银源公司生产负责人。在他的创新管理下，该公司如今已成长为株洲综合利用产业的领跑者[20]！

十年征程，一路成长。曾经的检修员工刘显旺、发电员工黄昕炀如今已经历练成为株洲发电公司敢挑大梁的中层管理人才，他们用青春年华，用永恒的忠诚、不变的深情[21]谱写了大唐电力十年璀璨！

十年辉煌，誉满三湘。在更多像他们一样敢于拼搏、甘于吃苦的株电人的共同努力下，株电公司叫响了对外检修响亮品牌，创造了机组利用小时居全省统调火电第一的业绩，在三湘大地树立起负责任、讲奉献的央企旗帜[22]！

来，宝贝！这位就是黄昕炀的女儿瓴瓴！[23]

（瓴瓴：“我爱爸爸，我爱大唐。”）

祝福株电，你的未来更精彩！

祝福大唐，我们的未来更辉煌！[24]

点评

1. 此篇演讲稿情感贯穿始终，标题中两个并列的词组凸显了主题，渲染了气氛。讲述时，注意前部分“未尽的情”语气稍平缓，后部分“深深的爱”应加重语气，放缓节奏，落脚点“爱”字延伸至1.5秒。

2. 开篇展示道具，引发悬念，设计巧妙，引人入胜。

3. 注意两个分句之间的语气连贯，“另一头”需停顿1.5秒，表达一种延伸感，同时辅以中上区手势，眼神顺延手势方向。

4. 此处省去“日”字，更显口语化。

5. “默默地”三个字应低沉缓慢，表达一种无奈、不舍的复杂情感。

6. 此处为故事情景再现，安排他人现场表演显得更加生动。此处语气热烈欢快，表达了归心似箭、渴盼团聚的急切心情。

7. 此段表述语速递进加快，“立下了”停顿1秒，“汗马功劳”加重语气，有一种自豪感，并辅以中上区手势。

8. “此时此刻”语气轻缓；“心啊”可延长至2秒，重点在“心”字；“飞”字加重语气，此句一气呵成，表达了一种深深的眷恋之情，为紧接而来的再次“爽约”形成强烈反差，更加令人动容。

9. 语速加快，“刚”“突然”“骤响”加重语气。

10. 画外音，注意对话的节奏和连贯性。

11. 处理设备故障的过程语速适当加快，凸显主人公敬业、专业、果断的精神品质。

12. “徐徐”语气轻缓，与前部分的快节奏形成明显对比，让人在无尽的遗憾中对主人公产生由衷的敬意。

13. “好模糊……”停顿3秒，一方面是情感的再次渲染，另一方面为下一个故事做准备。

14. 再次展示道具，引人关注。

15. 现场介绍先进人物，显得真实可信，更为生动。

16. 场景描述递进增速，表现一种危急紧迫感。

17. “4个小时”加重语气，稍后停顿1.5秒，表现工作任务的艰难和主人公的坚定意志。

18. 注意6岁女儿的口吻，语气放缓，轻松活泼，使讲述节奏张弛有度。

19. 此段文字介绍主人公的成绩和成果，语速可稍快，但一些关键词（如体现成果的数字）和荣誉称号需加重语气，给听众留下深刻印象。

20. “领跑者”加重语气，并辅以中上区单手势。

21. 顿号之间用渐进式停顿技巧。

22. 顿号之间用渐进式停顿技巧，注意“响亮品牌”“第一的业绩”“央企旗帜”等关键词加重语气。

23. 把“女儿”带入现场，给人意外的惊喜；女儿稚气未脱的语言讲述，让人备感亲切、自然。

24. 结束语充满激情，情感再次升华，高潮戛然而止，辅以中上区手势。（袁丽萍）

竞赛类技巧点评5

青春在奉献中成长

陈天嵩

刚参加工作一年的我，在共青团这个大家庭里，既是一名新人，也是一员老兵。大学期间，一直担任学生干部，留校任教后又担任了学院的分团委书记。很荣幸能够参加今天的演讲比赛，和大家分享自己一路走来的成长经历。

说到成长，我还记得刚进大学时那个迷茫的自己，是老师的悉心教导让我明白：青年人应该有目标、有追求，让思想在实践中升华，让青春在奉献中成长。在被评为“全国优秀学生干部”和“芙蓉学子榜样力量”优秀大学生后，很多学弟学妹问我是如何做到的。我想，成长和收获是因为我执着坚信[1]：只有让思想在实践中升华，让青春在奉献中成长，才能在人生的道路上丰收喜悦、笑颜不改！

也正因为这样，在大学毕业那年，我放弃了到待遇优厚[2]的外资企业和某行政单位就业的机会，选择了作为志愿者参加义务支教。2006年8月，作为共青团中央第八届支教团成员，我来到常德鼎城区夹街村阳光孤儿院开展为期一年的志愿服务。在孤儿院，我第一次见到了那么多可怜却又可爱的孩子[3]，第一次成为了一百多个孤儿的“孩子王”。从小失去亲人的孩子们对陌生的我有着天然[4]的防备。我努力让自己在一天之内叫出所有孩子的名字，坚持每天早上给孩子们收拾衣服整理书包，每天晚上给孩子们讲一个睡前小故事。一天天过去，孩子们和我熟悉了起来，脸上的微笑也多了起来。渐渐的，孩子们离不开我，我也离不开他们了。2006年临近春节的一天，离家近半年的我收拾行李准备回家过年。一个平日里最调皮的小男孩凑在我的房门前[5]不舍地说：“陈老师你[6]会和我们一起过年吗？”迎着孩子期盼的眼神，我放下了手中的行李点点头说：“会，我会和孩子们一起过年[7]。”年三十的晚上，和孩子们吃完团圆饭后我悄悄走到操场上给家人打电话。年近八十的奶奶在电话里一听到我的声音就哭了出来，男儿有泪不轻弹，但这时我的眼泪也忍不住流了下来。其实我也想家，我也想爸爸妈妈和年迈的爷爷奶奶，这可是我这个独生子第一次没有在家过年[8]。就在我偷偷抹眼泪的时候，孩子们冲到操场上围着我跳啊闹啊，他们真诚的笑让我知道，通过奉献自己而给那么多人带来快乐的时候，作为志愿者的我是多么幸福和满足！

志愿服务期满，回校完成研究生学业后，我留校成为了一名高校共青团干部。我经常会和学生们聊起这些经历，和他们分享成长道路上的经验。我会像老师当年激励我一样不断鼓励我的学生：要仰望星空，脚踏实地，在实践中升华思想，在奉献中磨砺青春。

假期里，我经常会带[9]我的学生们回到孤儿院，继续开展“三下乡”志愿服务活动。孤儿院的孩子们有了更多的志愿老师。在那里，我们用汗水浇灌青春，用真诚诠释责任。即便是熬夜查资料通宵做课件，第二天我们依旧会准时起床送孩子们按时上课；即便是再苦再累，我们依旧会微笑地面对每一个学生。看着孩子们在学校取得优异的成绩、在语言艺术大赛中出色的表现、在阳光运动会中飞速的奔跑，我分明看见希望的火焰在熊熊燃烧[10]！

在这[11]，我还要欣喜地告诉大家，今年我的学生也像我一样入选了团中央研究生支教团，两个月后他们也将背上行囊到西部去，到基层去，到祖国最需要的地方去奉献青春。在他们的身上我看到的是志愿者精神的薪火相传，感受到的是共青团工作的蓬勃发展，体会到的是共青团干部的骄傲与荣光！

如果说青年事业是一条奔腾不息的长河，那我们共青团干部就是这长河中的一滴水或一朵浪花。正是这一滴滴水，汇成了这绵延不息的川流；正是这一朵朵浪花，装点了这艰辛而漫长的旅程。

朋友们，正确的成长观是梦想旅程中的生命灵光，为你照亮人生航程；是卓越征途上的壮丽音符，为你奏响激情乐章；是拼搏行程中的精神基石，为你铺垫人生大道。让我们树立正确成长观，团结引领青年，与祖国共奋进，和时代同发展，勤于学习，善于思考，勇于创造，让思想在实践中升华，让青春在奉献中成长！

谢谢大家！

点评

1. 从演讲的口语化交流角度考虑，此处的“执着坚信”改成“始终坚信”或许更加适合听众的信息接收。

2. 此处的“待遇优厚”和其后所提到的“行政单位”以及“义务支教”是这句话中最核心的三个对比性词语，演讲时要格外注意这三个词语之间的反衬表达，重音的处理要格外注意。

3. 此处形容孤儿院里的孩子给我们带来的最大冲击应该是“可怜”，所以，那句“可怜却又可爱的孩子”的表述按照突出强调的行文逻辑，应该调整为“可爱而又可怜的孩子”。

4. 用“天然”来形容孩子的天性并无不妥，但问题是，此处孤儿院里的孩子们对陌生人的那种防备之心恰恰是因为失去亲人的现实而造成的，不一定是“天然”所致，所以，此处这句话是不是可以尝试这样表述：“从小失去亲人的孩子们对陌生人的到来显得格外胆怯和害怕，眼神都不敢与我交汇。”

5. 此处“凑在我的房门前”改为“凑到我的房门前”更为合适。

6. 孩子们也许并不懂得“尊称”，但我们在演讲活动中还是应该传达出这种正能量，也就是说，孩子们问我时，如果将这句中的“你”换成“您”，或许更为理想。

7. 此处，是演讲者在和凑到我的房门前的小孩进行对话，从这样的对话情景来看，此句中的“会，我会和孩子们一起过年”或许换成“会，我会和你们一起过年”更具有交流的亲切感；且此句的表述语气宜传达肯定又稍有忧虑的状态，是那种既想满足孩子的愿望，也想回家陪伴亲人的左右为难，所以，此句在停连的处理上宜稍微停顿2秒再接续下文。

8. 此处，演讲者若是把自己的实际年龄插入进来，则这句话的内涵就将更有冲击力，例如将“这可是我这个独生子第一次没有在家过年”改为“这可是我这个独生子23年来第一次没有在家过年”，如此，重音即可放在年份上来，以此凸显这次过年的特殊意义。

9. 演讲是口语交际的一种形式，所以，在行文表述时，单音节字词如果能用双音节字词来表达则更有利于信息的有效传播，例如此处的“带”换成“带领”则更为合适。

10. 此处的三个“在”的排比句一定要注意演讲时的表述方法，不能因为是排比句就将调门拔得越来越高，尤其注意这三个“在”的排比句是画面感很强的语句，表述时的情感投入要远比调门、调值重要得多。

11. 此处的“在这”，在演讲时注意表述成儿化发音“在这儿”。（董国生）

竞赛类技巧点评6

爱与担当[1]

周　炯

去年暑假，我和学校党员支教服务团的同学一起赴孤儿院开展了支教活动。这是一趟让我们期待，让我们收获，让我们至今仍然记忆犹新的志愿服务之行。

7月17日，那是支教的第一天，孤儿院负责人向我们播放了孩子们的成长纪录片，画面中的孩子或者哭跪在父母的坟前，或者孤独站在门口，渴望的眼神望向遥远天际……看完视频，几乎所有的志愿者都流泪了，从那一刻起，我们都坚定了一个想法：我们不仅是教授他们知识的老师，更是关心爱护他们的兄长。[2]

一个多月里，我教他们识字，教他们说普通话，也教他们微笑着战胜苦难，充满希望地面对明天[3]。从满口方言到慢慢使用普通话，他们的学习成效越来越明显；从上课不愿发言到积极参与课堂交流，他们的学习热情越来越高；从敏感自己的缺点到敢于主动向我承认错误，他们的学习心态越来越好[4]。冰心说，爱在左，同情在右，走在生命的两旁，随时撒种，随时开花，赠人玫瑰，手留余香。因为爱，因为感动，也因为责任，我们这群初为人师的大学生，在这个偏远的孤儿院里，更加坚毅，更加成熟，也更加懂得了为人师的爱与担当！[5]

回到大学校园，同样启迪我、感动我的是年逾八十的老教授、优秀共产党员刘筠院士。刘筠院士从事鱼类研究四十余年，被业界称为“鱼圣”。

刘筠院士一家都跟鱼结下了不解之缘。大女儿出生时，他正在进行鲢鱼的人工繁殖研究，于是他给大女儿取名为刘白鲢。二儿子出生时，他正在探索草鱼的人工繁殖，草鱼又名鲩鱼，于是他为二儿子取名刘鲩。刘少军是小儿子，名字和鱼没有联系，但他是鱼类学博士、教授，如今父子俩同为生物学博士点的领衔专家。这一家子和“鱼”的故事，感动了大学校园，感动了三湘大地，也感动了中国！[6]

80年的岁月，青丝变成华发。当年一天能走70里山路的刘院士，如今已是一位拄着拐杖的老人。但刘院士老骥伏枥，志在千里，他说：“我还没有老呢，我要为党的事业再干10年、20年，争取干到100岁！”刘院士铿锵的话语向我们传递着一名共产党员的坚定信念，展示着一种勇于担当的强大力量！[7]

师者，共产党员，有爱，亦有担当！孟二冬如是！殷雪梅如是！谭千秋如是！正是因为有了这无数鞠躬尽瘁、大爱无疆的人民教师，党的教育事业欣欣向荣；正是有了无数信仰坚定、勇于担当的中国共产党党员，祖国的明天充满希望！[8]

点评

1. 不到5分钟的短篇演讲，一事一议，有实有虚。题目为两词并列，短小精练，令人期待。

2. 第一、二段是故事的讲述，叙述风格以平实为主，重点要有画面感，技巧在于调动情绪，情景再现。

3. 第三段夹叙夹议，三处使用了排比这一修辞手法，情感递进。

4. 三个“从……越来越……”，内容为并列关系，情感与语速也可并列。注意避免排比句一味图快，掌握好节奏，把事情交代清楚。

5. 三个“因为”和三个“更加”，递进关系，语速语调渐慢渐强。注意最后一个“更加”点题，建议用轻重音加强。之后略作停顿，调整语调转入第四段，开始讲述第二个故事。

6. 第四、五段是第二个故事的讲述，叙述方式同上。需要注意的是，“鱼”的故事很特别，也较有趣，在讲述中语气语调可以略微俏皮和轻松。三个“感动”为递进关系，语调渐强。

7. 第六段的处理方式比较讲究。原因有三点：第一，马上要结尾，需要“起范”，为收尾做好情感和语气语调的铺垫；第二，刘院士的原话再现，需要模仿的不是他的声音，而是他的精气神，避免做作；第三，段尾是这个故事，也是整篇演讲的升华，突出“共产党员”的“担当”，因为很重要，所以更要避免拼命起高腔，建议使用坚定的、内敛的语音语调将之完美诠释。

8. 结尾部分是讴歌和赞美，可以采取语调上扬、声音略放的方式处理。三个“如是”是书面语，在知识分子中讲尚可，若观众身份多样化，建议换成更加口语化的“是这样”。（周萍萍）

第四模块 非竞赛类技巧点评

非竞赛类技巧点评1

春华，我们学习的好榜样

王 云

尊敬的领导、老师、各位同学：

我叫王云，是李春华的大学老师。

今年7月，我带领学生在平江县开展暑期“三下乡”社会实践活动，22日凌晨2点20分，一阵刺耳的手机铃声把我从睡梦中惊醒，电话那头传来急促的声音：春华救人牺牲了！我生怕是没睡醒而听错，反复追问了几遍，电话那头还是同样的回答，我不得不相信这个噩耗，顿时，泪水夺眶而出[1]。好不容易挨到天亮，驱车赶往春华的家里。刚刚送走儿子、躺在床上悲痛欲绝的春华父母，见春华的老师来了忍不住放声大哭。我们前来探望的师生，也都泣不成声。[2]春华家的左邻右舍含泪向我们讲述了前一天那悲壮[3]的一幕：[4]

7月21日傍晚，村民们还在田地里忙着“双抢”，同村15岁的李雪峰和11岁的李明来到春华家门前的那口池塘擦洗身子，不识水性的两个孩子不小心滑入塘中，惊恐地呼喊着救命。附近农舍里的几位老人和孩子也一齐大声呼喊。这时，春华正挑着一担稻谷往家赶，听到凄厉的呼叫声，扔下担子就向塘边飞奔过去。在炎热的夏天，劳作了一天的春华，体力消耗已经很大，看到水中拼命挣扎的两名少年，来不及细想，也顾不上脱掉长衣长裤，就跳入了水中。靠岸近一点的李明得救了。此时的春华已一连呛了好几口水，脸色惨白，可水中的李雪峰只剩一双小手在水面拼命扑打。春华毫不犹豫，再次扎入水中，艰难地游到李雪峰身边，用手托、用头顶，但春华实在没有力气了，就在两人开始往下沉时，春华用尽全力突然蹬了李雪峰一脚，李雪峰靠岸了！可春华却因反作用力离岸边越来越远，没有一丝挣扎，整个人没入了水中。[5]

站在这口池塘岸边，我的心里犹如针扎。环顾春华居住的家，让我震惊又心酸。那是怎样[6]的一个家呀，破旧的土砖房，没有一个完整的窗户，没有一块玻璃，什么家具也没有，春华睡的床就是在几根粗糙的木头架上铺些稻草，紧靠床铺的地方还砌了一个鸡窝。邻居告诉我，春华家的房子早在5年前倒塌了，这栋破旧的房子还是春华叔叔借给他们住的。不是亲眼所见，我和同学们都不会相信春华的家境会如此贫寒。而平日我们眼中的春华是那么平和，那么乐观，那么开朗，那么积极向上，从来没听他怨天尤人，没有见他自暴自弃，哪知在他乐观与平和的背后，居然承受着如此的赤贫与艰辛。更为难得的是，学院组织的各项爱心捐助名单中有他；义务家教的志愿者中有他；入党积极分子培训班的优秀学员里有他。但在学院贫困生的建档材料中没有他；助学贷款、助学金的个人申请表中，还是没有他。

如此贫寒的家境，如此[7]优异的表现，难道春华就没有想过争取学校和社会的扶持与补助吗？当我和春华的哥哥清理他的遗物，发现春华压在箱底的“国家助学贷款申请审批表”和存放在软盘里却没有输出的“国家助学金申请表”的时候，我的心被深深地刺痛了。作为贫困生，助学贷款和助学金意味着什么，春华比我们更清楚，他不是没想过争取这些资助，他甚至去镇政府盖了办理助学贷款必不可少的证明公章。然而，作为班长的春华，深知指标的有限，深知同学们对这些贷款和补贴的渴求，也深知老师审核的难为，他无声无息地放弃了。[8]他放弃的哪是一张表，那是几千元的资助啊。这样的放弃要有怎样的胸襟啊[9]。如今，春华走了，我作为他的老师，永远没有机会弥补了，这是我至今无法释怀的自责，也是我永远都不能淡忘的伤痛，更是我难以言表的感动[10]！

在春华留下的遗物里面，还有一本工作手册，里面记载了他担任班长时的工作情况。今年4月他策划与组织的“衡山之行”活动，手册里就有5页的记载：安全意识的强调，应带物品的提醒，往返车票的预订，登山路线的选择，分组的安排，经费的收入与支出，等等。活动进行中，为了使我放心，他四次发短信给我报告活动的进程。正是因为春华的尽责与用心、细致与认真、勤恳与踏实，他赢得了同学们的爱戴与支持、老师的满意与放心。

迫于生活的压力，他不得不从事家教，加上学生干部工作，他的时间排得满满的，但对于学生的天职——学习，他丝毫没有懈怠。三年来，他从图书馆借阅了105本书，三年的平均成绩达80.48分，更为难得的是，2005年他一年内通过了国家四、六级英语考试。

作为分管学院学生工作的党委副书记，我对春华的成长过程是清楚的。刚入大学的春华，表现并不出色，在性格方面存在一些小问题，不能进行正常有序的大学生活。但经过学校深厚人文底蕴和良好校风的熏陶，特别是受我校学子“全国舍己救人优秀大学生”陈野平事迹的激励与鼓舞，班团组织的帮助，各级党组织的培养，好学上进的春华经过一年的努力，完全适应了大学生活，实现了自身的转变与提升。2004年春华被同学们推选为副班长，2005年上学期又当选为班长，2005年5月8日春华光荣地加入了中国共产党，一年后如期转正。两年中他的思想汇报材料达56页之多。[11]

到底是什么力量，引领着春华不知疲倦地前行？[12]或许我们能在他的思想汇报中找到答案："没有追求与理想，人便会碌碌无为；没有信念，就缺少了人生的航标，便会迷失方向，迷失自我，难以达到理想的彼岸，更不会发出自我的光和热，实现生命价值。要成为21世纪的优秀年轻人，就要向中国共产党——这个光荣、伟大、正确的组织靠拢，就要永远跟党走！"[13]

"永远跟党走，做新时代的优秀大学生。"春华不仅是这么说的，更是这么做的。春华用实际行动甚至是生命，践行了他对党的诺言！[14]当代大学生如何实现自己的人生价值？春华给我们做出了榜样。

春华走了，走得突然，也走得悲壮，他的先进事迹经中央和省市媒体广泛宣传，在社会上产生了强烈的反响。在他的母校湖南师范大学，开展了一系列学习活动，学校将他生前住宿的公寓定名为春华楼，同学们自发在网上开辟了"纪念馆"。

追寻英雄成长的足迹，看着他的生命化为永恒。作为高校教师，作为一名思想教育工作者，我也一定要以春华同学为榜样，在祖国教育事业的长征路上奋勇前进，努力培养出更多优秀的大学生。[15]

谢谢大家！（有删节）

点评

1. 由开头的平缓转至紧张，气短声促，此处应停顿1秒钟。

2. 此处停顿1秒。

3. "悲壮"需强调。

4. 停顿1.5秒，情感需要。

5. 此段叙述春华救人的过程。语速缓中有急，感情凝重。需要强调几个动作："扔下""飞奔""跳入""再次扎入""托""顶""蹬"。段末一句语速渐慢，声音渐轻。

6. "怎样"需突出，其后的三个"没有"描述出家境的极度贫困，与后面的几个"有"形成对比，都应作强调重音处理。

7. 突出两个"如此"。

8. 此处应停顿1秒。

9. 需停1秒。突出"怎样"一词。

10. "是""也是""更是"语意渐进，表达渐强。

11. 以上三小节讲述春华高度的责任心及好学上进的精神，是叙述更是彰显。语速中等，语气温和，语调稳重稍有起伏。数字部分略作强调。

12. 设问句，句末语调上扬。“到底”语气加重。

13. 春华生前思想汇报，宜平实表达，不应过分张扬。

14. 此句突出“不仅”“更是”“甚至是生命”。

15. 讲述者表态，语气需诚恳坚定。突出“一定”“更多”。（黄淘安）

非竞赛类技巧点评2

我们的幸福属于千家万户

刘胜春

尊敬的领导、同志们：

大家好！

我叫[1]刘胜春，是湘西州吉首市公安局交警大队矮寨中队指导员。

今天站在这里，我的心情[2]难以平静。

其实，这些年来，我们从事的工作很平凡，所做的事情也很普通。我们只是和全国的交警一样，站好自己该站的岗，守住自己该守的路。

矮寨公路，我们守护了18[3]年，从当初的4个民警到现在的30多个民警和协警，我们始终坚守着一个信念，那就是“守护平安，造福人民”。[4]为了这个信念，我们以路为伴，不惧艰险，甘于寂寞。

矮寨公路修建在悬崖之上，垂直落差大，一旦车辆冲出悬崖，其危险程度不亚于一场空难。尤其是大车拐弯下坡时，很容易刹车失灵，车头车尾一扫过来，稍有不慎，就会把我们推下悬崖。为了给行车让出更多的空间，也为了让司机能看清楚我们的手势，我们只能尽量走在悬崖边上指挥。可即便这样，危险还是随时袭来。[5]

去年12月25日晚上，队员蒋爱民忙碌了一天，正准备回岗亭休息一下，[6]突然，一束灯光迅速从坡上冲下来，站在不远处的我急忙喊道：“蒋爱民，快出来！”[7]话音刚落，“轰”的一声，岗亭就被车子撞倒了。幸亏蒋爱民跑得快，躲过了这一劫，但司机受了重伤，我和蒋爱民赶紧把司机从驾驶室抬出，送到州人民医院救治。

这样的险情，几乎每天都在发生，[8]我们没有丝毫畏惧。只是在山里执勤，除了山还是山，没有电视，没有音乐，没有电脑，真的很寂寞。[9]白天，同事们都是一个拐角、一个岗亭一个人，距离很远，交流必须用上手势。车不多的时候，连个说话的人都没有，实在憋不住了，就哼几句小调消除寂寞。到了晚上，大山里又黑又冷，没有路灯，我们这些大老爷们心里都有些发毛。这时候，即使是过往的车灯，也能给我们的心里带来一丝踏实和温暖。

有人问我们："你们这么苦、这么累、这么险，挺得住吗？"我们会拍着胸脯说："矮寨交警个个是铁打的汉子，挺得住！"[10]因为，从建队开始，我们就坚持用"四不"精神铸造着灵魂，那就是：面对困难不低头，面对危险不退缩，面对求助不推卸，面对荣誉不骄傲。[11]正因如此，18年来，我们急群众之所急，帮群众之所难，解群众之所忧，宁肯自己多苦点，也要让群众满意，宁肯自己多累点，也要让群众平安。[12]我们知道，只要我们多坚守一会儿，群众就可以早一点回家。

2009年3月10日上午，天下着雨，一辆大货车在矮寨坡发生故障，由于山路太窄太险，无法及时将这台车拖离现场，数百辆车堵在了路上，排起了长龙。为了尽快疏通道路，我们冒着大雨，连续奋战十多个小时，连上厕所的时间都没有，中饭也没吃，每个人的衣服都湿透了，冷得浑身发抖。一直忙到晚上11点，路终于通了，我们才到附近餐馆叫了个盒饭，还烧了3盆炭火取暖。我对店主说："麻烦你把店门、窗户全部关上，我们的衣服全湿了，等下还要执勤，没有衣服换，今天干脆脱光衣服吃饭，边吃边把衣服烤干。"于是，我带头把衣服裤子全脱了，二十多个年轻同事也三下五除二将衣服脱下来，挂在火边的椅子上。大家你看我，我看你，哈哈大笑。[13]就这样，我们狼吞虎咽地吃了一回"全裸"大餐。[14]

像这样苦中作乐的场景还有很多很多。苦，对于我们来说，算不了什么，我们只是尽到一名交警应尽的职责，而各级领导给了我们无限的关怀，人民群众给了我们金子般的爱。我觉得，我们是幸福的。[15]

各地的网友把我们的执勤台，亲切地称赞为"全国最牛交警岗亭"。那些素不相识的司机和乘客，雨天，为我们送上一把伞，热天，为我们送上一瓶水。每逢苗族赶秋节、杀年猪，当地苗族同胞，总会热情地邀请我们到苗家作客。我们不会忘记，77岁的龙大妈，爬了几个小时的山路，端着一大盆腊肉来到这里，对我们说："娃儿，要多吃点肉，才有劲爬坡。"[16]

还有，我们的家人也给了我们最深的理解和支持。2008年初，矮寨坡发生冰灾，交通中断。恰在这时，母亲被一辆客车撞成重伤，躺在医院十多天昏迷不醒。得知这个情况，我十分着急，但又不能离开岗位。我把对母亲的牵挂强压心底，默默地和战友们一同坚持，直到抗冰胜利。当我在医院重症监护室，看到仍在昏迷中的母亲时，我一下跪倒在母亲的床前，"妈妈，不孝的儿子来了……"母亲似乎听到了我的呼唤，眼角流下了一行眼泪，她知道，她的儿子终于回来了。一旁的父亲轻轻地说："你妈知道你忙，她[17]不会怪你的。"[18]

18年来，正是这些无私的大爱，让我们坚持到今天。[19]

革命导师马克思曾说："如果我们选择了最能为人类造福而劳动的职业，我们就不会为它的重负所压倒，我们的幸福将属于千万人。"今天，我们光荣地选择了交警这个神圣的职业，选择了为守护千万个家庭的平安而默默奉献，我们的幸福属于千家万户。[20]

再过一年，矮寨公路的上空，将凌空飞架起亚洲第一大悬索桥，大多数车辆会从桥上经过，拥有75年历史的矮寨公路，就不会有这么多车、这么多人了。也许，我们的岗位也会发生改变，但是，我们"守护平安，造福人民"的信念不会变，矮寨交警精神也必将发扬光大！[21]

谢谢大家！

点评

1. 此处停顿，强调姓名。

2. 此处停顿，后续"难以平静"需要用低音。

3. "18"的数字用重音，表达出画面感，体现出岁月的沉淀。

4. 此句"那就是"后停顿，其实就相当于一个破折号的作用，"守护平安，造福人民"需要厚重、坚定。

5. 以上几段表现出矮寨交警对事业的情感，语速可以稍稍偏慢。后续紧急情景表达，语速可增快一些。

6. 后面语气紧急、惊恐。

7. 考虑表达成急促喊声，以体现当时的紧急感。后续"轰"字类同。

8. 后面一句语气坚定，可轻摇头。

9. 因报告会的要求，此处三个"没有"，考虑用平行式的停顿，即不需要加速的渐进式停顿。语气中充满诚挚，没有无奈感。

10. 此处回答，语气和音量需要加重，表现出矮寨交警的憨实与豪迈，如果表达精准，现场可能会有掌声。

11. 四个"面对"要有些起伏，但又要一气呵成。

12. 两个"宁可"要说出层次。

13. 前面的叙述应平实，充满交流感。

14. 此处是一种自嘲，但当时的情景是矮寨交警工作的真实反映，表达时略带点诙谐。

15. "幸福"一词需要厚重、坚定的口吻，精准的表达可望带动现场的掌声。

16. 此处用湘西的方言来表达，以体现当地的民情和民风。

17. 此处考虑停顿1秒左右，声音微颤。

18. 本段的亲情对话是训练的难点，在加强记忆的同时，需要将现场情景更精准地呈现，收尾时声音可渐低。

19. 此句有承上启下的作用，“正是”二字可稍重。

20. 段落的末端，音量加大，语气加厚重，充满着自豪和骄傲，再次点题，可望现场的掌声。

21. 最后几个字的表达需要体现悠远感，因此“将”和“发扬”后面均考虑1秒左右的停顿。（袁涤非）

非竞赛类技巧点评3

永远迎着太阳成长

何 平

尊敬的领导、同志们，老师、同学们：

大家好！

很多人问我，为什么会被媒体称为“向日葵女孩”？[1]这是因为我喜欢向日葵，在我的房间墙壁上贴满了向日葵。向日葵代表着一种乐观进取的生活态度。虽然我经历了不少的艰辛和磨难，但是我愿意做一株向日葵，把一切阴影抛在脑后，永远迎着太阳成长！

我出生在一个农村家庭，[2]父亲1986年车祸后丧失劳动能力，后来又因中风而瘫痪。从我记事起，父亲一日三餐都要吃药，但他总是不停地找些身体勉强能应付的活儿来干。父亲用默默的行动告诉我“吃亏是福”的道理。母亲因感染脑膜炎留下了后遗症，后来发展成间歇性精神病，很少能表达出母爱，但我一直记得，她有一次把从外面捡来的一颗糖果留给我吃，我哭了。[3]12岁那年，弟弟何君出生了，但患有先天性心脏病。可以说，和那些家境比较好的伙伴相比，我没有好吃的好玩的，没有好看的衣服，[4]甚至没有肢体和智力健全的父母，但是我的家庭让我学会了怎样去承担生活的考验，教会了我自强和乐观。

从小学到高中，我每天放学后还要去花炮厂打工，回家后还要干很多家务活，但我读书特别用功，哪怕是忙到深夜，我也坚持完成作业。2006年，我考入市里最好的高中。高二时，我还是班上的尖子生和被选拔出来的化学奥赛生。眼看着大学梦想越来越近了，[5]可就在2008年3月，父亲突然中风引发脑出血，颅内手术治疗需要数万元的费用。我当时唯一的念头是尽全力救活父亲！接下来的几个月，我一边在医院通宵达旦陪护，一边四处奔波求助，甚至在我们村子挨家挨户募捐。父亲得救了，但从此落下了偏瘫和癫痫病等后遗症，无法自如地行走。本以为可以稍微喘口气，命运却又和我开了个玩笑。[6]8月份，弟弟心脏病突发，生命垂危。家里早已债台高筑，再也借不到钱了。弟弟还小，我得让他长大成人啊。我于是独自一人背着弟弟穿梭在省会各个医院，最后找到了省慈善总会和湘雅医院，为弟弟申请到了免费手术。那段时间，为了省点钱，我常常早上买六个馒头吃一天，为了守护家人，我没有睡过一个安稳觉。因为身心疲惫，我曾经晕倒过好多次。但我挺过来了。

因为照顾家人，我的学业被耽误了。我于是逼迫自己，在病床前、在公车上、在被窝里，[7]抓紧一切时间补习功课。一想起家人，我浑身充满了火热的劲儿；家人的爱，成为我不断前行的动力。2009年，我以优异成绩考上了大学。拿到通知书，在兴奋的同时，我的内心又矛盾起来：既要养家糊口，又要上学读书，全家人的生活和自己的学业怎么维持下去？难道我就这样放弃读大学的机会吗？不行！我鼓励自己：我还年轻，还可以靠双手来养活家人，改变一切！[8]做家教、端盘子、发放校报、打扫卫生……大学生可以做的兼职，我都做过。最多时，我同时打了七份工，每天都在赶着过。早上六点晨读，整整一个上午的课程后，中午打扫教学楼卫生，晚上和周末分别为5个孩子做家教，回宿舍后还要为下次课做准备，晚上十一二点，学习专业知识，直到凌晨两点才能入睡。[9]因为睡眠不足，我在课堂上有时就干脆站着听课。

正当我的生活好转之际，2011年4月的一次回家，弟弟的身体状况让我犯愁了！医生告诉我，由于先天性心脏病和长期营养不良，弟弟发育迟缓，血铅又高。8岁的人，身高一米多，体重只有15公斤，发育才达到正常5岁儿童水平。因为体弱多病的父母根本无力照顾好弟弟，于是我毅然决定：带着弟弟上大学[10]！弟弟刚来学校时，身体很差，又特别胆小，甚至有自闭倾向。我尽量向有孩子的老师请教，怎么样让弟弟多说话，怎么样哄他喝牛奶、吃药等等。为了给弟弟补充营养，自己常常一顿饭一块钱，但总是为他打上一份鱼或者一份肉。每天准备一个苹果、一杯牛奶。现在，他长高了，长胖了，性格变得开朗，成绩也进步了，我做梦都想笑。

虽然很忙，但我的大学生活很快乐。[11]我爱笑，爱唱歌，爱演讲，爱阅读，在学生会里，我和同学们一起组织英语角、编排话剧，在学院的一些文艺晚会上，我担任主持、表演节目。身边很多人问我：你累吗？[12]如果说不累，那是假的。实在累得不行的时候，我就晚上去操场上跑跑步，越奔跑越有力量，然后再笑着去做我该做的事。

说实话，生活中我也曾经动摇过彷徨过，[13]但是一路走来，我总是遇到许多好心人的帮助，总是得到党和政府的关怀。父亲住院治疗，不少亲戚朋友解囊相助；弟弟的先天性心脏病，得到了医院的免费手术；没钱上大学，当地政府部门提供了补助，学校为我们贫困生开辟绿色通道，减免学费；带着弟弟上学，学校和老师为我提供了一切一切的便利。说真的，如果不是这样的时代，我不敢想象一家人会怎样。我和家人承蒙的恩情大爱，写不完也道不尽。对于好心人，他们的每一笔资助，哪怕是一块钱，我都用笔记下了，更记在了心里。在别人最困难的时候，我总会尽己所能地帮助一把。因为我觉得帮助别人，就像吃一颗糖，回味起来很甜。[14]

回首过去，我百感交集。老师们肯定我，同学们信任我，学校支持我，政府关怀我，给了我许多的荣誉。我明白，这些荣誉是对我过去的肯定，说明自己的路没有走错；这些荣誉更是对我莫大的鞭策，激励自己走好未来的路。如果说，我真的是一株向日葵，那么，党和政府、学校以及社会各界的好心人，就是哺育我成长的阳光雨露，我要永远迎着太阳，茁壮成长！我要珍惜青春，好好学习，将来考取研究生，用学到的知识和本领为他人和社会做出自己的贡献！[15]

谢谢大家！

点评

1. 向日葵是何平精神的象征，是这篇演讲稿的文眼。“向日葵女孩”应作为重音强调。在“称为”后面停顿，“向日葵女孩”放慢速度。

2. 开头部分语气积极明快，此处语气变得低沉，带观众一起进入对过去艰难生活的回忆。

3. “我哭了”，语速放慢，用声要虚。

4. 此处要连读，语气渐渐加强。

5. 从“可就在”开始的这一句，语速逐渐加快，体现当时情况之紧急，梦想与现实的强烈冲突。

6. 前文描述对父亲的救治，节奏紧张，最后以遗憾的口吻结束。此处这句话，节奏要舒缓，欲扬先抑，为后文弟弟的救治埋下伏笔。

7. 此处三个“在”，要连读，体现时间的紧迫感。

8. 此处手势可设计为：双手摊开，掌心向上，然后双手握拳，体现决心、力量。

9. 讲述紧张日常生活的这个部分，语气平静而节奏稍紧张。

10. 这句话应强调处理，“弟弟”后停顿，“上大学”语速稍慢，语气加强，用声坚实明亮。

11. 这一段预期应有明显变化，由低沉转为明朗。

12. 这句问话语气要体现疑问感、对话感，表现出别人的关切。

13. 此处采用欲扬先抑，用声略带虚声，情绪低沉，“彷徨过”后面停顿，紧接着的“但是”之后，语气积极开朗。

14. 在表达“很甜”的时候，可以闭上眼睛，体现出陶醉、回味的感觉。

15. 最后一句较长，应在“本领”“做出”“自己的”后停顿，“贡献”是重音。整句语势逐渐上扬收尾。（潘丹芬）

非竞赛类技巧点评4

我是雷锋消防兵

袁　政

我叫[1]袁政，是一名消防中队政治指导员，是一个在雷锋家乡工作了10年的消防兵。我很荣幸，能接过雷锋的枪，在雷锋同志的家乡，沿着雷锋同志的足迹，在平凡的工作岗位上，挥洒着火热的青春。作为这个集体的一员，我深感骄傲[2]和自豪。

10年前，我刚来到这个部队时，就认识了县城第一任消防股股长、离休多年仍然在为消防事业奔波的张保初老人。他告诉我说，刚刚成立时的县城消防队只有3个人，没有专门的办公室，没有专门的工作用车，既要负责灾情处理、设备维护，还有大量的消防检查和消防宣传的任务。全县一千多平方千米的辖区、36个乡镇的消防工作任务全部压在3个人头上。交通和通讯很不发达，几个乡镇才设一个办事点，但他们不怕挑重担，顶着烈日，冒着严寒，有时骑着单车，更多的时候是走路，不知磨破了多少双鞋，穿破了多少件衣裳，经常一去就是[3]十天半个月，没有地方住，就在办事处打地铺。那些年，地处边远的工厂起火，消防车不能及时赶到，张老他们就组织义务消防员用人工和水桶灭火……

这10年，我对雷锋精神的内涵有了更直接更深刻的认识；这10年，我目睹了消防官兵如何把雷锋精神融入到每一个细节之中去传承、去发扬光大。[4]

49年前，毛主席发出了“向雷锋同志学习”的号召，人们时刻记得雷锋，怀念雷锋，学习雷锋。为人民服务是雷锋一生中最动人最完美的主旋律，作为雷锋家乡的消防兵，我们让雷锋精神在一场场生与死的考验中光彩夺目。[5]

2007年10月5号[6]晚上，某公司生产车间发生大火。接到报警电话后，我们立即出发，风驰电掣赶往现场，在距离工厂还有几千米的地方，我们就看见在厂房的上空熊熊烈焰窜上四五十米的高空，翻滚着犹如狂怒的巨龙。[7]我们赶到后，满脸被熏得漆黑的工厂负责人跌跌撞撞地跑过来对我们说："快，快，要爆炸了，要爆炸了！"[8]我们看到，厂房里已经是一片火海，十几个高3米、直径1米的金属罐在浓烟中若隐若现，距离不到十几米就是大型的仓库，不到百米就是成片的民房，一旦发生连环爆炸，后果不堪设想。[9]险情已不容许我们有半点犹豫，迅速跳下消防车，有的疏散群众，有的设置警戒线，有的侦察火情，有的直奔消火栓，有的铺水带，有的拎着水枪直往前冲。[10]突然，呯！[11]火场内传出一声巨响，一个金属罐发生了爆炸。如果我们不及时控制火势，那些金属罐就会一个接一个爆炸，火场周围的数十户居民将面临死亡的威胁。可是，如果我们内攻灭火，火场里面那十几个"定时炸弹"随时都可能吞噬我们的生命。在这千钧一发之际，我们没有退缩，决定兵分两路，采取外围冷却和内攻灭火相结合的办法，一面控制火势尽快灭火，一面从外围对火场内的十几个定时炸弹进行冷却，防止因爆炸发生不必要的人员伤亡和更大的经济损失。为了争取近距离更有效的灭火，冲在最前面的队员先用水枪淋湿自己。然而，火场温度实在太高，淋湿的衣服很快就烤干了，战士们全然不顾。站在后面的队员担心他们身上着火，就用水枪不断打湿他们。[12]时间一分一秒地过去。噼啪声仍在继续，但声音越来越小。战士们连续奋战了两个多小时，大火终于被扑灭。因为已经爆炸的那个金属罐，围观的群众心有余悸，站得远远的，他们不敢靠近火场，更不敢回家睡觉。火虽然灭了，但里面的那些罐子，仍令他们胆战心惊。为了让周围的群众能够在家睡个安稳觉，在所有增援力量撤离后，我们决定继续坚守现场。坚守在消防车的旁边，直到第二天下午三点半，在确保居民的绝对安全之后，我们才[13]收兵回营。

有的时候我在想，面对前方的火海，冲在最前面的是什么？那不仅仅是训练有素铁打的身躯，更是一种意志、一种精神，这种意志在每一个消防战士身上彰显为四个字——赤子情怀；这种精神在每一个消防战士身上凝结成的也是四个字，那就是"忠诚可靠"！[14]

我们消防队建队34年来，全体官兵先后出警灭火六千多次，抢救被困群众七百多人，进行社会救助三千多次，挽回经济损失数十亿元……如此厚实数据的积累，是几代消防兵对"忠诚可靠"的诠释。[15]

小平同志题词："谁愿当一个真正的共产主义者就应该向雷锋同志的品德和风格学习。"作为雷锋家乡的消防兵，我们让雷锋精神在一次次紧急救援中彰显：人民利益高于一切。[16]消防是一支"养兵千日、用兵千日"的部队，长期驻守雷锋的家乡，消防大队已经把雷锋精神融入到每一个细节中。哪里有灾难，哪里有险情，哪里有求助，哪里就能看到我们的身影。

去年1月12号上午，某建材有限公司一名工人不慎掉入十多米深的水泥槽罐中。罐内装有大约10吨高密度水泥，被困工人腰部以下被水泥死死埋住，如果贸然下去救援，可能会引起周边水泥垮塌。如果将槽罐底部的闸口打开释放水泥，释放的水泥压力过大，将对被困工人的双腿造成挤压。情况危急，紧急磋商后，中队长决定打开槽罐侧面的闸口释放水泥。由于槽罐空间狭小，无法使用铁铲，抢险救援班班长高付京主动请缨，带头钻进槽罐内，徒手展开救援。由于被困时间过长，里面水泥粉末弥漫，空气十分稀薄，死神露出狰狞的面目正一步步向被困工人靠近，被困工人奄奄一息，危在旦夕。怎么办？没有任何犹豫，高班长把自己的呼吸头罩取下来戴在工人的头上，自己则带上一个简单的口罩，继续投入救援。一捧、两捧、三捧……[17]那些高密度水泥硬是被高班长和战士们用手掌捧[18]出了罐体。经过两个多小时的艰苦奋战，工人被成功救出。当他看到早已变成泥人的高班长和战士们，他笔直地敬了一个军礼，就[19]瘫倒在地上。我到现在还清楚地记得那天回到中队后，高班长对我说："不知为什么，救出人的那一刹那我感觉心里特别踏实，如果救不出来，这件事也许会成为我一辈子永远的伤痛。"

看着高班长傻傻的表情，我在想，好一个高班长，好一个雷锋消防兵！把自己的呼吸头罩戴在别人的头上，他傻吗？其实高班长不傻，他正表现出一种雷锋式的傻子的风格，他正用傻子般的爱，用他的实际行动践行着"服务人民"的[20]铮铮誓言。

1997年，某酒家发生特大火灾，大队赶往增援。大队参谋陈国军现场被高空坠落的窗户玻璃齐齐切断右手的四根手指肌腱，他强忍着剧痛成功将被困火海的群众救出，自己却在火场晕倒。醒来后，陈国军说的第一句话就是问医生："群众[21]被救出来了吗？"医生告诉他："群众没问题！"群众确实没有问题，可陈国军却落下了终身残疾，他再也不能用这只手持枪、攀楼，甚至连行一个标准军礼都成了奢望。他说："如果一根手指能换回一个人的生命，那我宁愿不要手指。"如今的陈国军依然不后悔当初的选择，更难能可贵的是，虽然家庭条件并不富足，但他用自己爱的力量先后资助了14名贫困孩子，他是我们大队名副其实的活雷锋。

胡锦涛总书记指出，雷锋这个光辉的名字和他崇高的精神品格在历史发展中始终焕发着光彩。雷锋精神是真情与爱心的化身，是美德与素养的标准，是文明与进步的楷模。作为雷锋家乡的消防兵，我们让雷锋精神在一份份奉献的爱心中传承。

去年5月15号——全国"助残日"那天，我随战友们又一次走进了一所特殊教育学校。当可爱的孩子们扑在我们怀里时，我顿时觉得一切都是那么阳光和温暖。

6年前，我们消防队和这所特殊教育学校“大手牵小手，爱心改变命运”主题活动拉开序幕，从那一天开始，大队官兵与这里的残障孩子结成了“1+1”爱心对子。中队战士王金银帮扶小学三年级的胡婷一年多，小姑娘的进步非常明显。当王金银接到远赴外地执行任务的命令时，他郑重地把小胡婷交给其他战士。而今，帮扶小胡婷的战士张定轩坚持每个月都去看望她，坚持每月捐款100元，传承爱心。现在的小胡婷，与张定轩以兄妹相称。中队长陈源资助的小女孩名叫蒋萍，是个聋哑儿童，家里条件不好，性格比较内向。经过一段时间的帮助，小女孩脸上更阳光了。我特别记得2010年底，大队退伍的老兵去看望孩子们，小蒋萍甭提有多高兴了。即将要走的时候，陈源对蒋萍说：“叔叔就要走了，孩子，你要好好照顾自己！”（配合手语表达）[22]小蒋萍误以为叔叔不要她了，急切地打着手语说“不要走，不要走”，接着“啊啊”大哭起来。她纯真的样子告诉我们，无声世界的人们是多么地需要爱啊！看到孩子们的成长，我们真的很欣慰。

平常，大队的战士们就有一股像钉子一样的钻劲，不仅熟练掌握了各种消防装备的操作维修技能，还成了懂水电安装、泥木技术的多面手。在我们大队里，一般的设备维护问题是从不出门的。而战士们也把这股子钻劲用在了爱心共建上。经过一年多的努力，战士们先后编制了盲文版《消防安全知识手册》、消防手语操，建成了消防特殊教育基地，这些都是全国首创，填补了国内多项空白。每一个动作、每一行盲文都凝结了战士们的智慧和汗水。如今，在校的盲聋哑孩子人人都可以进行消防知识的学习，用孩子们的话说，我们要让爱温暖那些无声或是黑暗的世界，让平安生活无弱者（配合手语表达）。如果今天要在特殊教育学校进行消防演习或紧急疏散，特殊教育学校的那些孩子们一定会是训练有素的样子，行动迅速准确，还真不会比正常的孩子差。

雷锋消防兵的爱心还远远不止这些，每一个官兵都实实在在地行动着，从第一个受资助学子彭伟到西藏学子阿旺曲增，从贫困下岗职工到特殊教育学校学生，大队已累计捐款三十多万元，资助贫困学子50名，贫困户6户。[23]怀着对雷锋家乡的浓浓情意，大队全体官兵用青春和爱心谱写出了一曲可歌可泣的竭诚奉献之歌。[24]

铁打的营盘流水的兵，10年是一个轮回，更是一个崭新的起点。雷锋同志曾在日记中写到：青春是美好的，可是真正的青春，只属于永远力争上游的人，永远忘我劳动的人，永远谦虚的人。在孕育了雷锋精神的这片沃土上，作为青春洋溢的消防兵，我们有责任让雷锋精神在这片土地焕发出新时代的光芒！[25]

谢谢大家！

点评

1. 此处停顿，强调姓名。

2. 此处停顿，更显节律感。后续“自豪”需要提升音量，略加厚重。

3. 此处停顿，将重音置于表示时间的数字上。

4. 段落末尾“发扬光大”需加重语气。

5. 此句中“生与死”考虑重音，“中”后停顿近1秒。

6. 此处说“号”比说“日”更具现场亲切感。

7. 以上对火场的描述和出发的过程，表达的语速可以加快，尽量营造一定的画面感。

8. 这句话需要表达出当事人的急切心情。

9. “十几个高3米、直径1米的金属罐在浓烟中若隐若现，距离不到十几米就是大型的仓库，不到百米就是成片的民房，一旦发生连环爆炸”此句的语速应该较快，可达到每分钟300个音节，体现军人的果敢，“后果”后停顿约1秒，“不堪设想”用低音表达，体现出消防员此时对百姓的担忧。

10. 以上六个“有的”表达要快，表示是同一时间发生的各个动作。

11. “呼”字表达应急促而洪亮，体现现场情景。

12. 演讲者在以上段落中需表达出对火场战士的担忧，融入深厚的情感。

13. 用1秒左右的停顿技巧。

14. “忠诚可靠”四个字考虑增大音量，如果现场有需求，可考虑用一个中上形手势，精准的话，现场可能会有掌声。

15. 此段中，每一个数字均需处理为重音。

16. “人民利益高于一切”一句应当厚重而坚定。

17. 此处考虑用渐进式停顿来表达。

18. “捧”字的表达考虑略带颤音，体现对该同志的敬重。

19. “就”后面停顿约1秒，“瘫”字用略微的颤音。

20. “的”后面停顿约1秒，之后的“铮铮誓言”加厚重，必要的话考虑用中上形手势，精准的话，现场可能会有掌声。

21. “群众”后停顿1秒，用略微的颤音，体现其虚弱。

22. 此处一边说，一边用手语表示，是本篇宣讲的亮点和特点，训练时需要重点突破。以下手语部分类同。

23. 此句中，每个数字均需用重音。

24. “竭诚奉献之歌”六个字考虑增大音量，如果现场有需求，可考虑用一个中上形手势，精准的话，现场可能会有掌声。

25. 此篇宣讲时间跨度约20分钟，对演讲者的体能消耗很大，因此在本段的表达中切忌虎头蛇尾，要保持足够的精力。“光芒”之前的“的”字停顿约1秒，将“光芒”加强厚重感，眼神可略向上。（蔡炳锋）

非竞赛类技巧点评5

左光鑫和他的“阿左系统”

徐佐林

左光鑫是何人？[1]常德市公安局一位普通民警。那“阿左系统”呢？是左光鑫研发的一套侦查破案的工具软件。[2]朋友们，就是这套软件的成功研发，让我们对这位平时少言寡语、默默无闻甚至有点憨憨的“阿左”刮目相看！因为他在常德、在湖南乃至全国放了一颗卫星。请看：[3]从2007年到现在的四年多时间里，全国公安已有五千多名用户选择使用“阿左系统”，并借此成功破案两万余起。2009年，“阿左系统”被公安部评为科技创新二等奖，2010年又被湖南省列为科技支撑工业十大项目之一。[4]中央电视台还做了专题报道。

这套系统，是以电信部门提供的数据为基础，通过对通信工具及其资料的排查、对比、追踪等手段，从中发现嫌疑对象的一款多功能软件。其特点之一，是准确、高效。[5]有用户在论坛上发帖，“原本一天才能完成的统计分析工作，现在只需几分钟就搞定——真牛”，“今天中午用阿左软件分析出了一个嫌疑人员达13人的手机详单，但是前几天我们居然花了一个星期才搞定4个，两者没法比呀”。

特点之二，是有效拓展侦查手段。[6]由于犯罪分子反侦查意识强，现场保留的线索有限，使用传统的侦查手段难以突破，但是，利用阿左的这套分析软件，就能有效锁定犯罪嫌疑人。2009年公安部的一位领导，在山东烟台挂职时，就利用这个软件成功破获过一起金库抢劫案。

这套软件的特点之三，就是易于操作。它只需要操作人员懂得基本的电脑知识。自软件发布以来，访问量已经超过7万人次，成为了基层民警侦察破案的利器，被同行誉为“最适合普通民警的详单分析软件”。[7]

2009年12月，常德市公安局立案侦查澳洲AD网络媒体广告公司涉嫌网络传销案。前期侦察发现狡猾的犯罪嫌疑人将网络服务器设在美国，隐藏在虚拟世界里的团伙头目真实身份如何落地？难度之大，使案件一度陷入僵局。这时，领导把阿左调入专案组，他利用这套软件反复碰撞分析，获取了所有参加传销的7 903人的详细资料，最终确定了4名主要犯罪嫌疑人，[8]为专案组抓捕提供了准确依据。2010年1月31日，这个涉及全国多省市、涉案人员数千人、涉案金额过亿元的特大网络传销案，成功告破！

随着一个又一个案件的告破，阿左的名气大起来了。[9]全国各地、各条战线的邮件和电话络绎不绝，感谢信也纷至沓来，许多地方都请他去传经送宝，前不久，衡阳县局还邀请他去做了报告。今年3月，公安部还特邀阿左担任科技革新大赛的评委。公安部反恐局的葛肃昌同志撰写了《左光鑫与阿左手机详单分析软件》的调研文章，已在公安部编印成册。现在外出，战友们都喜欢和他去，因为人家处处给面子啊。在杭州的火车上，铁道民警给我们提供一切便利；在上海的浦东，受到了同行们的列队欢迎。

是啊，应该说今天左光鑫成功了。可是，想想他当年的奋斗经历，那真是酸甜苦辣呀，不对，是酸、苦、辣。[10]

阿左在学校学的是治安专业，他怀揣着一个农家学子强烈的求知欲，生平第一次接触到电脑，并对这一现代化的信息技术产生了浓厚的兴趣。[11]参加工作以后，他念念不忘有着强大功能和用途的电脑，认定了它在公安工作中肯定大有用武之地。

2000年，阿左花了5 000元钱买了一台组装电脑。从此，他所有的业余时间都和电脑杠上了。刚开始，他将电脑拆了装，装了拆，电脑主板、CPU、硬盘成了他最亲密的朋友。他不懂计算机语言，更没有开发软件的经验，所有的资本就是一个字：钻！[12]到底花了多少钱买书，连他自己也不知道，反正原来的老家，现在的新家，到处都是成堆的电脑书。那时候工资不高，他几乎全花在了学习上，电脑又要不断升级，没钱了怎么办？勒紧了裤腰带，省呗。有时候真没辙了，他还骗过爱人，说是单位某某急用钱要资助。他不打牌、不应酬，躲进小楼成一统，一门心思钻在电脑里。为了编写一个程序，通宵达旦地奋战，对他来说，这些都是常事。就这样，阿左成了一个名符其实的"电脑迷"。9岁的女儿写作文，题目就是《我的爸爸是个电脑迷》。

说"电脑迷"，左光鑫承认，可家人却有着别的看法。女儿说："电脑才是爸爸的宝贝，爸爸心里没有我和妈妈了。"爱人说："光鑫啊，你不干公安的正事，不求上进，整天就知道摆弄个电脑，家也不顾，钱也不交，说不准还会带出个小电脑迷来！"一气之下，摔了他的电脑，砸了他的打印机。更让他为难的是，他的最高司令。谁呢？岳父。岳父是个老公安，用阿左的话说，当初追他女儿时，那是一见一个喜欢。可现在呢，连他都开始讥讽："难道你还想成为第二个华罗庚不成？"丈母娘更是滑稽了："你是不是受了什么法轮功的影响，走火入魔了吧。"[13]

怎么办呢？阿左就是这么个脾气，看准了的事，九头牛都拉不回的。爱人砸了他的电脑，消停了不到一个星期，他实在忍不住了，又开始偷偷地摆弄起来[14]。他小心翼翼、察言观色、找准时机，慢慢地又从地下转战地上。爱人也没辙了，睁只眼闭只眼吧，可看他没日没夜地干，其实，心疼着呢。爱人带他到商店，说身上这件羽绒服穿了六七年，太影响形象了，非得买件新的。阿左一看一千多，顺口而出："这太贵了，还是留给我弄电脑吧。"这一次，真把爱人给感动了，盯着他看了好半天，最后既无奈又敬佩地说："光鑫啊，我说你什么好呢？好好干吧，干就要干出点名堂来。"阿左笑了："是啊，老婆，你也是个公安，我就说嘛，此公安怎能不理解彼公安的心呢？"后来，阿左开发了全县第一个公安网站，又设计了《看守所监管人员管理系统》，全家人终于相信他了。同志们请注意，我说的是"相信"。阿左说，当时他真的只有这个简单的奢望：在我成功之前，哪怕你们不支持我，相信我就行。因为我相信，我行！[15]

伟大的哲学家培根说过："信心生坚定，坚定生成功。"[16]左光鑫永远记得这个日子，2007年12月7日，属于他的、属于左光鑫的软件成功了，于是取名"阿左通信数据分析系统"。看到自己开发的软件在网上成功地运行，就像十月怀胎的母亲迎来了新的生命！阿左流泪了，此时的泪，酸、甜、苦、辣。说点甜吧，还是他的那个丈母娘，现在逢人便夸："我们的左伢子可出息了，现在都成明星了！"[17]

当今时代，是一个以信息技术为核心的高科技迅猛发展的时代。早在1998年，公安部就提出了实施信息化的"金盾工程"，湖南公安精神的"忠真智勇"[18]，其中的"智"就突出了这一要求。

科技方能兴国，科技才能强警。朋友们，让我们向"左"看齐，让公安工作插上高科技翅膀，展翅翱翔！

谢谢！

点评

1. 左光鑫是个普通民警，演讲的开始以平铺直叙的方式出现，给人以平和亲切的感觉。

2. 左光鑫开发了一个软件系统，逐步说明软件系统的重要和作用，使人刮目相看。

3. 他在全国放了一颗卫星，"请看"之后的语气从弱到强。

4. 这句话要把"十大项目之一"作为强调点。

5. "特点之一，是准确、高效"，语速稍慢。

6. "特点之二，是有效拓展侦查手段"，对于破案是火眼金睛。

7. "特点之三，就是易于操作"，语速加快，在最后一句时放慢速度，重音在“分析软件”。

8. 具体人数要口齿清晰，最后凸显成功告破的喜悦。

9. 此处语气要有自豪感。

10. 酸、苦、辣这三个字，要一字一顿，显示出左光鑫的奋斗经历。

11. 这一句可语速稍慢。

12. “钻”字要用力。

13. 讲述女儿、爱人、岳父、岳母的不理解时，要字句轻快，不要加重语气，显得无可奈何的样子。

14. 这句话语速由慢到快，声音由小到中。

15. 这句话要用坚定的口吻说出，此时右手握拳，由上至下用力一拉。

16. “坚定”二字重音，“生成功”三个字一字一顿，用欣喜的语气。

17. 丈母娘现在逢人便夸的话要用自豪的口气，“成明星了”可以略带笑声说出来。

18. “忠真智勇”四个字，可语调提高，突出一个字“智”，声音要高亢，有一种高扬奋进的气势。（李印久）

非竞赛类技巧点评 6

历史记住这三分钟[1]

蒋　维

时间回拨到2008年5月19日下午2点28分，国旗低垂，汽笛长鸣，山河呜咽，举国同悲。[2]

时间在这一刻凝固，历史在这一刻[3]定格！

北京中南海怀仁堂前气氛庄严肃穆，门楣上黑底白字的横幅写着醒目的大字“深切哀悼四川汶川大地震遇难同胞”，胡锦涛等党和国家领导人面对国旗肃立，向遇难同胞默哀三分钟。

与此同时，天安门、新华门、全国人大常委会、国务院、全国和各驻外机构，全都下半旗志哀。从北国林海到南疆渔村，从天山牧场到江南水乡，从车间、商场到田野、山川，白发苍苍的老人，稚气未脱的孩子，男人们，女人们，城里人，乡下人，[4]在前方废墟中寻找生命痕迹的救援者，在后方揪心期待默默祈福的人们……所有活着的人们，这三分钟，只为了两个字——默哀，一颗颗低下的头颅，一双双泪水盈盈的眼睛，为了遇难的同胞，祝福他们在遥远的天国，安息！[5]

这是新中国历史上第一次，平民百姓可以配享国家哀悼。在此之前，曾经为革命领袖的逝世而降半旗默哀，曾经为在帝国主义空袭的炮火中牺牲的烈士而降半旗默哀，这一次，人民站在了和领袖同等重要的位置！默哀的这三分钟，股市停摆，娱乐停止，这三分钟，谷歌中国搜索引擎的流量几乎为零——因为整个中国[6]都在默哀。

历史会记住这三分钟。这三分钟，中国人向世人展示了政府和人民对有限生命到底有多么的关爱；这三分钟，中国人显示了举国上下万众一心救灾重建的信心和决心到底有多么的坚定；这三分钟，中国人向全世界昭示：我们的民族和国家在灾难中凝聚起来的精神力量到底有多么强大！[7]

这三分钟，人们具体在干什么？

在受灾中心汶川县城，上千人顶着不断滚落的沙土，肃立默哀；都江堰市卫生执法监督所搜救现场，机械停止轰鸣，俄罗斯救援人员分散着停在原地，加入在场中方人员的志哀行动中；四川华西集团上海公司的简易指挥部里，满满一屋子工友们纷纷摘掉安全帽，向着老家四川的方向，静静地垂首肃立；远在加拿大的湖南籍留学生武泓静，在地球的另一端，在当地时间凌晨三点五十八分，他和彻夜未眠的同寝室另一位同学一起默哀了三分钟，他说："尽管没有火车汽车轮船防空警报长鸣声的陪伴，但那一刻，我感到刺心的哀痛。伟大的中华民族，一定要珍重，加油。"在我们长沙市某购物广场，这一刻似乎冻结，全场一片肃静，不管是在挑选商品的顾客、打单收银的工作人员，还是整理商品的员工，所有人员静立着，双手合十，低头……[8]

在这里，我想讲一个关于的士司机的故事。

长沙的哥彭秋林将车开到市劳动局附近的时候，遇到一男一女两名外国人，他们操着不很流利的汉语，表示要去省劳动和社会保障厅。车行了一段距离，彭师傅停下车，准备鸣笛默哀，男老外不耐烦，催着开车，彭没有理会，他按下喇叭。这个时候街道上车笛响成一片，男老外皱起眉头，骂道"疯子"。彭师傅听到这句话的时候，只感觉"血往上涌"，只是默哀开始了，他来不及解释，指着老外的鼻子大声说了句"闭嘴"[9]，随即低下头，默哀三分钟。老外被彭师傅的吼声镇住了，没有吱声。默哀完毕，彭秋林很平静地跟他讲述了刚才停车、鸣笛的原因。听完彭秋林的解释，老外的脸上露出歉意，一路上连忙说："对不起，对不起，中国人真伟大，中国人真团结！"直到下车后，老外又特意将头探到车窗口，跟彭师傅挥手致意。

中国人真伟大，中国人真团结，这是外国人发自内心的肺腑之言。没错！在这种伟大和团结的力量面前，群山也要让路，大河[10]也得停流。

历史会记住这三分钟，三分钟不算长，但我们分明感觉到心灵中难以承受的沉重，一场强烈的大地震，使七天前的这一刻成了中华民族[11]永远的痛。废墟之上，阳光重临大地；废墟之下，多少生命已然在黑暗中寂灭。我们在心底向命运之神发出愤怒的追问：为什么，为什么要无情地夺走我们兄弟姐妹的生命？[12]

三分钟不算长，[13]默默告诉自己，不要哭，不要哭，可泪水还是夺眶而出。为那只伤痕累累却仍紧握一支笔的小手；为那位张开双臂俯身死死护住自己四个学生的老师；为那个临终前给怀中的婴儿留下“亲爱的宝贝，如果你能活着，一定要记住我爱你”手机短信的母亲……

三分钟不算长，默哀，因为珍惜每一个生命；默哀，因为对生的不懈追求。因为珍惜生命，我们心手相连，在悲痛中送别离去的人们；因为不懈的追求，我们凝聚起前所未有的勇气和力量，擦干眼泪毅然前行。我们知道，灾难还会有，但前头[14]永远有光明！

当风雪阻断归路，我们彼此取暖！当主权面对挑战，我们亮出利剑！当圣火遭遇屈辱，我们义无反顾！当病毒吞噬生命，我们用爱弥补！当列车冲出轨道，我们竭诚互助！当震撼撕裂大地，我们开山辟路！勇敢面对磨难，挺起中国人的脊梁！[15]加油，同胞！加油，四川！加油，中国！[16]

谢谢大家！

点评

1. 演讲涉及汶川地震一周后全国人民默哀三分钟的情境。

2. 此处的四个情景，需要演讲者用较低沉的声音，速度偏慢，眼神中有一定的画面感。

3. 此处需要1秒左右的停顿，后续“定格”二字需要有一定的沉重感。

4. 讲述四种人的三个字，需要用渐进式停顿。

5. 以上两段都需要用较低沉的声音来表达悲鸣的总体气氛，眼神浮现画面，语速中偏慢。

6. 此处考虑设置1秒左右的停顿。

7. 此段中有三个长句，需使用偷气、就气等表达技巧。最后一句的“强大”二字，可用拳头手势，应体现出强大的表现力。

8. 此段的叙述部分，语速可以适当加快，语调仍以低沉为主，每一个事例之间进行1.5秒左右的停顿。

9. 此处“闭嘴”的表达，演讲者可考虑将头向一侧偏，声音要体现急切和坚决的情绪。

10. 此处考虑1秒左右的停顿。

11. 此处考虑1秒左右的停顿。

12. 此处可考虑双手握拳于胸前，眼神要配合好，随着情感的推进，声音表现出强烈的张力。

13. 此处“长”字的表达可用体现悲伤的颤音。

14. 此处考虑1秒左右的停顿。

15. 此处可用右手掌形向上托举的手势。

16. 此处可用拳头上区手势，音量尽可能大，需体现出极强的震撼力和感染力。（蔡颂）

下　　编

第一章　演讲素养

学习目标

1. 知识目标：掌握演讲相关素质的提升方法；体会演讲者思想、道德、情感、学识、艺术等方面的修养在演讲中的作用。
2. 能力目标：对演讲者在观察、记忆、想象、联想、口头表达、应变能力等方面的训练。

演讲是一种最高级、最完美、最具审美价值的口头表达形式。它不仅要求演讲者具有高超的有声语言和态势语言表达技巧，同时，还需要演讲者具有良好的心理素质，较高的思想水平和多方面的知识、能力。演讲者只有具备了相关素养，才能巧妙、娴熟、完美地表达自己的思想，抒发自己的感情，使演讲产生最佳效果。

第一模块　演讲者的心理素质

演讲是一种比较复杂的劳动，它不仅是对演讲者思想水平、文化修养、表达能力等的一次全面考察，也是对演讲者心理素质的一次严峻考验。良好的心理素质不仅是顺利进行演讲的重要前提，也是演讲取得理想效果的可靠保证。无一例外，优秀演讲者都具有良好的心理素质。我们学习演讲，就必须了解演讲心理，培养自己良好的心理素质。

演讲心理是演讲者对演讲实践活动的反映和感受，它既是演讲实践的产物，又受演讲实践的制约。演讲心理素质就是演讲者在演讲活动中自然产生并表现出来的比较稳定的心理特点及固有的心理基础。一个人的心理素质具有某些先天的遗传成分，但是这种先天因素造成的差异对演讲并不会产生太大的影响，决定演讲心理素质高低优劣的是演讲实践的多少。演讲者的实践经验越多，对演讲的感知越深，其演讲心理素质也就越高、越好。演讲心理素质会随着演讲实践经验的增多和有意识的培养而不断提高。

一、演讲者良好心理素质在演讲中的作用

良好的心理素质能增强演讲者的信心和勇气，使演讲获得成功。演讲者有了充分的自信，就能保持稳定的情绪。情绪的稳定是语言与动作稳定的前提和基础。一次有准备的演讲，如果失去了情绪的稳定，失去了自信，那么，一切辛苦都会前功尽弃。良好的心理素质能提高演讲者在演讲过程中的观察、感知、注意、情感、思维能力。具备良好心理素质的演讲者，特别能应对临场突变、实现即兴发挥。良好的心理素质能帮助演讲者在演讲后总结经验教

训，为下一次演讲积累经验。

二、演讲者必备的心理素质

从演讲的过程看，演讲的动因产生于演讲者对真理的追求；演讲的准备是科学的、艺术的创作；演讲的实施是有声语言和态势语言的艺术表达，因此，演讲者要勇于追求真理，善于创作和表达，就必须具备以下几方面的心理素质：

（一）自信

自信是演讲成功的非常重要的心理素质。它表现在演讲者对所演讲的观点、内容以及合理性、正义性、可行性的深信不疑，更确切地说，是坚信自己一生所追求的真理、所从事的事业、所信奉的主义、所期待的目标是合理的、美好的，而且是完全可以实现的。另外，它还表现在演讲者能够正确认识自己，正确看待别人，相信自己的能力和实力。实践表明，很多初学演讲的人之所以演讲失败，往往是因为自信不够，自信不够就容易出现怯场等心理障碍。

心理障碍是指影响人的心理素质向积极、良好方向发展的心理状态。演讲中的怯场主要表现为紧张、恐惧。要克服演讲的心理障碍，首先就得弄清楚心理障碍产生的原因。

心理障碍产生的原因有如下几种：

1. 陌生感。日常生活中，人们普遍以个体的交流为主，这种交流轻松自如。可为什么一上台就紧张呢？主要原因就是演讲者缺少在台上讲话的心理体验，对演讲环境有陌生感。特别是那些没有经验的演讲新手，当他们突然走到台上，面对公众讲话时，无形中便产生了一种孤独感、危机感。于是，演讲时就常会出现词不达意，甚至头脑中一片空白的现象。

2. 自卑感。有些性格内向的人即使走上了演讲台，也总以为自己不如别人，怕自己讲不好，成为别人的笑料。尤其是看到领导、熟人在场或前面的选手讲得比较好时，更是自卑不已，甚至不敢上场。

3. 过度期望。很多演讲者，总希望自己的演讲能获得成功甚至一鸣惊人，因而总要求自己演讲的每个细节都是完美的，这样，患得患失，给自己施加了精神压力。有了这种过度的期望，演讲者往往会出现注意力不集中，特别是当听众现场反应不如意时，演讲者还会出现慌乱、烦躁的情绪，从而干扰整个演讲，导致失败。

4. 有失败经历。“一朝被蛇咬，十年怕井绳”。有了一次演讲失败的经历，再上台时，过去的失败体验往往会成为一种消极的心理暗示，这样往往会导致演讲者异常紧张，出现口干舌燥，喉咙发紧，手脚发抖，声音发颤，面部表情尴尬，不知所措，话不由衷，总想避开听众的目光，而将演讲辞忘得一干二净。

5. 听众或环境干扰。演讲总是在一定的环境中进行的，在场的每一位听众，都想听到一场非常精彩的演讲。演讲者只有适应演讲环境，满足听众的愿望，才能使演讲顺利进行。如果对演讲环境不适应，或演讲内容不能引起听众的兴趣，就会因这些不利因素的影响而产生怯场心理。比如有位演讲者正在台上平铺直叙、老生常谈，突然扩音器传出怪叫声，听众一阵大笑，弄得演讲者十分尴尬，不知所措，只好草草地结束演讲。

6. 准备不足。古人云："凡事预则立，不预则废。"演讲也是如此。演讲者只有对演讲的方方面面都做好了充分准备，才有可能取胜。如果准备不足，仓促上台，过分担心忘记演讲辞，这样就会缺乏自信，甚至完全失去信心，增加恐惧情绪，导致演讲失败。

要提高演讲成功率，就必须消除自卑、紧张与恐惧心理。可以说，如果演讲者能平静地站在讲台上，面对听众眼睛的压力而不慌乱，那么他的演讲就成功了一半。克服胆怯与恐惧心理，调节紧张情绪，一般有以下几种简便方法：

（1）正确看待怯场现象。害怕当众说话是一种普遍存在的心理。美国曾对2 543名成年人进行"所害怕事情"的调查，结果有40.6%的人把"在人们面前讲话"列在第一位。很多大学生也因为害怕当众说话而进行心理咨询，而且很多著名演讲家最初登台都有过怯场体验，即便是郭沫若、丘吉尔也不例外。所以，正确认识怯场是克服怯场的前提条件。作为一个演讲者，我们完全没有必要因为一次失败而低估自己或放弃努力。

（2）排除各种杂念。登台前或登台演讲时，要做到心无杂念。不要去想自己是否能得奖，也不要去想自己站在讲台上是否像小丑，更不要去想评委评分时是否准确、公正。总之，不要过分注意演讲的得失，尤其是初学者，应该把每一次演讲都视为一次锻炼的机会而保持一种平和的心态，只有这样，心理负担才会减轻，怯场心理才会消减。

（3）做好演讲的充分准备。林肯曾指出："即使是有实力的人，若缺乏周全的准备，也无法做到有系统、有条理地演说。"做好充分的准备，这对演讲来说是必须的。它能够使演讲者胸有成竹、从容镇定，不至于因临场恐慌而逃之夭夭。

（4）勤学苦练，勇于实践。卡耐基说："克服恐惧症的最好方法，除了练习，还是练习。"从某种角度来说，练习是克服怯场的唯一方法。这种练习可以从短期和长期两个方面来说。作为一个演讲爱好者，不应该只是在演讲机会到来时，在有限的时间内练习，而应该在平时、在生活和学习中抓住一切机会来练习。例如，任何一次当众发言的机会都可以练习。在短期方面，应该在一定的理论指导下有针对性地练习。如亮相、站、走、手势、有声表达的发音等。要反复让朋友、同事听你的试讲，并提出宝贵意见。

（二）执著

所谓执著，换一个说法就是“坚持与投入”。对自己所持的理想、信仰、主张、目标，以献身的精神百折不挠地、满腔热情地奉行和实现。这种为崇高的理想执著献身的心理素质，是在持之以恒的实践中培养的。一贯地认真做人、认真做事，就会培养对理想、对事业执著的心理素质。具有自信而执著的心理素质，就会使演讲者在整个演讲过程中情绪饱满、理直气壮、精神抖擞、意气风发，分析、论证势如破竹。

（三）真诚

人们都说“真诚是演讲的第一乐章”，这是很有道理、很切合实际的。演讲者必须注意，当你在听众面前演讲时，听众心里对你所做的第一个判断和评价，就是看你是不是以诚待人。你若有丝毫的虚假、矫揉造作、夸张失实，听众在感情上就会与你拉开距离，演讲效果就会大打折扣。真诚表现在对人的尊重，对事、对理持认真负责、实事求是的态度上，表现在演讲者的一言一行、神态甚至服饰上。

练习与实践

一、以自己的实际体会为例，谈谈心理素质对当众讲话的影响。

二、请有上台经验的同学提供克服心理障碍的方法。

三、请没有上台经验的同学尝试上台作自由发言。

第二模块　演讲者的修养

演讲欲达到“动人心、促人行”，演讲者一定要在思想、道德、品质、学识等方面具有一定的水准，演讲者在这些方面所作的努力就是演讲者在提升自我修养。

一、演讲者要有先进、科学的思想

演讲者演讲的目的是教育人、启迪人，提高听众的思想认识、文化水平。这就要求演讲者本身必须具备先进、科学的思想，只有这样才能高瞻远瞩，识前人所未识，讲前人所未讲。历史上许多著名的演讲家，如德摩斯迪尼、西塞罗、林肯、马克思、恩格斯，他们无一不是伟大的思想家，他们的演讲时刻都闪烁着真理、科学、智慧的光芒。演讲者要让听众被自己的演讲所说服、所感动，就必须用正确、先进的思想内容来引导，这是最起码的。尤其是在日新月异的现代社会，新知识、新学科不断涌现，更需要演讲者努力学习，迅速掌握各种新思想、新科学和新方法，以便更好地服务于演讲听众。

二、演讲者要有高尚的道德品质

古人说：其身正，不令而行；其身不正，虽令不从。这从某个侧面说明了演讲者道德品质的重要性。在生活中，任何一种行为都会直接或间接地与他人或社会发生关系，并受到一定社会规范的约束和限制，演讲也是如此。作为演讲主体的演讲者，更应以一个具有高尚道德水准的形象出现在公众面前，具体来说可从以下四个方面来提高：

（一）政治道德。即应当有高度的政治觉悟、良好的政治品质、坚定的理想信念。

（二）职业道德。演讲者必须遵守自己所从事职业的职业道德。

（三）社会公德。演讲者要做遵守社会公德的模范。

（四）伦理道德。演讲者必须具备高尚的伦理观、恋爱观、婚姻观。

三、演讲者要有丰富渊博的学识

演讲者要有丰富的学识，这不仅是“传道、授业、解惑”的需要，也是演讲成功的基本条件。古今中外的演讲家无一不是学识渊博的人，他们之所以能旁征博引、妙语惊人，之所以能把生动、具体、精彩的事例自如地组织到演讲中，就是因为他们博览群书，知识丰富。面对如此发达与多元的社会，演讲者如果不了解新知识，跟不上现代科学、文化发展的步伐，就无法使演讲充实、新鲜、生动。

练习与实践

一、谈谈你对演讲者要有“先进、科学的思想”和“高尚的道德品质”的认识。

二、你认为本模块中对演讲者所提的三种修养之间存在一定的逻辑关系吗？如果存在，请作简要阐述。

三、通过对本模块内容的学习，作为一个演讲爱好者，你认为你最需要提高的是哪方面的修养？

第三模块 演讲者必备的能力

演讲是演讲者能力的综合呈现，其综合性主要体现在对演讲者能力要求的多面性上。演讲能力来源于实践并指向实践，演讲者必须从多方面提升自己的能力。

一、敏锐的观察能力

演讲者敏锐的观察力体现在三个方面：准备演讲前，有了敏锐观察力，就能从普普通通的生活中获取大量素材，通过分析和判断，从中发现能反映生活本质和社会主流的题材；在演讲中，敏锐的观察力可以帮助演讲者了解听众的表情、心理及场上的气氛变化，及时调整演讲的内容、方式、节奏；演讲后，敏锐的观察力可以让演讲者从周围人的反应中综合分析出自己演讲成败得失的原因，总结经验，汲取教训，为自己下一次演讲作准备。

二、丰富的想象能力

在演讲中，想象力如同“点金术”，有了它就可以“思接千载，视通万里”，使演讲内容充实、新颖而多彩，使各种各样的事物与演讲主题能巧妙组合，讲起来文思泉涌，从而增强演讲的深度、高度和感染力。这需要演讲者努力培养自己的好奇心和探究能力，对任何问题都拿出认真钻研的态度与热情，对任何事物都保持一种兴趣和求知欲望，这是具有想象力的前提。

三、较强的记忆能力

演讲者在演讲前的准备阶段，博览群书，积累知识，掌握大量材料和信息，需要较强的记忆力；撰写演讲稿时，凭着记忆力才可以像在囊中取物一样，迅速、准确地将内容组织到演讲稿中去。在演讲时，也要靠记忆力才能将演讲稿的主要观点、材料、细节等牢记于心。只有这样，讲起来才能口若悬河，滔滔不绝。

四、良好的表达能力

演讲稿写得再好，没有良好的口头表达能力，演讲稿的意思就表达不出来。当然，口头表达能力不是天生的，它可以经过后天培养、训练而成。一般通过读讲法的训练，都可以达到口语表达流利顺畅、抑扬顿挫。所谓读，就是默读、朗读、快读；所谓讲，就是在任何场合、时间抓住机会勇于去讲、去练，久而久之一定会有收获。

当然，演讲者应当具备的能力远不止这些。比如，演讲者应有理论家的分析、综合、判断能力，演讲者应有文学家的记叙、描绘的写作能力，等等。一句话，演讲者所具备的知识越多、能力越强、素养越高，演讲成功的可能性就越大。因此，演讲素养的培养与提升是无止境的。

练习与实践

一、你认为你已经具备了哪些方面的演讲能力？

二、你有待提高的演讲能力体现在哪些方面？你将如何弥补？

三、即兴表达训练。

实践内容　想象与联想训练。

实践目的　训练学生的想象与联想能力，让学生充分意识到想象与联想在演讲活动中的重要性。

实践要求　每个学生写3—5个在词义上完全没有关联的词语，再由学生轮流随机抽签，以所抽到的3—5个词语为依据，即兴讲一段有意义的话。

第二章　演讲稿件

学习目标

1. 知识目标：了解演讲稿的类型、特征、作用和写作要素。
2. 能力目标：熟练掌握演讲稿的选材、结构和语言技巧。

演讲稿即讲话的文稿，也叫演讲辞，是演讲者为在听众面前发表意见、抒发情感而准备的文稿。演讲稿有不同的类型，但都具有共同的特征、作用和写作要素，在构思和写作演讲稿时，我们要注重演讲稿的选材、结构和语言技巧等问题，从而创作出既新颖又深刻的演讲稿，为演讲的成功奠定文字基础。

第一模块　演讲稿的特征

演讲稿是一种特殊的文体，因而有它独有的特征。演讲稿的写作以议论语体为主，但也要交融使用多种语体。有人说演讲稿是论文的结构、新闻的真实、小说的语言、诗歌的激情、散文的取材、戏剧的安排、相声的幽默，这样的说法，不无道理。不同风格、不同类型的演讲稿有不同的特征，不同功能、不同形式的演讲稿有不同的特点。作为适应演讲特殊需要的一种实用文体，其基本特征主要是针对性、逻辑性、可讲性、可听性、鼓动性。

一、针对性

演讲若想能打动听众，征服听众，演讲稿必须具有现实的针对性。所谓针对性，从内容上说，演讲者说的应该是听众想听的，所阐述的道理应该是听众迫切需要明白的；从形式上说，演讲者应该根据听众的文化程度、思想状况、职业特点、年龄心理、愿望要求和接受习惯等来选择听众喜闻乐见的形式，使演讲易于为听众接受，这样才能使听众产生兴趣，引起听众的心灵共鸣。

就有色公民而论，美国显然没有实践诺言。美国没有履行这项神圣的义务，只是给黑人开了一张空头支票，支票上盖着“资金不足”的戳子后便退了回来。但是我们不相信正义的银行已经破产，我们不相信，在这个国家巨大的机会之库里已没有足够的储备。因此今天我们要求将支票兑现——这张支票将给予我们宝贵的自由和正义保障。（马丁·路德·金《我有一个梦想》）

演讲紧扣主题，针对黑人在美国受到的不平等待遇表达不满，能激起广大黑人的权利意识和抗争意识，达到很好的鼓动和激励效果。

二、逻辑性

演讲稿的逻辑性是演讲内容正确、全面、深刻的基本保证。口语不像书面语，它从语言转为思想的过程很短，听众不能像书面阅读那样有足够的时间来考虑思想内容、逻辑结构、表达方式等，因而听众常会出现思想模糊、内容凌乱等感觉。要想有效地避免这些不足，就需要精心思考，谋篇布局，保证演讲内容的逻辑严密。

> 师大是一所“美丽大学”，它的美丽是一种风姿绰约的优雅！你也许正惊叹于它是一所没有围墙的学府，却还未体悟到它那海纳包容的大气情怀；你也许正为它榕园樟韵、木兰通幽的自然景致而沉醉，却还没来得及感受它爱晚枫红、橘洲晚唱的浪漫情怀。师大是一所“魅力大学”，它的魅力是一种弦歌聚涌的厚重！你也许正欣喜于它底蕴深厚而丰富多彩的校园文化，却还没真正体悟到湖湘文化是如何造就了它那独有的精神气质；你也许正叹服于它今日的辉煌，却还未曾知悉它从历史中走过的风雨历程。
>
> 这就是师大，一所美丽而充满魅力的大学，一所典雅俊逸、恢宏厚重、蓬勃发展的综合性大学！大师身旁宜聆教，桃子湖畔好读书。我亲爱的小伙伴们，从今天开始，我们就是光荣的师大人，让我们一起自豪地为师大代言！
>
> 求学师大，拾级而上，让我们做一名敢于有梦的开拓者，在这四年中打造出属于自己的小时代；浸润文化，完善自我，让我们做一名勇于追梦的奋进者，让隽永而崇高的师大精神焕发青春的生机活力；心怀感恩，励德敦品，让我们做一名勤于圆梦的奉献者，并把这种感动与感恩奉献给社会，奉献给美好的时代！（覃皓珺在2013级新生开学典礼上的发言）

这是一位学长在新生开学典礼上的演讲稿，从结构看主要可分为两大部分。前半部分可以用“走近大学”与“走进大学”来概括，演讲者从“美丽”和“魅力”两方面介绍了大学的自然景观与人文特色，引领新生对学校有宏观了解和初步认知，是一个由景走近、由心走进的过程。后半部分暗喻大学求学如群雄逐鹿，将经历起跑、赛跑、获胜三个阶段，不同的阶段应该有不同的追求和状态，如何把握机遇、实现梦想，演讲者以“开拓者”“奋进者”“奉献者”三种人生状态加以阐述。全文结构清晰、逻辑缜密。

三、可讲性

演讲，是以“讲”为主，辅之以“演”。如果说供读者“读”的文章主要通过阅读欣赏领略其中的意义和情味，突出的是一个“看”字，那么，供听众“听”的演讲辞则通过听觉接收信息和感受情味，突出的是一个“讲”字。演讲要诉诸口头，拟稿时应该以易说能讲为前提，“话上口、音入耳”，上口入耳，易说可讲，是演讲稿的一个重要特点。

欧建春18岁当矿工，肩上扛的是风机；当班长、副队长，肩上扛的还是风机；担任党支部书记、掘进队队长，左肩扛的是责任，右肩扛的仍然是亲切得不能再亲切的风机。一台风机肩上扛，手脚耳膜全是伤，凿岩拓巷60 000米，酸甜苦辣慨而慷！肩扛风机，能养活一家人，他感到甜；形态像虾公，着装像济公，他感到酸；耳朵被震聋，手腕落伤痕，他感到痛。肩扛风机，他掘进井下300米，创造了752个优良工程，总行程38 800千米，相当于绕地球赤道一个大圆圈，他，感到值！26年来，他与工友们扛着26公斤重的风机凿出岩石40万立方米，足可以填平长沙烈士公园年嘉湖。欧建春肩扛风机为衡阳市裕民煤矿做出了重大贡献！由于贡献，他当上了全国劳模；由于贡献，他当上了湖南省的党代表和全国党代表！“当上了全国党代表，该升官了。”欧建春微笑着说，他早就是掘进队队长了，管了56个兵。他还说，是风机给了他一生，不管再辛苦再危险，他还是要把风机继续扛下去！（李梅《扛着风机上北京》）

这篇演讲辞彰显了逻辑、诗歌和形象比较的优点。因为敬业，才有奉献；因为奉献，才有贡献；因为贡献，才有纷至沓来的荣誉——这是逻辑的魅力！“一台风机肩上扛，手脚耳膜全是伤，凿岩拓巷60 000米，酸甜苦辣慨而慷”——这是诗歌的魅力！“总行程38 800千米，相当于绕地球赤道一个大圆圈”，“与工友们扛着26公斤重的风机凿出岩石40万立方米，足可以填平长沙烈士公园年嘉湖”——这是形象比较的魅力！这篇演讲辞“讲点”突出，逻辑清晰，语言流畅，通俗易懂，作比形象，相当精彩。

四、可听性

在演讲中，“听是讲的一半”，如果听众不听，讲就毫无意义了。演讲稿既要满足听众“入耳”后引起思考的心理需要，又要满足听众听起来“顺耳”的声韵美需要。

今天是八一建军节，那我们从“大国崛起”这个词说起吧。我倒是很愿意看到中国的崛起，可是我希望它是以文明的力量来崛起的。

如何衡量文明？我愿意跟大家分享我自己衡量文明的一把尺。它不太难。看一个城市的文明程度，就看这个城市怎么样对待它的精神病人，它对于残障者的服务做到什么地步，它对鳏寡孤独照顾到什么程度，我看这个城市怎样对待民工，对我而言，这是非常具体的文明尺度。

一个国家文明到哪里，我看这个国家怎么对待外来移民，怎么对待它的少数族群。我观察这个国家的多数如何对待它的少数。

谁在乎“大国崛起”？至少我不在乎。我在乎的是刚才我所说的文明尺度——你这大国怎么对待你的弱势和少数，你怎么包容不同意见，这才是我在乎的。（龙应台《文明的力量：从乡愁到美丽岛》）

在上述演讲辞中，文明是演讲者倡导的理念；以人为本是演讲者的立论之本；排比设问是演讲者“口从心、心应口、言为心、见心灵”的写照。质朴的语言是最具可听性的至语真言。作者在演讲中侃侃而谈，条理清晰，语言质朴，极具可听性和感染力。

五、鼓动性

优秀的演讲稿应有一种激发听众情绪、赢得听众好感的鼓动性。要做到这一点，首先要依靠演讲稿思想内容的丰富深刻和见解的精辟独到，发人深思；其次语言表达要形象、生动，富有感染力。

反动派，你看见一个倒下去，可也看得见千百个继起的！

正义是杀不完的，因为真理永远存在！历史赋予昆明的任务是争取民主和平，我们昆明的青年必须完成这任务！

我们不怕死，我们有牺牲的精神！我们随时像李先生一样，前脚跨出大门，后脚就不准备再跨进大门！（闻一多《最后一次演讲》）

这是一次“动真情、情运气、气托声、势为帅”的演讲。民主和平讲真情，牺牲精神显气节，真理永存弘正义，势不可挡催奋进。演讲者闻一多大义凛然，字字掷地有声，气贯长虹，极具鼓动性和感召力。

练习与实践

1. 请以白岩松在耶鲁大学的演讲《我的故事以及背后的中国梦》为文本，试着分析演讲的五大特征在这篇演讲稿中是如何体现的。

2. 闻一多《最后一次演讲》的鼓动性体现在哪些语句中？

第二模块　演讲稿的选材

第一部分　演讲稿的选材原则

在社会生活中，可供演讲的材料是极其丰富的。但是，演讲内容的广泛性并不意味着演讲选材的随意性，具体到某一次特定情境中的演讲，由于受演讲的主客体诸多因素的制约，选材时便要考虑这些因素。演讲稿的选材必须遵循以下基本原则：

一、贴切

选材贴切首先是指选材必须切合演讲主题需要。材料的引用是为了说明观点、阐述道理和深化主题，所以选用材料要紧密围绕演讲的主题来进行，使道理自然地寓于事例之中，让人听后感到顺理成章。

其次，选材贴切是指选材要针对听众和场合的需要。一是针对不同听众选择不同材料。只有选择易使听众理解的材料，听众才能接受；只有选择与听众联系密切的材料，听众才会感兴趣；只有选择听众迫切希望知道的材料，才会受听众欢迎。二是针对不同场合选择不同的材料，以使演讲不仅思想正确，而且内容得体。

同学们，浮躁的社会呼唤思考。2013年的中国很不平静，网上盛传“黄浦江排骨汤”的段子，大学室友“感谢当年不杀之恩”的玩笑话，道出了多少无奈和悲哀。有人说，这是一个充满失败感的盛世。同学们，当各种负面新闻扑面而来，很多人“拿起筷子吃肉，放下筷子骂娘”的时候，很多人不相信未来的时候，你们是否也像别人一样吐槽、抱怨、怒骂？或者只是说：“元芳，你怎么看？”我希望你们应有更多建设性的思考！

请你思考——当我们陷入PM2.5不达标、水污染、垃圾围城的“十面霾伏”时，如何让天更蓝、水更清？民以食为天，食以安为先，当“镉大米”等各种毒食侵袭我们之时，除了去香港买奶粉，还有没有更好的办法？当“中国式过马路”“中国式吐痰”“中国式离婚”等问题层出不穷时，我们离良好秩序的公民社会还有多远？

还请你思考——近百年来，为什么中国没有出过享誉世界的思想家？几十年来，为什么中国没有出过站在世界巅峰的杰出科学家？“钱学森之问”，拷问的难道仅仅是教育的责任吗？

再请你思考——这些年，我们渴望民主、追求自由，但西方式的民主和自由真的能嫁接到中国吗？国家试图打破“赢者通吃”的局面，社会公平、正义离我们还有多远？国家弘扬生态文明、努力提升幸福感，但“增长中国”变成“美丽中国”“幸福中国”还要多久？（薛安克《思考》）

这是一位大学校长在2013届毕业典礼上的演讲辞，更是一位智慧的师长送给学子们乘风破浪的贴身锦囊。浮躁的社会呼唤思考。作者结合社会现实发问，结合听众所思所想发问，结合演讲主题发问，发问的目的是引发思考：思考致善，思考致远，思考致胜！演讲辞选材贴切，构思缜密，语言生动，观点睿智，发人深省。

二、真实

选材真实，就是指材料既要符合客观实际情况，又要反映客观事物的本质和主流。演讲中使用的材料必须来源于客观生活，不能捕风捉影、道听途说，更不能无中生有、胡编乱造。但是现实生活中有些事实，由于只是一种表面现象、片面现象或偶然现象，用这类材料显然不能正确地反映生活和深刻地表现事物。所以，只有那些能反映生活本质和主流的事实，才是确凿的真实材料，才能使演讲的主题立于牢固基础之上。

我现在22岁，演讲就像一个已经陪伴了我16年的朋友。她在我生命最初的年华中陪我走过一轮轮的四季更替。回想她，就能想起我成长的经历；看到她，就能看到我思想不断成熟的历程。且不说通过演讲可以提高我们的写作水平和表达能力，只要你参加了演讲，你就能够清楚地知道在哪个年份，又是在怎样的背景，我们的国家发生了什么，抑或是提出了什么新的政策，或者碰上了怎样的好日子。回顾演讲，就是回顾自身的成长和社会的发展。演讲承载了精神的繁荣，见证了时代的变迁。社会前进，演讲不息！（谢文静《七子之歌》）

真实是演讲的基本原则。上述演讲辞正因为真实，才达到了“言三响，贵真讲”的演讲要求。“三响”指“响事”“响情”“响语”。“响事”即响亮的事情，足可以扣住人；“响情”即响亮的情怀，足可以感动人；“响语”即响亮的语言，足可以说服人。小学开始学演讲，坚持演讲16年，时代需要演讲，演讲承载精神。作者用真人、真事、真言、真情来讲述《七子之歌》，极具感染力。

三、典型

典型材料就是最能反映事物特征、最有代表性、最能有力地揭示事物的本质，对表现主题具有突出说服力的材料。演讲材料的选择在于精而不在于多，虽然事物的本质和规律，总是通过个别的、特殊的事实表现出来，但并不是任何事实都能反映事物的本质，只有那些能够集中体现事物本质，在同类事物中最有代表性的典型材料才能“片言居要”，更好地论证演讲的主题，增强演讲的思想性和表现力。所以，写演讲稿时应从众多的材料中选择那些最有表现力和感染力的典型材料。

刘院士从事鱼类研究五十余年，曾以其卓越的科研成果实现了湖南省属大学教授当选两院院士“零”的突破。他从不计较个人得失，总把教学科研作为自己的第一追求。对于研究实验，他必到现场指导。一次“四大家鱼人工繁殖”雨后观测实验必须在凌晨三点进行，刘老师年纪大，天黑路滑，大家怕他摔倒，所以都好心不让他去现场。可是，当负责实验操作的同志在现场遇到难题时，大家忽然又听到了那个熟悉的声音。原来，刘老师不知什么时候又来到了他们身边……刘院士今年已经近80高龄了，按理说他早可以安度晚年，尽享天伦，然而刘院士老骥伏枥，志在千里！他说：“我现在正在做菜篮子里的新课题——娃娃鱼的人工繁殖。这事情做成了，不仅可以保护这一物种，老百姓也有口福啦！我想起这些要做的事情，就觉得很年轻，我要和你们一起奔跑下去……”其实，令我们骄傲的远不止这些，走进风景如画的校园，我们随处可见那些白发苍苍的教授，那些为了学校建设发展和祖国教育事业呕心沥血、鞠躬尽瘁的学者专家。……他们都是师德的标兵、敬业的楷模，都是一面面光荣的旗帜！（蔡颂《奔跑的旗帜》）

上述演讲稿凸显出“三个典型”：一是人物典型，刘院士就是一面带头奔跑的旗帜；二是事例典型，刘院士的教学科研成果不胜枚举，作者没有大肆宣扬其功绩，却选取了四大家鱼人工繁殖雨后观测实验这一事例，置典型人物于平凡的教学科研工作中，通过细节彰显其个性及师德，笔墨不多，对人物的刻画却入木三分；三是品格典型，从带头奔跑的刘院士到众多白发苍苍的学者专家，他们具有同样可贵的品格。作者采用以点带面的方式自然推展，寥寥数笔清晰勾勒出“奔跑的旗帜”教师群像，在巧妙提升主题的同时，将典型人物的典型品格展现得淋漓尽致，崇高师德令人感动。

四、新颖

见解独特的演讲能启迪听众的智慧，给听众留下深刻的印象。演讲中，所选材料的新颖度对表达主题有重要作用。选材陈旧，令人听来枯燥乏味，主题的表达也就会受到影响，只有新颖的材料才能吸引人。因此，演讲者应善于捕捉社会生活中层出不穷的新事实、新经验、新问题，善于总结，做出理论上的概括，并以此作为材料。另外，也可以选择那些虽非新出现的，但人们却没说过或很少说过的事实作为材料，或者虽是人们常说的陈旧事物，但换一个角度来选材，这些都可以给听众以新鲜感。

我知道，你们还有一些特别的记忆。你们一定记住了“俯卧撑”“躲猫猫”“喝开水”，从热闹和愚蠢中，你们记忆了正义；你们记住了“打酱油”和“妈妈喊你回家吃饭”，从麻木和好笑中，你们记忆了责任和良知；你们一定记住了“姐的狂放”“哥的犀利”。未来有一天，或许当年的记忆会让你们问自己，曾经是“姐的娱乐”，还是“哥的寂寞”？（李培根在华中科技大学2010届毕业典礼上的演讲）

在上述演讲稿中，“躲猫猫”“打酱油”“妈妈喊你回家吃饭”“姐的狂放”“哥的犀利”等都是当时的流行语，使用这些“新鲜”词语和材料不仅能恰当地表现主题，还十分贴近学生的心理，拉近了校长与学生的距离。

第二部分　演讲稿的选材途径

演讲者只有选择高质量的素材，才能完成高水准的演讲稿。所以对于演讲者来说，了解如何去寻找素材就显得尤为重要，以下是几种常用的寻找演讲素材的途径：

一、经历

个人经历对于个人来说是具有相当权威的可谈论的内容。演讲者的特殊经历、工作和生活都能为演讲者提供可用于演讲的素材。然而，在将个人经历作为演讲的材料之前，演讲者应该问自己几个关于信息有效性的关键问题：第一，个人经历是否具有典型性；第二，个人经历是否是偶发事件；第三，个人经历能否让听众欣赏或学习到相关经验；第四，个人经历能否证明某个需要表达的观点；第五，个人经历的陈述是否会伤害别人，等等。

二、采访

我们所处的人际交往圈中有许多具有某方面专业知识的人，比如具有政治学知识的政府工作人员，具有健康护理知识的医生护士，具有建筑知识的工程师，具有工商业知识的私人业主和经理等，他们都具有较高的职业素养和较扎实的专业知识。我们会发现，采访是获取素材资源的有效方式。你采访的对象会为你提供观点、开场白以及引导你寻找其他素材资源的有用信息。需要注意的是，采访前应做好计划，以便采访顺利进行并取得预期效果。

三、图书馆

图书馆几乎拥有我们所需要的所有素材和资料——杂志、报纸、图书、录像带等，应有尽有。如果对图书馆的资源不熟悉，就一定要咨询专门帮助查询信息来源的图书管理员。图书馆的参考咨询部有许多有用资源，除了专业大百科全书，还有专业词典、年鉴、名人名言、名人传记和地图集等，图书管理员能快速帮我们确定这些专业参考资料是否对演讲主题有所帮助。

多数图书馆提供大量可以用来确定信息来源的索引和目录。事实上，现代图书馆提供多种信息查找方式，通常最困难的工作是不知从何开始。图书馆的网站通常会提供两种信息查找方式：电子目录和电子期刊索引。

1. 电子目录

现在，多数图书馆都有电子目录——包含图书、期刊或其他图书馆资源信息的数据库。计算机目录与旧式的卡片目录相似，因为它也有图书编目号码，也是按照作者、学科和标题查找。当查找与主题相关的素材资料时，计算机能帮助我们缩小查找的范围——卡片目录则不具备这个功能。我们首先输入一个词或短语如“道德规范”，计算机就会显示所有与道德规范相关的副标题列表；从中选择一个副标题后，与这个特定主题相关的素材资料列表就会出现在屏幕上。在这个列表上，不仅能看到书名及其存放位置，还能看到它们的借阅状态，如果已被借出，那么还会显示归还时间。在这个列表上，有时还会包括某本书的简要介绍。

电子目录不仅能用来查找图书，多数图书馆还允许用户查找期刊和其他资料。尽管无法通过电子目录查找到一本杂志的某篇文章或者技术期刊，但可以查找其来源。在某些情况下，电子目录会提供原始素材资料所在的期刊电子全文版链接，我们可以借此浏览原始素材资料。

2. 电子期刊索引

期刊是一种定期出版物。我们通常只对期刊的某篇报道或某篇文章感兴趣，而不是像图书那样对整期或整版都感兴趣，因此期刊是一种不同于图书的资源，我们可以使用专业数据库查找与演讲主题相关的具体文章。

如果演讲主题非常专业，那么咨询图书管理员能帮助我们找到有价值的资源。电子期刊索引的工作原理与多数互联网的搜索引擎相似。有经验的演讲者经常使用多种期刊索引查找信息。不是每个图书馆都具备这些数据库，如果我们去的图书馆没有订购某个数据库，图书管理员可以帮助我们找到替代资源。

四、互联网

互联网已经成为资料搜集的主要渠道，它能提供大量的多媒体文件、图片和其他类型的信息。

尽管网络具备诸多优势，在使用网络资源时却必须谨慎。首先，我们应该知道网络资源有“免费”和“收费”之分，最好最权威的网络资源往往来自需要付费的高质量信息源；其次，核实所查到的网络信息很关键，网络素材资料来源很多，但许多网络信息往往经不起推敲，这就需要我们树立网络信息求真的意识，利用各种渠道全面检验所查找的网络素材资料是否真实有效。

下面介绍一个可以提高网络搜索水平的技巧，即学会使用搜索引擎，搜索引擎的主要作用就是帮助我们在海量的网络信息中寻找到我们所需要的信息和素材资料。尽管搜索引擎能找到数千个包含搜索词汇或短语的网站，但它的弊端是总会出现许多不相关的网站信息。搜索引擎的一个替代品是虚拟图书馆，它可以提供相关性和可用性已得到评估的网站链接。

许多搜索引擎提供两种信息访问方式：第一种方式是点击搜索引擎网站主页上列出的一个主题分类，随后就会出现更具体的子分类，你可以根据特定的概念、人物、主题、爱好等查找网络资源；第二种方式是进行关键词搜索。如果我们仍处于挑选或确定主题的初始阶段，我们可以运用第一种方式——明确的分类列表或许能帮助我们进行主题挑选和确定。如果我们已经确定了演讲主题，就可以使用关键词搜索的方式进行搜索，寻找到演讲主题所需的大量素材和资料。

第三部分　演讲稿的选材方法

“巧妇难为无米之炊”。的确，观点再好，如果没有材料做支撑，写出的演讲稿也只能是没有“血肉”的空壳。为了挑选出最佳的素材，我们就需要学习选材的方法。

一、结合自身选材

虽然演讲者应该始终关注听众，但是演讲者首先也需要确定自己是否对某个主题的材料感兴趣。如果演讲者对选材感兴趣，就会充满热情，听众也愿意分享这种感受。如果演讲者对某个素材毫无兴趣，听众是能感觉到的。

对自身拥有的材料进行研究是每个演讲者的责任。演讲者应该对自身所拥有的材料有一定的了解，同时还应该去深入研究这个材料。如果演讲者对某个主题的了解超过多数听众，或者他能通过学习做到这一点，那么这个主题的材料就是适合他的。大多数人对演讲主题只具有浅薄的知识，演讲者对某个具体主题的了解应该比听众多，只有在他具备这种知识储备后，才能较好地把握这些与主题相关的材料。

二、结合听众选材

演讲者有责任引起听众对于相关材料的兴趣。假设演讲者对基因工程非常感兴趣，但他意识到其他人对此可能不太感兴趣，那么就可以找一个共同感兴趣的切入点，例如谈论有争议的基因工程——转基因食品。同时，演讲者要考虑材料在听众看来是否有价值。如果听众对这个材料已经很熟悉，那么演讲者要认真思考自己将要传达给听众的信息是否具有吸引力。

在具体分析演讲材料是否适合听众时，可以从以下几个方面入手：

1. 需求

了解听众的需求是演讲成功的前提，演讲材料的选择不能以自我为中心，从挑选素材开始，就要紧紧围绕听众的需求。演讲者必须考虑听众能从这次演讲中得到什么，要理解听众来听这次演讲的深层次动机。演讲者设计演讲稿的时候，要重点围绕大多数人的需求，照顾到他们的利益，满足他们的深层次心理动机。否则，演讲者选择的演讲材料就是无的放矢，最终变成一个人的舞台和独角戏，而不会引起台下的共鸣。例如演讲者要做一次关于“学习技巧”的演讲，听众的需求是了解学习技巧，听众的利益是希望通过聆听演讲来提高自己或他人的学习效率，以便获得更好的学习成绩。他们深层次的动机是为了在老师同学和家人面前更有尊严。如果演讲者在演讲材料的选择上能同时照顾到学生、家长、老师的共同需求、利益和动机，那毫无疑问演讲将会取得成功。

2. 经历

这里所指的经历包括学习经历和人生阅历。毋庸置疑，初中生和研究生，由于学历的差距对演讲的期许完全属于两个层面，在选择演讲材料的时候，演讲者要考虑到听众中80%以上的学历集中在哪个层面，要向大多数人靠拢。同时，正如俗语所说，“读万卷书，不如行万里路；行万里路，不如阅人无数”，经历对于一个人来说是非常重要的，因此我们在选择演讲材料的时候，要充分考虑到听众的经历，在设计演讲案例的时候，要结合对方的经历分析和讲解，以引起共鸣。

3. 年龄

在选择演讲材料的时候，演讲者要充分考虑到听众的年龄。一般而言，年龄越大的听众对演讲材料的新颖程度的要求越低，因为，这类听众往往不能及时地了解当下流行的一些网络用语、网上奇事等，所以他们更愿意听到用常见的材料表现出新颖的观点；年纪较轻的听众则更喜爱新奇的材料，新奇的材料更能引起他们的兴趣。

4. 地域

不同地域的人，具有不同的地域性格特质，例如深圳是一个移民城市，这个地域的听众思维和行为相对比较开放，在这里演讲会得到较高程度的配合，但这里商业盛行，当地市民讲究务实，他们需要的往往是鲜活的实例和解决问题的具体方法；北京市民则由于身处文化中心，因而整体文化层次偏高，他们希望听到具有一定深度的观点。可见不同地域的人对于演讲内容、观点和材料的需求是有区别的，演讲者应该因地制宜地选材。

5. 性别

性别也是一个必须考虑的因素。总体来说，男性比女性更沉稳乐思，女性比男性更细腻时尚。所以，当听众多为男性时，我们不妨从政治、历史、体育等男性感兴趣的方面选择材料；而听众多为女性时，我们可以选择一些具有较强烈感情色彩的素材或时尚气息较为浓郁的材料。

三、结合情境选材

1. 时间

演讲者必须在特定的时间内对所选材料加以充分阐述。从心理学的角度讲，人的大脑在短时间内不可能同时接收许多新问题，因而演讲者不能在短时间内提出许多问题，去做“跑马式”的演讲。例如，有一个初学演讲者，他的演讲时间限定为三分钟，可是他开头就对听众说他要讲六个要点，这样每个要点只能占半分钟，而要在半分钟内讲清一个要点，难度很大，效果有限。结果，每个要点都只能蜻蜓点水，演讲效果不佳。这就如同一个导游带领游客用一天时间就游览了整个北京，这种“跑马式”的参观，既印象模糊，又毫无乐趣，远不如一天只游览一两个景点，使游客留下深刻的印象。

适合规定的时间，并不意味着时间长只能讲反映大论题的材料，时间短只能讲反映小论题的材料，而是要根据时间长短来做出恰当的安排。例如：时间短，演讲者可选择包含在大论题中的精彩小问题来谈，让听众“窥一斑而知全豹”；时间长，演讲者可将几个有价值的小问题或材料串在一起进行阐述，这就要求演讲者对材料进行精心的整理和提炼。

2. 场合

演讲是演讲者在特定的环境中面对公众发表讲话的活动，因此演讲实质上是演讲者的主观因素与演讲环境的客观因素相结合的产物。一场优秀的演讲是演讲者能动地适应演讲环境的结果。黑格尔在《美学》中说：“既然要产生一种活的实践效果，演说家首先要充分考虑到演讲的场合以及听众的理解力和一般性格，否则他的语调就会由于时间、地点和听众都不适应而不能达到所向往的实践效果。”所以，任何演讲和论题都要适合演讲的具体场合，使演讲与会场气氛协调一致。

练习与实践

1. 假设学校要举行以“我的大学梦”为主题的演讲比赛，请结合自身情况搜集素材，并进行分组讨论。

2. 假设你要在开学典礼上代表新生发言，拟写一篇600字左右的发言稿。

第三模块　演讲稿的结构

第一部分　精心布局

在写作演讲稿之前，应进行整体构思。演讲稿的框架构思可以分为很多种，在这里介绍常见的五种：串联式、并联式、“WWH”式、三句话式和关键词式。

一、串联式

基于物理学的基本电路原理，串联电路的特点就是在正常情况下，处于串联状态的电器，如果一个失效，其余的都会失效，它们之间是一个接一个的。如果演讲稿采用串联式框架，其信息之间的关系表现为先后、递进、因果，一般不能调换顺序。

大家好！

我叫刘晓燕，1981年4月出生于益阳，1999年6月从一师保送到师大数计学院计算机系，2003年6月本科毕业留校工作至今，曾在数计学院当过辅导员，在招生与就业指导处工作过，现在是党委组织部正科级组织员。（刘晓燕《竞聘演讲》）

该演讲中的三个时间点：1981年4月、1999年6月、2003年6月构成串联式结构。

二、并联式

与串联式的物理学原理对应，并联式是异曲同工的，其特点就是处于并行状态的电器，如果其中一个出现问题，并不会直接影响到其他电器。在演讲稿构思中，如果从不同角度分析一个问题的时候，就可以用并联式结构来进行。

这个产品有三个特点。第一，物美：它造型别致，设计精巧；第二，价廉：在同类型产品中，它功能齐全却定价不高；第三，实用：它便于随身携带，随时使用。

上述写作框架以一个产品的“物美、价廉、实用”为并联式结构，三个点之间是并列关系，交换位置不会影响语意的表达。

在演讲稿的具体构思中，还可以生成很多并联式结构。比如看待一个文化现象可以用历史的角度、现实的角度、法律的角度等作为并联式结构；进行精细化管理的宣讲推行时，可以引入精、准、细、实、严的并联式结构；全面看待一个事物，可以从“宏观、中观、微观”这三个层面来进行并联式结构安排。

三、“WWH”式

所谓“WWH”是指英文中三个单词的第一个字母：第一个“W”即What，是什么，发现问题；第二个“W”即Why，为什么，分析问题；第三个“H”即How，怎么样，解决问题。这三个步骤构成一段即兴演讲的框架。

某校发生了学生与食堂工作人员冲突的事件，新闻发布会上，校方对该事件进行说明：首先，介绍事件的发生过程；其次，分析这次事件的发生原因；最后，提出对该事件的处理方案。

四、三句话式

三句话式一般应用在礼节性演讲当中。此处提出“三句话”，其实未必仅仅是三个句子，也可以是三层意思，即提出三个观点，然后结合每一个观点进行适当的阐释。三句话式的构思适合许多礼节性的演讲场合，故被广泛采用。

常见的礼节性表达有如下几种：

欢迎类。表示欢迎、恭迎、喜迎等。欢迎类一般由礼仪性活动的主办方来表达，且作为表达的第一层意思能显示热情和诚恳。作为客方则需谨慎表达，以免有喧宾夺主之嫌。

让我们向莅临现场的各位领导和来宾表示热烈的欢迎！

感谢类。表示感谢、感激、感恩、鸣谢等，任何角色均能表达此意。

让我们以热烈的掌声对各级领导和广大老师的关心、支持表示衷心的感谢！

祝贺类。表示祝贺、恭贺、贺喜、恭喜等。一般用于带有喜庆气氛的礼仪性场合，如开业庆典、表彰大会、竞赛活动等。

让我们对本次活动的顺利举行表示热烈的祝贺！

祝愿类。表示祝愿、共祝、预祝等，多数用于演讲稿的结尾部分。

最后，预祝本次活动圆满成功！

要求类。表示要求、希望、建议等，多数用于演讲稿的中后部分。

在此，我还提几点希望：第一，希望大家认真细致，尽可能杜绝错误；第二，希望大家团结协作，提高工作效率。

在上述五种表述中合理选择其中三种进行组合，比如欢迎类+感谢类+祝愿类，或是祝贺类+感谢类+要求类，或是感谢类+祝贺类+祝愿类等，就可以构成演讲稿的三句话式结构。

此时此刻，我同你们一样，心中涌起太多的感动、太多的留恋。今天，学校为大家举行隆重的毕业典礼，在这个庄严的仪式上，所有的掌声和祝福都属于你们！

我要代表学校对圆满完成学业的5 885名本科毕业生、2 552名硕士毕业生、161名博士毕业生表示热烈的祝贺！向多年来为同学们成长成才付出辛勤劳动的教职员工表示衷心的感谢！向关注学校发展、关爱同学们成长的各位家长和社会各界人士致以崇高的敬意！（鲁良《毕业典礼暨学位授予仪式上的发言》）

五、关键词式

关键词式结构要求演讲者在演讲稿的构思中用一个关键词或关键句来衔接全文。关键词式的整体构思要求在演讲中对关键词反复强化，使关键词在受众头脑中形成深刻的印象。关键词既可以是全文的标题，也可以是全文的核心观点。简短的演讲一般用一个关键词或关键句进行衔接，篇幅较长的演讲，也可选取一组或几组关键词或关键句。

“不亦说乎”的灵感来自两年前孩子学论语的片段，当时他读第一句“子曰：学而时习之，不亦说乎”，竟读成了说话的说。童言无忌，但听者竟有意，我立马将自己所有课件的大标题改成《不亦“说”乎》，因为对演讲与口才的自我要求已趋向于此四字——演讲不就是要说话吗？不就是要说得愉悦、快乐吗？

于是我把自己定位为一个忠实的演讲与口才“学而时习”者，

简称“学习者”。这些年，在机关、在院校、在厂矿、在社区，我不亦悦乎地扮演着演讲与口才方向师者的角色，数字可以说明一切，各类讲座近1 500场（其中法制类近1 000场，其余为演讲类），主持300场余，精细辅导竞技选手200人余，评审100场余，其中半数担任点评。期间遇到了一些人，既有鹤发童颜式的离退休前辈，也有蹦蹦跳跳式的幼儿娃娃；既有如日中天式的政商界要人，也有风华正茂式的帅哥美女。期间看到了一些事，看到一个个竞技的选手披金挂银，看到一个个面试的考生心想事成，看到一个个培训的学员魅力彰显。于己的视野，从若有所思到茅塞顿开，从踯躅独行到拨云见日，“回首”的感叹不亦悦乎。

今日下午放学，孩子兴奋地告知已将教师节的祝福向老师表达，一脸的阳光。我把他的名字取为蒋演（讲演的谐音），期盼之意显然。蒋演是小学一年级的新生，看到他在开学典礼上代表全校学生作绿色环保领誓，表现出超越同龄人的文字驾驭能力，更看到他身心的健康成长，我不亦悦乎。也许，刚入中年的我，演讲之路就像六岁的孩子一样才刚刚开启，我期待自身更为广阔的“不亦悦乎”时空，也祝福演讲与口才学会这个大家庭在阳光之路上常青、常新。

没错，我视野中的演讲与口才，不亦说乎，不亦悦乎。（蒋维《不亦“说”乎》）

以上介绍的关于演讲稿的五种构思模式是可以综合运用的，巧妙的整合安排能衍变出更多各具特色的新颖构思。有了整体构思的框架，就好比建筑有了基脚，至少在演讲稿的行文中能保持文章的相对完整性，但要实现“完美”，还需要对演讲稿进行“装修”，即对演讲稿的各个部分进行精心的设计、安排，对语句进行精细的推敲、锤炼。

第二部分　精细谋篇

演讲稿由标题、开头、主体、结尾四个部分组成，其结构原则与一般文章的结构原则大体一致。但是，由于演讲是一种具有时间和空间特性的活动，因而演讲稿在具体行文过程中还具有其自身的特点。演讲稿要精心设计标题、开头、主体和结尾。

一、标题——鹰眼

“秧好一半谷，题好一半文”，演讲的标题是受众对演讲的第一感受，是演讲内容的提炼、概括和升华。演讲的标题应如鹰的眼睛，目光如炬，炯炯有神，站得高，看得远，抓得准。拟演讲稿标题，要注意以下几个方面：

1. 简约

演讲标题不能太烦琐，要具有概括性，能把演讲的主题、内容、目的全面地反映出来，如黎瑞刚《颠覆电视》、富兰克林《我对这部宪法很满意》等演讲标题，一讲出来就让人明白内容和主题。设计演讲标题时，可以将集中表达演讲者思想的、使听众一听就知道演讲中心问题的关键词语提出来，这样的演讲标题往往简洁有力。

2. 准确

演讲标题在追求简约的同时，必须做到准确，否则，这个简约就变得没有任何意义。要使演讲标题一讲出来，听众就能够明白演讲的主题，知道要讲的是哪个方面的问题，是否贴近听众的需要。卡巴斯基《恶意软件与恶意软件体系的演变》和李开复《从优秀到卓越》等演讲标题，让听众很容易准确辨识出接下来的演讲内容，从而辨别是否符合自身需要。

3. 新颖

当今时代是一个信息时代，以新颖的标题去吸引听众的注意力格外重要，如果得不到关注，就不可能得到传播。例如马云在雅虎的一次精彩演讲《爱迪生欺骗了我们》，这个标题就让人耳目一新，又如易中天在北大的演讲《中国梦：梦与梦魔》，一反时下美好中国梦的基调，将梦与梦魔相提并论，吸引眼球。

二、开头——凤头

演讲稿的开头是在演讲者与听众之间架起的第一座桥梁，更是让演讲第一时间吸引听众的关键，应如“凤头”，用语要精巧、别致、美观，犹如凤首引吭高歌，独具魅力。下面，介绍几种常用的开头方法：

1. 开宗明义

开宗明义就是开门见山，这是中国传统的作文开头法，也是演讲稿常用的开头方式。这种开头具有干脆利落、中心突出、观点鲜明的特点，符合听众的接受心理，要求用精练的语言说清楚演讲的意图或主题。

> 3月14日下午两点三刻，当代最伟大的思想家停止思想了。让他一个人留在房里总共不过两分钟，等我们再进去的时候，便发现他在安乐椅上静静地睡着了，但已经是永远地睡着了。这个人的逝世对于欧美战斗着的无产阶级，对于历史科学，都是不可估量的损失。这位巨人逝世以后形成的空白，在不久的将来就会使人感觉到。（恩格斯《在马克思墓前的讲话》）

开门见山式的开场白，言简意赅，直切主题，没有太多的枝蔓，让观众一听就明白演讲的主题。一般来说，学术型演讲、政治型演讲、新闻发布会演讲、面试演讲等比较严谨、庄重、正式的场合，多采用这种开场白。对于没有太多演讲经验和技巧的演讲初学者来说，使用开门见山式的开场白可以确保演讲顺利开始，避免失误。

2. 引经据典

一是锦言妙语导入。名人名言、格言、警句、歌词、谚语、诗词等往往语言优美，极富哲理，启迪性强，具有引人注目的力量。恰当地引用名言警句是写好演讲稿精彩开头的好方法。

> 今年是纪念长征胜利70周年，朋友们，我想问一个问题：什么是“长征精神”？“长征精神”是面对强敌，敢于“亮剑”；“长征精神”是绝地反击，转危为安；“长征精神”是草地上篝火旁小战士那段悠扬的笛声；“长征精神”是饿死的女红军省下的那块最后的干粮；“长征精神”是大渡河边一天行军二百四十余里的那双草鞋；“长征精神”是夹金山上抵御暴风雪的那把破伞；“长征精神”是“四渡赤水出奇兵”，“不到长城非好汉”；“长征精神”是“金沙水拍云崖暖，大渡桥横铁索寒，更喜岷山千里雪，三军过后尽开颜”！（陈柱文《艰苦朴素的美德》）

演讲者融情景于一体，与长征有关的著名词句、历史场景、具有象征意义的物象均信手拈来，比喻、借代、排比等修辞手法运用精妙，引经据典的开头气势非凡。

二是故事、实例导入。故事能激发听众的好奇心，启迪听众思维，调动听众的想象力。以故事或实例开头就是指演讲者开篇就用形象的语言，绘声绘色地讲述一个内容生动、情节动人的精短故事或实例。

我的演讲，要从一个发生在山村小学的故事开始。那年夏天，窗外下着大雨，教室里，孩子们读书读得正起劲，突然一声巨响，屋后的老树被闪电击中，笔直地压在教室的屋顶上。瓦片杂乱地落下来，斑驳的墙壁眼看就要倾倒。在这危急关头，校长毫不犹豫地冲到学生中，用自己的身体，护着那些学生安全地离开教室。当他拽住最后一个学生的手，准备往外冲时，屋顶的梁木砸了下来。他使劲把学生往门口一推，学生被安全地送出教室，而他自己，醒来的时候已经躺在医院的病床上。也许大家对这样的故事，有些似曾相识，但这似乎只在电影里出现的镜头，就发生在我的身上。那个最后被推出教室门口的孩子，就是我！（赵常浩《用生命扛起师德的旗》）

演讲开篇所讲述的故事，扣人心弦，瞬间即能抓住听众，这种开头生动巧妙而又意义深远。

3. 出奇制胜

在演讲中，为了能够第一时间吸引听众的注意力，往往可以突破千篇一律的老套路，根据情况出奇制胜。

有一次，陶行知先生在武汉大学演讲。他走上讲台，不慌不忙地从箱子里拿出一只大公鸡。台下的听众全都愣住了。陶先生从容不迫地又掏出一把米放在桌上，然后按住公鸡的头，强迫它吃米，可是大公鸡只叫不吃。他又掰开鸡的嘴，把米往鸡嘴里塞。大公鸡拼命挣扎，还是不肯吃。最后陶先生轻轻地松开手，把鸡放在桌上，自己向后退了几步，大公鸡就开始啄食了。这时陶先生开始演讲：

“我认为，教育就跟喂鸡一样。先生强迫学生去学习，把知识硬灌给他，他是不情愿学的。即使学也食而不化，过不了多久，他还是会把知识还给先生的。但是如果让他自由地学习，充分发挥他的主观能动性，那效果一定会好得多！”

台下一时间欢声雷动，为陶先生奇特而形象的演讲开场白叫好。

4. 即景生情

一上台就开始正正经经地演讲，会给人生硬突兀的感觉。演讲者不妨以眼前人、事、景为话题，引申开去，把听众不知不觉地带入演讲之中。1863年美国葛底斯堡国家烈士公墓竣工。落成典礼那天，国务卿埃弗雷特站在主席台上，只见人群、麦田、牧场、果园、丘陵和山峰俱在眼前，他心潮起伏，感慨万千，立即改变了原先想好的开头，从此情此景谈起：

“站在明净的长天之下，从这片经过人们终年耕耘而今已安静憩息的辽阔田野放眼望去，那雄伟的阿勒格尼山隐隐约约地耸立在我们的前方，兄弟们的坟墓就在我们脚下，我真不敢用我这微不足道的声音打破上帝和大自然所安排的这意味无穷的平静。但是我必须完成你们交给我的责任，我祈求你们，祈求你们的宽容和同情……”

这段开场白语言优美，节奏舒缓，感情深沉，人、景、物、情完美而又自然地融合在一起。当埃弗雷特讲完这段话时，不少听众已泪水盈眶。

“秋风万里芙蓉国，枝头硕果胜春光”，很高兴在这被五代诗人谭用之誉为“芙蓉国”的胜地，在这硕果累累的金秋，和大家共同展望充满希望的明春！（许锐《播种与收获》）

作者开头寥寥数语即把天时、地利、人和尽收心底，并巧妙点题，真可谓匠心独运，妙笔生辉。

即景生情不是故意绕圈子，不能离题万里、漫无边际地东拉西扯，否则会冲淡主题，也使听众感到倦怠和不耐烦。演讲者必须心中有数，还应注意点染的内容必须与主题互相辉映，浑然一体。

5. 巧设悬念

以悬念开头是使演讲具有艺术吸引力的有效方法。对于一些超出自己想象之外的问题、事件，听众都有比较强烈的探求欲望，强烈的探求欲望会增强人对外界信息的敏感性，极易激活思维，进而产生一种欲罢不能的情绪冲动。因此，开头设置悬念，把一些罕见、奇特、令人震惊的事件提出来可以获得意想不到的效果。著名演讲家颜永平给大学生们上演讲课，有一次在大晚上跟大家说早上好，有的学生就发笑，心想老师是不是在倒时差啊。可是老师身经百战，怎么会犯这种低级错误呢？于是悬念产生，学生们都竖起耳朵，想看看老师如何收场。在停顿一会儿后，颜老师说道：

> “青年就像是早上八九点的太阳，祝大家立志成才，早点走上理想之路，好不好？感恩父母，早点走上幸福之路，好不好？为中华之崛起而读书，早点走上成功之路！好不好？”

颜老师设置演讲悬念，使演讲一波三折，跌宕起伏，而妙语连珠的解释又把现场气氛调动了起来，不仅控制了演讲的节奏，还拉近了与学生的距离，直接触及学生的内心。

6. 幽默搭桥

幽默是人类智慧火花的闪现。诙谐幽默的开头往往亦庄亦谐，轻松自然，活泼灵动，既语带双关，又不失机智。这种开头不仅能较好地彰显出演讲者的智慧和才华，增强语言的美感，而且能使听众在轻松愉快的气氛中不知不觉地进入角色，接受演讲内容。如1965年11月，美国友人安娜·路易斯·斯特朗女士在中国庆祝她的80寿辰，周恩来总理特意在上海展览馆大厅举行盛大的祝寿宴会。周总理的开场白是：

“今天，我们为我们的好朋友、美国女作家安娜·路易斯·斯特朗女士庆贺40‘公岁’诞辰。在中国，‘公’字是紧跟它的量词的两倍。40公斤等于80斤，40公岁就等于80岁。”

周总理幽默的演讲开头激起了一阵欢笑，斯特朗女士也高兴地流下了眼泪。

想必大家都听说过这样一句话：在每个人的故事里都有一个胖子。没错，在大家的故事里，我一直都在扮演一个胖子的角色。所以，减肥这个词语对于我来说并不陌生。它是我小时候的梦想，是我现在迫切渴望的，因为朋友们对我说：肖登啊，如果你再不努力，就永远找不到女朋友了。听到这句话我就慌了，于是我就更努力地减肥。可是大家看我这体型就知道了，我还不够成功。但是请您相信，每个胖子都是一个巨大的潜力股，虽然现在我才瘦了五斤，但是以后我一定会瘦十斤、二十斤，最终成为英俊潇洒玉树临风的我。我相信，坚持梦想，会有一个好结果。（肖登《觉醒》）

作者以自我解嘲的方式开头，轻松幽默，自然得体，活跃了现场气氛，更赢得了观众的好感。

三、正文——猪肚

演讲稿的正文是整篇演讲稿的主体，应如“猪肚”般饱满、充实，既能紧承开头，主旨鲜明，又能逻辑严密、重点突出、内容丰富，逐层展开论述。写作演讲稿正文既要充满激情，又要富于理性，做到即事寓情，以情动人，缘事析理，以理服人。

（一）以情动人

情是艺术之魂。艺术的感染力就在于真挚热烈的情感。在优秀的演讲稿中，真挚的情感所产生的渗透力是惊人的。它是一种内在的、征服人心的力量。用情不深，就不可能产生打动人心的效果。

演讲稿中的情感问题，其实也是一个态度问题、立场问题。这就要看演讲者对听众是否抱着平等而又诚恳的态度，对事物是否具有旗帜鲜明的立场。要做到言之有情，就要求演讲稿有真挚的情感，演讲者要有诚恳的态度和明确的立场，对真善美要尽情地宣传和讴歌，对假恶丑要坚决地否定和鞭挞，对光明的事物爱之能深，对黑暗的东西恨之能透。只有真实地表达喜怒哀乐，听众才会在倾听演讲时受到感染，与演讲者达成感情上的共鸣。这样，“春风化雨，润物无声”的效果就达到了。

情感要融入字里行间，让人感到真切自然，就要融情于物，即事寓情。这里所指之物，是广义的物，人物、事物、景物、器物等。演讲稿的写作应该情物交融、情景交融、情事交融，也就是把抽象的感情寓含在具体的叙述、描写之中，让感情自然而然地流露出来，使听众不知不觉地受到感染和教育。与此同时，在写人、写事、写景时要特别注意对细节的描写，情感细腻才更动人。

我发起了“衣加衣”的捐衣活动，收集了很多衣物，其中一部分就送往了家乡；我发动了回收矿泉水瓶和饮料瓶的活动，两万多个瓶子换得了近千元的善款；我组织了“芯连芯”的笔芯回收活动，回收了六千多支笔芯，兑回一千多支新笔芯。这让孩子们多么兴奋啊！令人振奋的是，身边越来越多的同学都参与进来，一点一滴地帮助我实现这个梦想……我们因为热爱，有了这样美好的梦想，因为行动，收获了深深的幸福和感动！（莫依天《因为热爱，所以梦想》）

作者寓情于事，尽管叙述抒情的文字比较平直、沉稳，不见浪花的飞溅，不见火星的迸射，没有华美的辞藻，但听众一定会感受到作者的真情实意，于字里行间领略到感人肺腑的深情和温情。

以情动人的演讲稿中的“情”，一般有以下几个特点：

第一，真挚。要激发听众的情感，演讲者在写作演讲稿时就要有真情实感的投入，正如表演艺术家李默然所说：“不动情，听众当然不会引起共鸣，只要你真正地动情了，观众保证被你打动，不管是多大的声音，哪怕是轻的，观众也会被你震撼住的。”演讲的感召力来自心灵之间的情感共鸣。

第二，充沛。演讲稿的情感不仅要有深度，而且要有广度，即情感丰富多彩且富于变化。根据演讲内容的需要，可以准确表达喜悦、愤怒、悲哀等各种情感。抒发情感时，要运用自如，控制适当，恰到好处：可如滔滔江河奔腾而下，可如涓涓溪水平缓直流，也可忽而暴风骤雨，忽而春风细雨。丰富生动的情感，能够编织出五光十色的生活画面，谱写出最动人心弦的交响乐章。

第三，凝练。情感运动同一切事物的发展变化一样，有它的规律。演讲稿要合理设计情感的爆发点，也就是我们常说的演讲小高潮。小高潮设计的次数一般根据现场和演讲表达的需要，但不宜过多。一般来说，8分钟以内的演讲，小高潮不宜超过三次。演讲稿高潮处可将苦与悲、爱与恨、紧与松、强与弱等对立的情感凝练地组合在一起，使其产生特殊的张力效果，具有强大的震撼力。

（二）以理服人

演讲的目的是通过摆事实、讲道理，在动情的同时以理说服听众、感染听众，让人信服，让人付诸行动。要达到这个目的，就应言之有理，言之有据，言之有序。为此，要做好以下几点：

第一，缘事析理。事实胜于雄辩，演讲者要想使听众产生共鸣，必须保证演讲的内容精彩丰富，材料翔实有力，要借助事实来支撑所持的观点，结合具体的实例来阐述道理，做到用事实吸引听众，用真理说服和感召听众。

第二，鞭辟入里。演讲稿的主题是整篇演讲的中心思想，是灵魂和核心。因此，演讲稿在阐述道理时，应该在保证所持观点正确的基础上，紧扣主题，逐层展开，最终深刻揭示出来。

为提高身体素质，我们每周日都会进行训练。上个月14号，我因脚伤没有去训练场。中午，同学们回到寝室对我说："今天，我们去跑岳麓山了，好难跑！但大家都坚持跑下来了！"看着他们满头大汗却洋溢着自信的笑容，我感受到了一种执着的信念……轻伤不下火线，我不能掉队！上周六晚，战友们陪着我踏上了攀登岳麓山的征程。因脚伤没有痊愈，向山顶奔跑让我感到很吃力，但是，只要想想父母和老师欣慰的笑脸，想想战友们关爱的眼神，想想强身健体、忠诚报国的信念，我就拥有了奋勇向前的无尽力量。我紧咬牙关，擦去汗水，只用了二十多分钟便奋力跑上了山顶。绚丽的烟花掩映着灵秀的麓山，为我和战友们奏响了胜利的凯歌！

一场训练，一次攀登，相对于信念本身，是微不足道的，但是这种强健体魄、保家卫国的志向，不抛弃、不放弃的团队精神，流血流汗不流泪、掉皮掉肉不掉队的信念是无比强大的。

信念，砥砺品行，锤炼忠诚，成就梦想！（朱毅豪《信念》）

作者选取了一次日常训练的经历，用亲身经历引发宏大主题，故事有情节，有动感画面，有个性特征，显得真实、贴切，字里行间既洋溢着当代大学生的朝气与活力，又抒发了一名有志青年的责任与担当。作者缘事析理，在有限的篇幅里张弛有度，收放自如，时而汪洋恣肆，激情铺陈，时而低吟浅唱，结合平凡的经历来论证观点，具有说服力和感染力。

演讲稿的正文要观点鲜明，逻辑清晰，内容充实，贴近生活，富有时代感，这就需要进行缜密构思并巧妙运用写作技巧。下面，介绍六种在演讲稿写作中常用的写作技法。

1. 由点及面

由点及面是指由对“这一个”内容的叙述推广到“这一类”或“这一群”内容的写作方式。

作为组织部长的徐书华老师兢兢业业当好为学校党委选才用才的参谋和助手。她既敢于坚持原则，又满腔热忱地关心同志。哪位干部有思想情绪，她都耐心细致地做工作；哪家有困难，她都倾心尽力地帮助。同事们亲切地称她“徐阿姨”……学校后勤集团有职工近千名，下属的17个党支部分布在5个校区，人多面广，思想复杂，其组织工作的难度可想而知。身为集团组织人事秘书的颜希毅老师总是满面春风地出现在为职工排忧解难的第一线……朱翔教授是资环学院博士生导师，在他的言传身教下，一批又一批的青年教职工和学生全面发展，光荣地加入了党组织。就是这位慈祥的师长，曾被查出患有恶性淋巴癌，他却依然忘我工作。当医生惊讶地确认他已经度过危险期后，朱翔教授笑着说：“我早就知道死不了，因为我没有时间去想会不会死。”没有时间去想自己会不会死，因为朱翔教授的心里装的想的都是青年学生，全是党的事业……在人才密集的高等学府，这样优秀的组工干

部还有很多很多，尽管他们没有令人羡慕的地位和收入，没有炙手可热的权力，甚至没有优越的发展前景，但是他们对组织工作却有一腔火一般的热情，一份沉甸甸的责任，一种无怨无悔的情怀！（谭琛《丰碑》）

演讲者以几位高校组工干部的爱岗敬业、忠诚奉献的实例为“点”，铺排推进，概括出高校组工干部这个群体的崇高情怀，情理交融，感人肺腑。

2. 由表及里

由表及里就是抓住一个问题，由浅入深，环环相扣，层层深入地进行分析，透过最初的事例表面讲出要表达的观点意蕴，使正文思路清晰，步步推进。

为了今天的演讲，为了“为青春领跑”这个标题，我特意剪了个齐留海，因为这样显得年轻、充满活力，因为这样好为青春领跑！对，作为一名老师，就应该做学生思想的导航者、精神的风向标、青春的领跑人！

当然，能有今天这个认识，是有个过程的。从走上工作岗位的第一天开始，我就在想，什么样的老师是好老师？实践给出了这样的答案：那就是以师德为标杆，以知识和才情为两翼，为学生青春领跑的人，才是好老师。我愿意做这样的人，我愿意为孩子们的青春领跑。

要为青春领跑，首先就得成为学生思想的导航者。……

为青春领跑，还要做学生精神的风向标。……

为青春领跑，更要教学生辨别青春的颜色，走出青春的迷途。……（刘黎《为青春领跑》）

演讲者以青春活力的“齐留海”形象自然切入“为青春领跑”的话题，巧妙提出论点，即作为老师就应该做青春领跑的人，进而逐层揭示“为青春领跑”的深义：什么样的老师是为青春领跑的好老师？如何为青春领跑？演讲者由表及里的阐述生动形象，逻辑清晰，鞭辟入里。

3. 由境及情

这里的境是演讲者情感的依附物，可以是景，也可以是人、物、事等。“一切景语皆情语”，要对“境”具体、细致、生动、形象地描写刻画，把感情浸入其中，达到由境及情。这样，演讲稿创设的“境”才充盈、丰厚，演讲者溢出的“情”才自然清新、流畅真挚。

和在座的许多朋友一样，我骄傲我是湖南人。因为“无湘不成军”，十大元帅，湖南人彭德怀、贺龙、罗荣桓名列其中；十大名将，粟裕、黄克诚等六人出自湘军。我骄傲，我是师大人。建校80载，学子30万，励精图治，德业日新，桃李满天下。我骄傲，我是武警国防生。从师大之星到全国挑战杯特等奖，从全军二等功臣到华南高校集训七项团体第一，处处都有师大武警国防生英雄的身影！

是什么铸就了“无湘不成军”的神话？是什么让师大英才辈出？是什么让武警国防生群英荟萃？是舍我其谁的“担当”！这“担当”，是仁爱精勤的师大文化，是引以为豪的湖南精神，是忠诚报国的崇高理想！（曾梦《我们在一起》）

演讲者将与现场听众息息相关的人、事、物自然地融入自己的讲述，瞬间拉近了与听众的距离，由境及情，层层推进，满腔豪情，意气风发，极具感召力。

4. 由远及近

由远及近是指先写远的人物、景物或事物，后写近处的人物、景物或事物，或者让人物、景物、事物先处于远景的位置，然后推动镜头，使其逐渐拉近，逐渐清晰，让演讲稿层次清楚，符合听众的认知规律。

我要讲五个年份，第一要讲的年份是1968年。

那一年我出生了。但是，那一年世界非常乱，在法国有巨大的街头骚乱，在美国也有，然后美国总统候选人罗伯特·肯尼迪遇刺了（他的哥哥约翰·肯尼迪总统在1963年遇刺）。……

1978年，10年之后，我10岁了。我依然生活在我出生的地方，那个只有20万人的非常非常小的城市。它离北京的距离有2 000千米，要想了解北京出的报纸的话，要在三天之后才能看见。所以，对于我们来说，是不存在新闻这个说法的。……

接下来，我要讲述的是：2008这一年，这一年我40岁……这一年，也是中国梦非常明显的一年。它就像全世界所有的伟大梦想，注定都要遭受很多的挫折才能显现出来一样。无论是期待了很久的北京奥运会，还是神舟七号中国人第一次在太空行走，那都是很多年前，我们期待了很久的梦想。（白岩松《我的故事以及背后的中国梦》）

白岩松在演讲中由远及近地讲述了不同的年月自己的亲身经历、思想变化以及国内外环境的变化，层次明晰地向听众展现了他的演讲主题。

五十多年前，一名叫雷锋的解放军，以一种钉子精神，将自己有限的生命投入到集体中，大公无私，全心全意为人民服务；四十多年前，一位叫袁隆平的农业科技员，心忧天下，经过十多年的艰辛努力，终于成功研制出杂交水稻，国人乃至世界广受其益；几年前，一名叫洪战辉的大学生，以自立自强的形象出现在大家眼前，用他稚嫩的双肩坚强地挑起了家庭的重担。（王兆海《感动》）

作者落笔的年代由远及近，表达的思想逐渐统一，巧妙点题，层次分明。

5. 由抑及扬

“文似看山不喜平”，演讲稿如果平铺直叙，那就好像在一马平川上看风景，过于平淡。叙述必须曲折回旋，波澜起伏，才会扣人心弦，引人入胜。同样，演讲稿可以先抑后扬，“抑”为“扬”蓄势，最后由抑及扬，令听众印象深刻。

在今年的抗洪救灾中，一支由武警战士组成的救援队面对被洪水淹没的十多米宽的街道，在街道对面，一位中年妇女抱着婴儿在危房里焦急地等待救援。10米，这短短10米，对于受难者意味着生命的渴望，对于救援者意味着危险的抉择。上，还是不上？一个声音给出了斩钉截铁的答案：我是党员，我先上！于是，他们毅然跳入滚滚洪水中，手拉着手，用身体连接成了一条生命的通道……是什么让他们在生死关头，能够争先叫响“我是党员，我先上”？是他们不懂得珍惜生命？是他们不愿眷恋家的温暖？还是有一种比生命更重要的力量，铸就了这感人至深的铁血忠魂？

那是因为他们肩负着的，是中国武警、中国共产党党员神圣的使命！从内地到边防，从火场到战场，从汶川地震到湖南冰灾，哪里有党的召唤，哪里有人民需要，哪里就有武警官兵英勇的身影！（谭日峰《生命的意义》）

作者逆水推舟，以退为进，先设立一个与结论相反的前提，极力地“抑”，再用否定性结论，为观点的“扬”蓄势，最后才水到渠成地“扬”起来，这样由抑及扬的反衬，把演讲推向了高潮，使主题得到了升华，气势磅礴，极具震撼力。

6. 由此及彼

事物是辩证的，问题总有多面性，但由于认识上的局限性或事物发展过程中的规律性的影响，我们在表达某一观点时往往只知其一，不知其二。当然，坚持和强调“这一方面”是应该的，因为它也是公认的正确的观点，但如果我们顾此而失彼，就会妨碍认识的深入，因为随着事物的发展，坚持和强调“另一方面”的意义也非常重要。如果演讲稿能由此及彼，即在不否认现有观点的前提下，敏锐地发现问题的“另一方面”，并适当加以强调，就能使演讲观点深刻而新颖。

中国古代有个寓言，叫做“愚公移山”。说的是古代有一位老人，住在华北，名叫北山愚公。他的家门南面有两座大山挡住他家的出路，一座叫做太行山，一座叫做王屋山。愚公下决心率领他的儿子们要用锄头挖去这两座大山。有个老头子名叫智叟的看了发笑，说是你们这样干未免太愚蠢了，你们父子数人要挖掉这样两座大山是完全不可能的。愚公回答说：我死了以后有我的儿子，儿子死了，又有孙子，子子孙孙是没有穷尽的。这两座山虽然很高，却是不会再增高了，挖一点就会少一点，为什么挖不平呢？愚公批驳了智叟的错误思想，毫不动摇，每天挖山不止。这件事感动了上帝，他就派了两个神仙下凡，把两座山背走了。现在也有两座压在中国人民头上的大山，一座叫做帝国主义，一座叫做封建主义。中国共产党早就下了决心，要挖掉这两座山。我们一定要坚持下去，一定要不断地工作，我们也会感动上帝的。这个上帝不是别人，就是全中国的人民大众。全国人民大众一齐起来和我们一道挖这两座山，有什么挖不平呢？（毛泽东《愚公移山》）

中国人民要扳倒的是两座大山，愚公要移走的也是两座大山；中国人民要取得胜利需要团结一致，做好长期斗争的准备，愚公要移走两座大山也需要全家上下乃至世世代代为之奋斗不懈。演讲者用由此及彼的方法，强调了演讲主题，新颖而深刻。

四、结尾——豹尾

俗话说：“编筐编篓，重在收口。”一篇好文章，除了有引人入胜的开头，还应该有耐人寻味的结尾。演讲稿的结尾应如“豹尾”，结尾时笔法简洁明快、干净利落，犹如豹尾劲扫，响亮有力，给读者以咀嚼回味的余地。下面，介绍六种常用的结尾方式：

1. 总结归纳

在结尾时总结全文，进一步强调演讲者所要表达的观念或精神，会使听众对演讲主题的印象更加深刻。

我所希望的，“少年中国”的“少年运动”，是物心两面改造的运动，是灵肉一致改造的运动，是打破知识阶级的运动，是加入劳工团体的运动，是以村落为基础建立小组织的运动，是以世界为家庭扩充大联合的运动。少年中国的少年呵！少年中国的运动，就是世界改造的运动，少年中国的少年，都应该是我们世界的少年。（李大钊《“少年中国”的“少年运动”》）

文稿在结尾部分，总结提炼了“少年中国”与“少年运动”二者的关系，高度概述了二者的内在联系，强化了演讲的核心内容。

2. 首尾呼应

前有伏笔，后有照应，可以使内容更为完整，结构更为紧密。

（开头）当生活终于把我送出大学校门、推进社会大潮的时候，我把所有对教师职业的热情与憧憬装进简单的行囊，迫不及待地奔向现在的工作单位。那时，我的背包是梦幻般的玫瑰色。

（结尾）透过蒙着泪光的视线，我看见怀里的背包，似乎又变成了以前那种梦幻般的玫瑰色。打开车窗，在初秋的风中，我幸福地笑了。（郑胥《原来，我可以幸福》）

演讲稿中背包“梦幻般的玫瑰色”含义深刻，巧妙用于开头和结尾，不仅加强了首尾的联系，而且强化了演讲的核心内容，升华了演讲的主题。

3. 誓愿展望

在结尾时，演讲者通过自身在演讲过程中对听众情绪的把握，激情阐释对未来的美好憧憬，调动现场气氛，更能吸引观众的注意力并引起共鸣。

这是希望的守候，到西部去，到边疆去，到祖国最需要的地方去，为每一双渴望的眼睛带去知识的火种！

这是责任的坚守，用一年不长的时间，做一件终生难忘的事情，让志愿者的足迹遍撒神州，雷锋的精神温暖大地！（陈帝池《见过雷锋》）

这是一篇演讲辞的结尾部分，充分表达了践行雷锋精神，让志愿者的奉献精神温暖神州的美好愿景，语意坚定，字字铿锵，鼓舞人心。

4. 旁征博引

演讲者在演讲最后引经据典，以名言典故结尾，不仅能使演讲稿文采斐然，而且更具说服力。

> 近代以来为了国家、为了民族的富强之梦，多少仁人志士苦苦追寻，孜孜探索。从林则徐的“睁开眼睛看世界”，到曾国藩的“洋务运动”，从“戊戌变法”到“辛亥革命”，我中国青年抛头颅洒热血，虽然历经一次又一次的失败，但强国复兴之梦从未泯灭。
>
> 到了今天，“中国梦”更是成为了华夏儿女凝心聚力的共同梦想，有志有为的中国青年走在追梦队伍的前列。（卢霞依《我的中国梦》）

演讲者借助林则徐、曾国藩等历史人物和戊戌变法、辛亥革命等重大事件，有力证明了自己的观点：强国复兴之梦从未泯灭！有理有据，充满蓬勃朝气和浩然正气，极具感召力。

5. 诙谐幽默

结尾采用幽默诙谐的手法，不仅能活跃气氛，还能令听众回味无穷。

> 我国著名作家老舍在某次演讲时，开头即说：“我今天给大家谈六个问题。”接着，老舍第一、第二、第三、第四、第五，井井有条地谈下去，谈完第五个问题，他发现快到散会的时间了，于是他提高嗓门，一本正经地说：“第六，散会。”听众开始一愣，立刻就欢快地鼓起掌来。

老舍在这里运用的就是一种“平地起波澜”的演讲艺术，打破了正常的演讲程序，从而出乎听众的意料，收到了幽默的效果，令听者印象深刻。

6. 发人深省

从总体上看，演讲无论是宣传自己的主张、观点，还是传播道德伦理情操、传授科学文化知识，都是为了让听众取得共识，产生共鸣，激起行动。因此，在演讲的结尾若能以启迪智慧的方式发人深省，定能收到余音绕梁的效果。

一个国家是由一个个具体的人构成的，它由这些人创造并且决定。只有当一个国家拥有了那些能够寻求真理的人，能够独立思考的人，能够记录真实的人，能够不计利害为这片土地付出的人，能够去捍卫自己宪法权利的人，能够知道世界并不完美但仍不言乏力、不言放弃的人。只有当一个国家拥有了这样的头脑和灵魂，我们才能说我们为祖国骄傲。只有当一个国家能够尊重这样的头脑和灵魂，我们才能说我们有信心让明天更好。（柴静《认识的人，了解的事》）

演讲者的表达干净利落，字字珠玑，闪烁着智慧的火花，发人深省，极具魅力。

练习与实践

1. 分析下面的演讲标题，恰当地进行点评。

（1）服务育人，用爱播撒希望

（2）谱一曲奉献之歌

（3）男人的眼泪

（4）小天地，大作为

（5）从亿万富翁饭后“打包”说起

2. 围绕下面的演讲主题，设计一个演讲开头。

（1）时间能改变一切

（2）触动心灵的一件事

（3）执着与信念

（4）勇挑时代重任，谱写青春之歌

（5）和谐家园，我们共同的责任

3. 以“感悟幸福”为题，运用由表及里的写作技巧，拟写500字左右的演讲稿。

4. 分别运用誓愿展望、旁征博引、诙谐幽默这三种演讲稿的结尾方式，拟写一段竞选班长的演讲稿结尾。

第四模块　演讲稿的语言

在演讲稿的主题、材料、结构、语言四个构成要素中，语言是其他要素的载体和表现工具。演讲稿在语言应用上除了讲究口语化、通俗化、情感化，还应切合语境、追求层次、讲究文采，这样才能真正做到让演讲内容“入耳”“入脑”“入心”。在写作演讲稿时，我们可以从语言之“境”、语言之“技”、语言之“美”等方面来综合考虑。

第一部分　语言之“境”

演讲稿语言艺术之“境”是指演讲稿在语言表达方面不仅要求观点正确、表达准确，更应言简意赅、深入浅出而又韵味无穷，具有独特的思想性。

一、切境

演讲要走出孤芳自赏，则意味着要融入环境之中，因此我们要考虑有关“切境”的话题。切境是指我们在演讲稿写作中要有积极融入环境的姿态。环境包括人、事、物。融入环境是指我们要自觉意识到自身和这些人、事、物之间的客观联系，从而在心理上持一种投入而关切的态度。

所谓“心生而言立”。有内容有感情的语言的产生，只能是“心之所至”的自然产物，而不可能相反。如果我们在演讲活动中内心不投入，状态不积极，就谈不上和环境融洽。那样一种状态，实际就是一种将自我隔离于环境的状态。对于演讲来说，要想取得顺畅和谐的效果，演讲者的心理就不能“隔”，而是要参与和融入，要“登山则情满于山，观海则意溢于海”。王国维曾论述过诗人创作时“入乎其内”和“出乎其外”的关系，认为二者不可偏废：“入乎其内，故能写之。出乎其外，故能观之。入乎其内，故有生气。出乎其外，故有高致。”我们这里谈“切境”，也就是首先强调要“入乎其内”，如此才能“写之”，也才能说得上有“生气”。否则，心态上的封闭必然导致思绪的凝滞，情感上的隔离必然带来语言上的冷漠。思维都不活跃了，情感上都没温度了，又怎么会有好的构思和表达？而一旦演讲者从心态、情感上融入了，语言面临的很多问题其实就自然化解了。

此外，“融入”还有种种益处。比如，容易找到切入的话题和角度，容易发现听众的情绪反应，就能自然而然在表达中融进感情，无形中增加自己语言的感染力。例如，长沙市实验小学到湘西永顺县砂坝镇中心小学进行结对帮扶活动，在活动仪式现场，安排了家长代表进行发言：

今天，作为一名普通的学生家长来参加此次结对帮扶活动，我感到非常荣幸！我们带着真心、爱心、责任心来到这里。首先，要向我们砂坝镇中心小学为本次活动提供这样的平台以及他们的辛勤劳动表示衷心的感谢，对我们砂坝镇中心小学的全体老师和同学们表示亲切的问候！

有句歌词叫：“你是风儿，我是沙。”长沙与砂坝之间，有一个共同谐音的字，我想，我们会用自己心中的沙石构筑起三座桥梁。

第一座桥梁是知识之桥。……

第二座桥梁是心灵之桥。我想长沙的同学们可以学习砂坝同学们勇敢、善良、勤劳、坚韧不拔的精神品质；而砂坝的同学们也可以学习长沙同学们活泼、热情、开放、灵动有加的精神特质。特别是我看到了我们教学楼二楼的标语，老师们要有终生从教的献身精神、爱生如子的园丁精神和不计得失的牺牲精神，这样的心灵之桥可望一桥飞架南北，天堑变通途。

第三座桥梁是友谊之桥。……

我作为一名学生家长，非常支持、积极参与到此次活动中来，用我们的力量为活动的开展添砖加瓦。衷心地祝愿我们全体老师工作顺利，所有孩子健康成长，我们砂坝镇中心小学的办学蒸蒸日上，诚挚地欢迎老师们和同学们到长沙做客，谢谢大家！（蒋维发言）

作者以“长沙与砂坝之间，有一个共同谐音的字”为切入点，积极融入当时的环境，睿智开场。在演讲过程中更是抓住教学楼的标语等现场素材，拉近与听众的距离，使演讲具有较强的现场感染力，达到雅俗共赏的效果。

二、适境

适境是指演讲者要善于根据眼前人、事、物的动态情况随时调整演讲稿内容的语言策略，以便对演讲环境进行动态协调并合理地加以利用。俗话说：“看菜吃饭，量体裁衣。”我们无论做什么事都要看情形处理，写文章和做演讲也是如此。所以我们在构思演讲内容时要善于观察环境的动态变化，及时顺应环境的需要，才能取得演讲的成功。

演讲一般是在特定的时间、地点、场合中进行的，听众对象也是特定的。这些特定的因素构成了演讲的具体环境，而这种具体环境将直接影响演讲稿的构思和语言运用。演讲者如果善于识别那些与演讲密切相关的环境因素并灵活运用，往往就能让演讲收到意想不到的效果。事实上，很多成功的演讲案例，往往很好地利用了现场环境因素。例如第五届中央电视台主持人大赛冠军获得者胡蝶，在当时的总决赛开场介绍中，就巧妙利用了现场舞台的图案。我们来看她的介绍词：

大家好，我是胡蝶，又一次站在了这个舞台上，我突然有了一种新的感悟：脚下的这个箭头仿佛是我们人生的坐标；而身旁，有朋友们给予的力量；前方，是老师们塑造的榜样。我终于明白了，箭头为什么要冲向前方，因为，那是未来，那是没有终点的召唤。谢谢大家。

当天比赛的舞台中央靠近观众席一方的位置上有一个箭头型图案，箭头正对着的前方，坐着决赛的评委们，他们都是业内的资深人士。于是胡蝶抓住了这个图案，并赋予了一个很贴切的寓意，那就是要向坐在箭头前方的前辈们学习，沿着他们开创的道路不断向前。这样的说法既能抓住观众的兴趣，又能博得评委的好感。可以说，这种就地取材的演讲策略，是演讲获得成功的一个有利条件。

演讲稿写作要做到适境，就必须把握好得体的原则。得体指的是语言材料对语言环境的适应程度。既然语境包含着多层次的内容，那么，语言得体所涉及的内容也是多方面的，从演讲发生的具体情境，到更高层面的社会、时代、文化背景等，都是“得体”所要面临的问题。因此，要想做到“得体”，就要对各层次的语境要素进行分析，努力做到顺应。

“得体”在演讲中是作为一项原则性的评判标准提出来的，它在演讲中起到的引导作用相当大，又因为演讲都是在具体的环境中发生的，它对语境的依赖性较大，因而得体性原则对演讲具有重要意义。

在材料学院，行动不便、衣着朴素的金展鹏老师有一个很时髦的外号，叫“科学潮人”。为什么会有这么一个外号呢？用金老师自己的话来说：“科学的列车，一趟也不能落下。”2003年10月，日本工业大学的一位学者来学校做报告。那时，刚留校的我也到会场听报告。报告快开始的时候，本来已经安静下来的报告厅门口突然出现了小小的“骚动”：只见几个学生簇拥着一个坐在轮椅上的老者走了进来，轮椅上的老者面容祥和，这就是金院士！对金院士早有耳闻的日本学者，看到他坐着轮椅被学生推着来听报告，露出了惊讶的表情。面带微笑的金老师静静地坐在前排，在两个多小时的报告里，他从头至尾认真地听着，像学生一样提问。在另一个角落的我，总忍不住远远地望向金老师，他专注的眼神中闪现着灵动的光芒，即便有时候身子支撑不住，不由自主地偏向了轮椅的一边，他仍然努力地竖起脖子，执着地将目光转向那位日本学者。报告结束时，伴随着全场热烈的掌声，日本学者走向金老师，恭恭敬敬地鞠上了深深的一躬。这一幕深深地震撼了我，并永远定格在我的脑海里。那是我第一次那么近距离地看到金老师。(李周《从金老师身上读到的》)

演讲者在讲述故事时，以大学师生的视角、“我”的视角、日本专家的视角等对金老师进行多方位观照，每次视角转换，都很巧妙自然，语言朴实得体，尽管少有对金老师直白的赞誉之词，但对其人品学品的刻画入木三分，金老师桃李不言、下自成蹊的崇高境界被展现得淋漓尽致。

得体至少有两个方面的内容需要考虑：一是在演讲中我们要照顾到各方人物的身份、地位以及和自己的关系；二是从语体上要顺应特定的语境。

1. 身份关系上的得体

得体首先是演讲者身份和听众身份关系上的协调。人们在不同的场合中会天然地形成各种社会关系，有时两人之间的关系还是多重的，比如两人既是同学，后来又成同事，再后来又成为上下级。不同的身份关系，是构成演讲活动动态语境的重要因素。一般来说，这层意义上的“得体”，实质就是对身份关系的顺应，它主要包含了礼貌、尊重等内容，是建立在我们对他人人格、内心感受和特定身份的认同和尊重基础之上的。

在具体运用时，因为身份关系是具体的、特定的，我们就要细致地关注这方面的情况，以便迅速做出得体的反应。对身份关系的粗疏大意很容易导致言语的不得体。

2. 语体上的合度

在不同场合中，我们要考虑演讲稿语体的适用性问题，从而力求语体的合度，这是得体原则的又一具体体现。比如在日常场合，我们的言谈就不宜太正式，不能过于典雅，否则会让人不自在。同理，在正式场合，太过私密性的言谈举止显得不妥甚至让人反感。

总之，在构思、写作演讲稿时，把握好得体的原则，积极地适应和利用好环境，就能做到“常行于所当行，常止于所不可不止”，进入言与境和谐互融的境界。

三、造境

造境，即演讲稿的语言、词汇等要善于更新，营造“时新”的语境。万事万物都在运动变化，语言也不例外。既然语言始终处在动态的发展之中，那我们就应该以动态的眼光来观照它的变化，以开放的姿态接纳语言发展过程中真正有生命力的元素。

我清楚地记得，彭队到大荆中队是今年1月28日。他从轿车中跨出，车身瞬间上升，随后他将满车行李一件件搬运上楼。此时此景，让我突然想到了“憨豆先生”与他的“迷你”宝马。

到大荆两个半月后，民警们居然送给了他四个外号：习惯通宵夜巡的“黑猫警长”、徒步运送破拆器及受伤司机的“最给力交警”、嚼槟榔除瞌睡的“槟榔哥”和扩音器不离身的“广播员”。（姜军《横刀立马方显英雄本色》）

演讲者敏锐地捕捉到了主人公身上的种种特点，巧妙地加以提炼、总结，用“憨豆先生”“黑猫警长”“最给力交警”“槟榔哥”等当下时新的词语对其进行描绘，对主人公的形象刻画可谓惟妙惟肖、入木三分。

造境的直接体现就是对新词新语的恰当运用，这本身就构成一种修辞力量，能够增加我们表述的新鲜感和活力。从对语境的顺应来说，恰当使用新词新语也是“言与境合”的题中应有之义，只不过，这个“境”是指更宏观的我们生活于其中的时代语境。让语言素材跟上时代节奏，是保持演讲语言鲜活的重要途径。需要注意的是，新词新语当然也有一个恰切与否的问题。对于不理解意思的人来说，就不适合过多使用，否则，陌生的词汇太多，反而造成接受障碍，那就适得其反了。

第二部分　语言之“技”

演讲稿语言之“技”是指在传情达意和遣词造句等方面巧妙运用修辞手段，使演讲稿语言更加鲜明生动，为演讲增辉添色。下面，介绍几种在演讲稿写作过程中常用的修辞方式。

一、比喻

“辟也者，举他物而以明之也”(《墨子》)，是对比喻修辞的最早的论述。比喻是我们最熟悉的修辞方式之一。比喻是用为人们熟知的事物或形象来描述人们不熟悉的事物或对象，借助喻体和本体之间的相似来传情达意，这样就大大减少了理解上的困难，且能使表达更加生动传神。

> 青春，如草丛中散漫的野花，星星点点，却一样闪光耀眼；如晴空翱翔的雄鹰，比天空渺小，却也能翱翔于蓝天；如铮铮铁塔，屹立风霜雪雨之中，诉说着青春的坚定和不悔；如你、如我、如他，在不同的岗位上奉献着自己的热血和智慧，用年轻的容颜、激情和担当谱写着生命之歌。(史航《青春正能量》)

演讲者用比喻的方法，在明与暗、高与低、大与小等对比式描述中把青春的正能量描绘得淋漓尽致，蕴含着深刻的人生哲理。

二、引用

“他山之石，可以攻玉”，引用就是直接借用现成的语句来更好地说明问题、增强效果的修辞方法。人们一般会引用名人、伟人的言论和那些经过了历史检验的说法，因此恰当的引用总是令人信服。

唐代韩愈有句名言：“行成于思，毁于随。”这句话是很有哲理的，所以我们要提倡思想上的艰苦奋斗，本质的要求就是要在思想上吃得起苦，深入进行理论思维。以往我们对艰苦奋斗的理解普遍停留在能吃苦、不怕累、出大力、流大汗的层次上，关注点主要集中在生活和工作方面，提倡这一点无疑是应该的，但在知识经济背景下的高科技企业的竞争当中，光讲生活上和工作上的艰苦奋斗是不够的，还应该突出强调思想上的艰苦奋斗。（任正非《要提倡思想上的艰苦奋斗》）

演讲者论述艰苦奋斗的重要性，尤其强调思想上的艰苦奋斗，于是通过引用唐代韩愈名言“行成于思，毁于随”，使论述更有说服力。

三、排比

排比是演讲稿中最常见的修辞方式之一，它是指在语言表达中将三个或三个以上结构相似的短语或句子连放在一起，从而增强表达气势。人们在情绪激昂时，常常会有一而再、再而三地表达类似情感的心理惯性，排比实质上就是这样一种心理惯性的产物。正因为如此，排比的运用总是能有效地调动听众的情绪，使他们受到鼓舞。

时代在变，世界在变，而不变的是国家的精神，是民族的气节，是文化的灵魂。从《唱支山歌给党听》到《永远跟你走》，从《春天的故事》到《走进新时代》，从《草原上升起不落的太阳》到《西部放歌》，伴随着中国共产党成长的脚步，在历史、现在与未来的每一个角落，每一个具体而清晰的时刻，都有我们文化工作者活跃的身影。（彭逸豪《文化的灵魂》）

上述演讲稿气势恢宏，情感细腻，立足于中国共产党成长的历史长河，拾取文化事业发展的朵朵浪花，放眼历史、现在与未来的每一个角落，简单几笔却点染出一幅幅波澜壮阔的画面，充满激情和力量的排比让人心潮澎湃。

四、设问

设问是一种常见的修辞手法，常用于表示强调作用。为了强调某部分内容，故意先提出问题，明知故问，然后自问自答。正确地运用设问，能引人注意，启发思考。

> 首先，我想请问大家一个问题：我们的校训是什么？仁爱精勤！倡导师范仁道，追求高尚；倡导爱人以德，追求和谐；倡导研精思深，追求真理；倡导勤奋踏实，追求卓越。同学们，我们的院训又是什么呢？正大日新！秉承校训、院训，怀着国际视野、天下情怀，我们立志高远，勇于担当，心系国防，执着追求，这就是我们的使命！（曾梦《携笔从戎，献身国防》）

演讲者的两个设问是整段演讲的着眼点和支撑点，不仅巧妙地调动了现场气氛，而且让听众产生了强烈共鸣。

五、夸张

夸张是一种我们熟悉的修辞手法，它是对事物的性质或特征作一种大大超出其本来状态和实际程度的描述。夸张之所以产生，大多是基于说话人急于引起听者的注意，或出于迫切想要传达自己的见闻和感受，于是在这种情绪的推动下对事物做出夸大的描绘。

> 夫人们，你们都知道，最近，当你们站在超级市场卖芦笋的柜台前，你们就会感到，吃钞票比吃芦笋还便宜一些。你们还记得当初你们曾经认为没有什么东西可以代替美元吗？而今天美元却真的几乎代替不了什么东西了！（里根竞选加州州长时的演讲）

里根通过对美元贬值的夸张，激起选民们对物价上涨的不满和对当政者的不满，从而达到选民们支持他的目的。

六、讽喻

讽喻就是假造一个故事来实现讽刺教导的一种修辞手法。讽喻一般在本意不便明说或者不容易说明白时使用。如果说比喻是“喻情理于形”，那么讽喻就是“喻情理于事”，它就是借助讲故事这个极具吸引力的方式来表情达意说理的。

> 什么是君子，君子永远着眼于当下，君子永远要做一个内心完善的人，君子的目标从来不好高骛远。我们看到了，孔子从来不说君子就要像谁谁谁那样，孔子这里提出的君子永远是做一个最好的你自己。按照你自己的坐标系，从眼前做起，从今天开始学习，让自己成为心目中完善的自我。其实这让我想起一个小故事，说在一条小街上开了三家裁缝店，每一家都在想，我一定要招到最多的客人，所以就力图把自己说得非常非常大。第一家店说我是本省最好的裁缝，把这个大牌子挂出去了；第二家一看，觉得我要比他更高一点，所以做了一个更大的牌子，说我是全国最好的裁缝；第三家想了想说难道我还能做全世界最好的裁缝吗？想了半天，最后他做了一块很小的牌子摆在那儿，结果那条街上的所有客人都来了第三家，前两家变得冷冷清清。这第三家牌子写的是什么呢？他写的是我是这条街上最好的裁缝，也就是说，他把这个视线放回到眼前，从当下做起。（于丹）

于丹用这个讽喻的故事来说明孔子的主张，即君子要着眼于当下，做一个内心完善的人，而不是好高骛远。

七、对照

对照是将两个性质相互对应的事物并列放在一起陈述，从而进行鲜明对比的一种修辞方式。对照是我们认识事物时常用的方式，用在修辞上则是为了调动听众对事物特点的认知。要注意的是，对照的两方必须要能形成鲜明的对比，否则就失去了作为修辞手法的意义。

100年前，一位伟大的美国人签署了《解放黑奴宣言》，今天我们就是在他的雕像前集会。这一庄严宣言犹如灯塔的光芒，给千百万在那摧残生命的不义之火中饱受煎熬的黑奴带来了希望。它之到来犹如欢乐的黎明，结束了束缚黑人的漫漫长夜。

然而100年后的今天，我们必须正视黑人还没有得到自由这一悲惨的事实。100年后的今天，在种族隔离的镣铐和种族歧视的枷锁下，黑人的生活备受压榨。100年后的今天，黑人仍生活在物质充裕的海洋中一个穷困的孤岛上。100年后的今天，黑人仍然蜷缩在美国社会的角落里，并且意识到自己是故土家园中的流亡者。（马丁·路德·金《我有一个梦想》）

在这里，100年前黑人的美好愿景与100年后的悲惨现实形成了鲜明对照，给人强烈的情感冲击。

八、反问

反问是我们比较熟悉的修辞手法，它无疑而问，且问题本身就包含了答案。所以，和设问不同，与其说反问是在疑问，倒不如说反问是在感慨，它用疑问语气来表达说话人内心强烈的感慨。

是的！我们每个人都有自己的梦想……父母含辛茹苦地把我们养大，送我们读大学，可是有些同学呢？……难道觉得读大学就是挥霍青春？（肖何《坚持梦想》）

作者在文中掷地有声地反问："难道觉得读大学就是挥霍青春？"一个反问句不仅加强了语气，更激发了听众的情感和深思。

九、仿词

仿词就是临时借用一个大家已经熟悉的词形造一个新词。旧瓶新酒，自然引人注意。

我想告诉大家，机会还没有开始，所有的机会都会在未来十年以内真正开始，网货时代我们今天才刚刚开启。前面八年，阿里巴巴花了所有的精力做什么事情呢，前面八年，我们想证明中国将会诞生一个新的群体，叫“网商”。我们到时候到处都只说网商。我们知道广东的粤商，浙江的浙商，山西的晋商，但这些都是区域性的，互联网是没有区域、没有时间的概念。（马云2009年5月16日在中国“首届网商交易会”上的演讲，略有改动）

有粤商、浙商、晋商，于是顺理成章地就有了“网商”。“网商”一词在刚开始出现时只是个仿造词，但因为它所反映的对象是一个正在蓬勃兴起的新生事物，这就注定它将被越来越多的使用，直至被纳入稳定的语言体系，从“临时工”变为“正式工”。

十、双关

双关是指利用语言的一字多义、一音多字等特点，使用一个语词同时关联着两种不同事物的修辞方式。

再如有一个人专心致志为社会主义服务，政治上懂得少一些，但是两年把导弹搞出来了，对国家很有贡献；另外一个人，天天谈政治，搞了五年也没有把导弹搞出来。你投票赞成哪一个人？我投票赞成第一个人。第二个人只好请他去当政治教员，他不能在导弹部门工作，他只能在导弹部门“捣蛋”。（周恩来《在文艺工作座谈会和故事片创作会议上的讲话》）

作者在这次讲话中使用了双关的修辞手法，巧用“捣蛋”一词，使讲话意味隽永而又不失风趣。

第三部分　语言之“美”

演讲稿的语言之“美”是指演讲语言在作用于人的心理过程中，给人带来不同的审美感受，由此产生不同的美感和美学形态。

一、声色之美

演讲稿语言的声色是指一切能在听觉和视觉上直接捕捉到的信号和形式。

“声”这一方面，包括声音音质、字词读音、词句韵律、语气节奏，也包括由字音组织起来的具有美感的语句形式，也就是那些利用了语音效果的修辞类型，如对偶、排比、反复、押韵、重叠、回环、顶针等。

“色”这一方面，主要是指语词的组合所营造的形象感，即演讲稿的文字表达能有效地引起听众的联想和想象，从而使表述变得形象生动，写景历历在目，叙事仿佛亲眼所见。“色”主要通过形象具体的语词和能够激发形象思维的修辞来实现。在语词方面，那些指称我们所熟悉的物象的词语便相对具有更强的形象感，比如，“雪白”就比“白色”要形象具体。在修辞方面，比喻、讽喻、夸张、拟人、对比等修辞手法在调动人的联想和想象上都有不错的效果。

突然间，没有宣战，甚至没有最后通牒，德国的炸弹在俄国城市的上空雨点般地落下，德国军队已侵犯到俄国边境。一小时后，德国大使拜见俄国外交部部长，称两国已处于战争状态。而正是这位大使，昨夜还在大放厥词地向俄国人保证友谊和结盟。在很大程度上，这种不顾协约和国际信誉的暴行，是德军在挪威、丹麦、荷兰、比利时等国的暴行，以及希特勒的同党及走狗墨索里尼在希腊对其行为忠实模仿的重演。对于这一切，我都没有什么诧异。事实上，我曾清楚明确地警告过斯大林将要发生的事情。我提醒他，就像我提醒别的国家一样。我只能期望这些警告没有完全落空。现在我们所知道的是俄国人民正在为保卫祖国而战，他们的领袖正在号召他们全力抵抗外来侵略。因此，俄国的危险就是我们的危险，就是美国的危险；为保卫家园而战的俄国人民的事业，就是世界各地自由人民和自由民族的事业。让我们从如此残酷的经历中吸取教训吧！趁生命和力量尚存之际，让我们加倍努力，团结奋战吧！（丘吉尔《伦敦上空的鹰啸》）

丘吉尔的精彩演说让我们仿佛闻到了战场的硝烟，听到了战机的轰鸣，演讲语言的声色之美，动人心魄。

二、情意之美

演讲并不是单纯为了求得感官的愉悦。大多数时候，演讲稿语言的美是在以美的形式去表情达意时体现出来的，因而对于演讲稿语言的评价，就不能止步于声色之美，而必须推进到情意之美这一层次。

演讲稿语言涉及人的知、情、意三个维度，这里所说的知、情、意是指人类心理活动的三种基本形式："知"指的是认知、观念；"情"指的是情绪、情感；"意"指的是意志。演讲稿语言的情意之美的形成，需要两个方面的条件：第一，要有一定水准的知、情、意的参与，或者说，演讲稿的意蕴要体现对真善美的追求；第二，知、情、意的内涵必须与一定的声色之美的形式结合。世界上的一切事物，都可能成为演讲稿语言的表现对象，如果演讲稿的语言具备知、情、意的内涵，而演讲稿的语言形式又具备一定的美感，我们就能创造演讲稿语言的情意之美。

同时，由于具体情境不同，演讲稿的语言可能会在知、情、意上各有侧重，因此将分别表现出真之美、善之美、情之美。其中，真之美兼具形式美和理智之美，凸显对于哲理的探寻和表现；善之美兼具形式美和道德之美，凸显对于人格美的肯定和褒扬；情之美兼具形式美和情感之美，凸显对于真情实感的传达和体验。

1988年7月，不满十八岁的我从师范学校毕业，被分配到我的家乡一所小学任教。在艰苦条件下十五年的磨砺，让我深刻地认识到，只有良好的教育，才能改变贫穷落后的面貌。教师的爱与责任，就是孩子幼小心灵中不可缺少的阳光。

2003年春天，我离开了家乡的小学，又到了另一所偏远的农村小学工作。虽然我工作的学校条件都比较艰苦，但不管在哪里，我对待工作始终有一股火热的干劲，对待学生始终有一颗真诚的爱心。学生喜欢我，家长信任我，我在工作中享受着教师职业的艰辛和幸福。我对农村的孩子们有一种慈母般的深情。特别是对于那些家庭困难的孩子，我更是时时牵挂他们的冷暖，我尽自己所能去帮助他们，用真诚的爱去温暖他们幼小的心灵。（盘晓红《播撒爱的阳光》，略有改动）

作者是在讲述自身的经历和体会，字里行间凸显着一种高贵人格，传递着一种温暖和真情，彰显着情意之美。

事实上，知、情、意之美是演讲稿中最常见、最重要的审美形态。它既符合演讲语言追求实效的现实特性，又满足了人们普遍具有的求美的感性心理。它是理想和现实的结合，是人的理性和感性双重本质的综合体现。

三、境界之美

演讲稿语言的境界之美，是从情意之美中延伸出来的一种具有鲜明特性的审美形态。它并不是知、情、意之外又另有所求的产物，而是知、情、意达到很高层次的结果。然而，境界之美又与一般的情意之美有着显著不同。如果说，演讲稿语言一般意义上的情意之美是一种审美评判上的“定性”，即只要有了知、情、意的参与就可能产生，那么，演讲稿语言的境界之美则是知、情、意维度上的“定量”，不仅要有知、情、意，而且知、情、意的分量必须达到较高程度才能臻于境界之美。

演讲稿语言要实现情意之美，一要有知、情、意的参与，二要与一定的声色之美相结合。上升到境界之美也是如此，当知、情、意达到真、善、情的至真、至善、至情程度，并能以恰当的语言形式表现出来，从而引起人们的强烈情感体验，语言就升华到了一种境界之美。

为了指导硕士生、博士生搞科研，每年的寒暑假我几乎都是和学生一起泡在实验室度过的。为了观察一个实验24小时不眠不休是常事。然而并不是所有的实验只要付出就会成功。我记得有一次和学生一起做实验，在实验室待了四十多个小时，天气又闷又热，我中暑倒在了实验室。学生们哭着把我送进急救室，但最后实验还是未成功，我鼓励我的学生说：“‘九层之台起于垒土’，每一次的喷薄而出都经历了无数次的震荡与酝酿。尽管我们现在所做的努力有些还看不到结果，但这是在为下一代人铺路。”我还积极为学生创造良好的环境和机会，每年暑假我都将研究生送出去参加国际、国内学术交流。我知道只有把他们送出去见世面，他们才知道外面的世界多精彩！

尝遍为人师者的种种滋味后，我深深感悟到："三尺讲台上没有令人羡慕的财富和权力，教师在黑板上写下的是奉献，擦去的是名利！"我不是栋梁，但我的事业是培养栋梁；我不是未来，但我的事业是造就未来！（常小荣《爱岗敬业、无私奉献　在传道授业中践行社会主义核心价值观》）

演讲辞洋溢着一位大学教授对学生、事业、人生之大爱，真之美、善之美、情之美溢于言表，"我不是栋梁，但我的事业是培养栋梁；我不是未来，但我的事业是造就未来"，结尾的点睛之笔，饱含深情，彰显着境界之美。

当然，提出境界之美的意义，不是要我们张嘴就追求超凡脱俗，而是提示我们但凡有适宜的空间，便不要吝惜我们的心智，而应努力在声色之美和情意之美的基础上继续升华，从而创造出更多的经典演讲稿，以实现演讲稿语言价值的最大化和演讲价值的最大化。

练习与实践

1. 写一段演讲稿结尾，篇幅不限，使用5个左右的当前时新词语。

2. 以"宽容"为主题，写一篇800字左右的演讲稿，其中必须使用排比、比喻、反问等修辞手法。

第三章　演讲技巧

学习目标

1. 知识目标：学习演讲的基本功，了解主题演讲、辩论演讲、巡回演讲和即兴演讲的基本特点和技巧。
2. 能力目标：掌握演讲的基本功练习方法和主题演讲、辩论演讲、巡回演讲和即兴演讲的技巧，并在演讲实践中提升实际运用能力。

演讲的主要形式是“讲”，即运用有声语言追求言辞的表现力和声音的感染力，同时辅之以“演”，即运用面部表情、手势动作、身体姿态等态势语言，使演讲更加形象生动，从而产生一种特殊的魅力。如果说演讲内容的严谨、真实、典型、新颖是演讲之道，演讲技巧则是让演讲充满激情和力量的道中之术。所以，演讲技巧是演讲者必须学习和锤炼的技能。演讲根据不同的标准可以分为许多类型，不同的演讲类型有不同的演讲技巧和要求。因为篇幅所限，本章主要针对大学生最常见的竞赛类演讲和非竞赛类演讲进行阐述，主要包括主题演讲、辩论演讲、巡回演讲和即兴演讲。

第一模块 基本功

第一部分 有声语言

演讲中的有声语言技能是指演讲者在演讲过程中向听众传递信息、表述见解、阐明事理、抒发情感时，运用口语表达技巧进行演讲的能力，包括运气发声、吐字归音等。

一、气息练习

呼吸是人体一切发声的原动力，正确的发声建立在良好的气息基础上。呼吸方法掌握得是否正确，直接影响发声质量和演讲效果。科学的呼吸和气息控制训练是学习演讲的重要环节。

1. 呼吸方法

第一，胸式呼吸：胸式呼吸又称肋式呼吸法、横式呼吸法。这种呼吸法单靠肋骨的侧向扩张来吸气，用肋间外肌上举肋骨以扩大胸廓。吸气时双肩上抬，气息吸得浅，因此又称为肩式呼吸法、锁骨式呼吸法或高胸式呼吸法等。

第二，腹式呼吸：腹式呼吸是让横膈膜上下移动，以膈肌运动为主，吸气时胸廓的上、下径增大。由于吸气时横膈膜会下降，因此肚子会膨胀，而非胸部膨胀，属于深度呼吸。

第三，胸腹联合式呼吸：通过外肋间肌的收缩，提起肋骨，扩展胸腔，吸入空气，当内肋间肌收缩时，牵引肋骨后降，胸腔缩小，空气从肺内呼出。这种方法是胸腔、横膈肌、腹肌联合控制气息。

胸腹式呼吸是演讲常用的呼吸方法，其主要有三个优点：一是全面调动了发声器官的能动作用，不但可吸进足够的空气，促使气息的容量扩大，还能够稳定住两肋及横膈膜的张力，使之能够和来自小腹的收缩力量形成均衡的对抗，从而有利于加强声音发出的力量；二是呼吸的活动范围较大，伸缩性比较强，从生理上来说，为控制呼吸、均衡气息、调控声音提供了良好的条件；三是呼吸有力度、有弹性，并具有较大的灵活性。这种呼吸方法不仅有益于声音圆润、响亮，而且能避免过强的气息冲击声带，是一种科学的用气方法。

2. 气息控制

掌握科学的呼吸方法之后，还必须懂得气息的控制，要做到“吸气一大片，呼气一条线；气断情不断，声断意不断”，把气息的控制和运用作为演讲情感表达的重要手段。下面，介绍几种气息控制的训练方法：

第一，数数练习。数数练习的方法是先吸足一口气，然后用均匀的、轻微的、带有气息的声音开始数数，1、2、3、4、5……一直数到不能再数为止；然后，吸一口气再来，如此反复练习。经过长期反复的训练之后，数的数字会越来越多，时间会越来越长，同时气息的控制能力、持久能力也会越来越强。

第二，打“嘟”练习，也叫“吐唇哼音”，就是在呼气气流的吹动下，使双唇发出均匀、延长的“嘟噜”声。具体方法是：口腔自然合拢，把气息吸满，小腹微微内收，气息支点在横膈膜，伴随气息的均匀呼出吹动嘴唇，发出“嘟”的声音。刚开始练习时要放慢速度，将气息一点点均匀地吐出，避免气息过猛，体会喉头放松、气息支撑和呼吸连贯的感觉。

打“嘟”练习是呼吸基本功训练非常重要的一课。它至少有以下三个优点：一是有利于练习呼吸，使演讲者建立良好的运用气息、控制气息的能力；二是为建立清晰、圆润的声音共鸣起到铺垫作用；三是能帮助演讲者放松喉部肌肉和双唇。

很多人在刚接触到这一练习时感觉无从下手，无论怎么打“嘟”都“嘟”不出来，且越用力越“嘟”不出来，即使打出来了，也是断断续续的。打“嘟”关键在于放松口腔和双唇，可以闭上眼睛，让自己充分放松口腔肌肉后再开始练习。

3. 换气技巧

换气的总体要求是合理、自然、充足。换气时口鼻同时呼吸，句子之间换气应该在下句的开头，呼吸的气量多少取决于表达的需要。

换气主要分为两种情况：一是换气时有合适的停顿时间，可以从容地正常换气，以满足下一句发声表达的需要以及生理需要；二是由于思维和表达的需要，为维持较长时间的发声需要而超出了生理能力，需要补充气息而又没有充足的补充气息的时间。

当出现第二种情况时，就要使用换气的技巧。常见的换气技巧有以下几种：

第一，偷气：即以隐蔽的方式，不为人察觉地迅速吸气。偷气常用于句子当中少量补气和紧凑的句首换气时。

第二，抢气：情感和内容表达需要时，明抢气口。

第三，就气：听感上有停顿而实际上不吸气，运用体内余气予以支撑，“就气”说完后一句话，以达到语流连贯的效果，也就是我们常说的“声断气不断，声断意不断，声断情不断”。

换气的训练方法：慢吸慢呼、快吸快呼、快吸慢呼、慢吸快呼。

二、发声练习

声音是演讲的有效载体和媒介。演讲发声有许多要求和讲究：准确规范，清晰流畅；圆润集中，朴实明朗；刚柔并济，虚实结合；色彩丰富，变化自如。演讲发音的总体要求是：气息下沉，喉部放松；不僵不挤，声带贯通；字音轻弹，如珠如流；气随情动，声随情走。动听的声音需要科学的训练。下面，介绍发声练习的有关知识：

1. 发声原理

语言是人类所特有的一种符号系统。一个命题在说话人大脑中产生，到被听话人理解，整个过程可以分为三个主要环节，即：言语的产生、言语的传输、言语的感知。

在发声中起不同作用的器官按呼出气流运动方向由下而上分为三部分。

第一，动力器官：指的是为人体发音提供动力的系统，主要由肺、气管、胸廓以及膈肌、腹肌等器官和相关肌肉组成。

第二，振动器官：喉头内的声带，它是声源；共鸣器官：喉腔、咽腔、口腔、鼻腔、胸腔和头腔。

第三，声源系统：主要是指喉和声带。声带振动发出的声音叫喉原音，喉原音很微弱。声道是人类发声的共鸣器官，喉以上共鸣腔体主要有喉腔、咽腔、口腔和鼻腔，喉以下有胸腔。

2. 发声训练

演讲发声要求表情达意准确；声音变化幅度不大，但层次丰富；状态自如，清晰圆润，声音流畅。演讲发声要达到良好的效果，就要有针对性地进行发声训练。下面，介绍几种常见的训练方式：

第一，半“打哈欠”练习。进行半“打哈欠”练习的主要目的是放松发声器官，找到较好的发声状态。具体方法是：提颧肌、开牙关、挺软腭、松下巴，就如打哈欠那样深深地吸气，将嘴张开张大并坚持5~10秒钟后放松。通过这个练习，使喉头放松，上腭挺起，培养咽喉扩展和咽部肌肉的力量，让共鸣腔体得到较为充分的扩展和放松。

第二，哼鸣练习。进行哼鸣练习的主要目的是获得良好共鸣，美化音色。具体方法是：吸饱气息，然后牙关松开，喉肌放松，轻拢嘴唇，上挺软腭发出“m”的音（找到正确的方法后也可以半开口或全开口），用微弱而均匀的气流发出单纯的哼鸣音。进行哼鸣练习不但可以体会到声音的位置感、声音的点和气息的连贯支持，还可以增强声带灵活性和柔韧性，帮助错误发声者纠正不良发声习惯，使病变的声带恢复机能等。有些人说话嗓音粗哑而低沉，缺乏明亮的色彩，导致声音失去美感。通过哼鸣练习可以调整声音的发声位置，增加声音的明亮色泽，使音色获得较大的改善和美化。

第三，音阶练习。进行音阶练习的目的是拓展音域，练习和挖掘“低音宽厚、中音圆润、高音坚韧”的嗓音素质，为演讲获得更强的表现力。具体方法是：结合ɑ、i、o、u、e等单母音或mɑ、me、mi、mo、mu等混合母音进行音阶的上行和下行朗诵或吟唱练习。演讲发声的特点决定了它采取的共鸣方式——以口腔共鸣为主，以胸腔共鸣为基础的声道共鸣方式。演讲发声对共鸣的控制是一种综合的控制过程，在进行音阶练习时，要保证呼吸控制、口腔控制、喉部控制与共鸣控制的协调一致，互相支持。

3. 嗓音保健

第一，喉部按摩。手指按住喉结两旁上下移动。指压力量以感觉舒适为度，不可用力过大，每次2—3分钟。这样可以起到缓解喉肌和咽部肌肉过度紧张，消除疲劳，增强机体抗病能力的作用。

第二，毛巾热敷。把毛巾用温热水浸透后拧干敷在颈部，反复数次，可以增进喉部血液循环，消除疲劳，减少咽干、喉痛，起到加速喉肌恢复活力的作用。

第三，气泡音练习。头部端正，双眼平视，打开牙关，用少量微弱均匀的气息平稳地从松弛的声带吹出，发出连贯的气泡音（就像喝水时吐水泡的感觉）。当我们在使用气泡音振动声带时，是在声带休息的状态下进行的合理运动，这样等于对声带进行按摩，能够有效地把声带上覆盖着的充血的分泌物振开，调整声带。

拥有健康、悦耳的嗓音是完成出色演讲的必要条件，所以我们应该掌握正确的呼吸方法和科学的发声技巧，树立良好的嗓音保健意识，努力获得美妙的好声音。

三、普通话练习

普通话是指通行于中国大陆和港澳台地区的共通语言，是现代汉语共通的交际口语与书面语。1955年10月，相继召开的全国文字改革会议和现代汉语规范问题学术会议，从语言的三要素语音、词汇、语法三个方面为普通话作了科学的定义：普通话是以北京语音为标准音，以北方方言为基础方言，以典范的现代白话文著作为语法规范的现代汉民族共同语。普通话既是现代汉民族共同语，又是国家通用语言，更是中文演讲的必学语言。近年来，我国对普通话的推广和普及工作成效显著，当代大学生已基本能熟练地使用普通话进行沟通和交流。在此，本部分仅对普通话的知识进行简要介绍。

普通话语音系统主要包括声母、韵母、声调、音节，以及变调、轻声、儿化、语调等。

1. 音素系统

音素是最小的语音单位。它是从音节中分析出来的。音节是最自然的语音单位。在汉语里，一个音节就是一个汉字。“我是中国人”5个汉字同时是5个音节。儿化音节例外，例如，“一下儿”这三个字实际上是两个音节，“下儿”是一个音节，念“xiàr”。

语音分析到音素不能再分了。“红”可以分析出h、o、ng三个音素来。如果我们把声音拖长念，是完全可以体会得到的。

音素按发音特点分成两大类：元音和辅音。

元音：发音时声带颤动，声音响亮，气流在口腔中不受到阻碍。例如普通话中的ɑ、o、e、ê、i、u、ü、-i（前）、-i（后）、er。

普通话的这些元音，-i（前）只跟z、c、s拼合构成音节，-i（后）只和

zh、ch、sh、r拼合构成音节。ê、er能自成音节，一般不直接跟辅音相拼。其他元音既能跟辅音相拼，也能自成音节。

辅音：发音时，声带不一定颤动（有的颤动声带，如m、n、l，有的不颤动声带，如s、sh、x），声音不响亮，气流在口腔中要受到不同部位、不同方式的阻碍。例如普通话中的b、p、m、f、d、t、n、l、g、k、h、ng、j、q、x、zh、ch、sh、r、z、c、s。

普通话中，辅音一般要跟元音拼合才能构成音节。有的辅音可以自成音节，如“n嗯”，这是个别现象。

2. 声韵调系统

从声韵调系统来看，普通话有辅音声母21个，韵母39个，声调4类。

第一，声母。声母是音节开头的辅音。例如“买mǎi、卖mài、明míng、媚mèi”开头的“m”就是声母。“二èr”“矮ǎi”这样的音节没有辅音声母，叫做“零声母”音节。上面所列的22个辅音，除ng不作声母外，其余21个都能作声母。

第二，韵母。韵母是音节中声母后面的部分。它主要是由元音构成的（鼻韵母有鼻辅音n或ng作韵尾）。比如“发达fādá”的“a”，“电线diànxiàn”的“ian”就是韵母。每个韵母中都有一个元音读得比较长而响，称为主要元音，又称韵腹，韵腹前面的元音叫韵头，韵腹后面的部分叫韵尾。比如“ian”中的“i”是韵头，“a”是韵腹，“n”是韵尾。只有一个元音的韵母，这个元音就是韵腹，例如“发fā”中的“a”。做韵头的元音只有i、u、ü，如ia、ua、üe。做韵尾的只有元音i、o（u）和辅音n、ng，如ai、ao、an、ang。

第三，声调。声调是音节的高低升降形式，它是由音高决定的。比如“辉huī”“回huí”“毁huǐ”“惠huì”四个音节的声母和韵母都相同，但是它们的声调不同，就成了不同的音节，代表不同的意义。所以，声调是构成音节非常重要的部分。一个音节没有标上声调，这个音节就毫无意义。普通话声调有4类：

阴平念高平调，如飞、妈、书、家、乒；

阳平念高升调，如池、河、神、床、笛；

上声念低降升曲折调，如马、始、可、果、表；

去声念高降调，如电、醉、进、亚、贡。

普通话声母和韵母相拼构成的基本音节（包括零声母音节）有400多个，加上声调的区别有1 200多个音节。

音素系统和声韵调系统，都可以用来说明汉语的语音结构。声母、韵母、声调是中国传统音韵学分析汉语音节结构所用的一组概念，它侧重汉语音节内部的结构和各成分在音节中的位置。元音和辅音是现代语音学分析音节和音素所用的一组概念，是对音素的发音特点进行分析后划分出来的类别。这两套系统可以结合，但不能混淆。比如：声母是由辅音充当的，但辅音不等于声母，因为辅音除做声母外，还可以做韵母的一部分即韵尾。韵母虽然主要是由元音充当的，但韵母不等于元音，因为韵母里面还有辅音。

和汉语其他地方方言，特别是南方很多方言的音系相比较，普通话音系比较简单，它的声母、韵母、声调，一般来说比其他方言要少，因而比较容易掌握。

在世界语言之林中，汉语属于汉藏语系。跟英、法等印欧语系的语言相比较，汉语语音的最大特点之一是：声调区别意义。

3. 语流系统

第一，音变。音变就是语音的变化。人们在说话时，不是孤立地发出一个个音节（字），而是把音节组成一连串自然的“语流”。在语流中，前后音节会互相影响，使某些音节的音素或声调发生语音变化，这就是语流音变。普通话的音变包括：变调、轻声、儿化和语气词“啊”的变化等。

第二，语调。语调是“说话的腔调”。语调是衡量普通话标准与否的重要特征，是语言的“灵魂”。在说话人的语流中，我们能感受出“湖南普通话”“广东普通话”“东北普通话”。这不仅是因为声韵母与普通话存在差异，更因为语调特征不相同。说话时声音的高低、轻重、长短，语速的快慢，语流的连贯和停顿的变化，这些都是语调的具体体现。语调里含有很多感情和情绪成分，说话人的喜怒哀乐、赞成或反对、爱或恨等情态因素不仅体现在词语的选择上，还会通过句子的语调表现出来。学习普通话，不仅要学会发标准音，做到“形似”，还要掌握驾驭语调的能力，提高语言运用水平，做到普通话的“神似”。

第二部分　态势语言

演讲中的态势语言是指演讲者在演讲过程中举手投足之间表现出来的肢体语言，包括基本礼仪和手势、眼神、身姿等。

一、基本礼仪

礼仪是指人们在相互交往中，为表示相互尊重、敬意、友好而约定俗成的、共同遵循的行为规范和交往程序，它涵盖各种大型、正规场合隆重举行的仪式和人们在社交活动中的礼貌礼节。演讲的基本礼仪，一般来说分为入场礼节、鞠躬礼节、持稿礼节和离场礼节等方面。

1. 入场

演讲者的入场是在主持人宣布其演讲后，演讲者从准备演讲到开始演讲的过程。入场礼仪的总体要求是步伐稳重，表情自然大方。入场可能遇到直接演讲、从座席或场外进入等情形，分述如下：

第一，直接开始演讲。这是指演讲者是在主席台就座的领导或嘉宾，无须离席即可进行演讲。此种情况演讲者只需站立后致礼，或直接和听众打招呼后开始演讲。如果演讲者位居主席台，但其座席并非演讲席，则需从座位走到演讲席，走的过程中要注意与观众的眼神交流。

第二，从座席或场外进入演讲席。这是指演讲者从候场区或边幕进入现场。虽然实际运用中从两边入场的情况都有，但从观众的左边出场的居多。演讲者要注意出现在公众视野的第一时间与其进行交流，并在正式走上发言席之前向观众行鞠躬礼。

2. 鞠躬

鞠躬是表示对他人敬重的一种郑重礼节。此种礼节一般用于下级对上级或同级之间、学生向老师、晚辈向长辈、服务人员向宾客表达由衷的敬意等情况下。它既适合于庄严肃穆或喜庆欢乐的仪式，又适用于普通的社交和商务活动场合。鞠躬礼是当前演讲中应用最为广泛的礼节之一。

（1）鞠躬的姿势

演讲者行鞠躬礼时面对听众，立正站好，保持身体端正，以腰部为轴，整个肩部向前倾15° 以上（一般是30°—45°，具体鞠躬幅度视现场情况而定）。正式场合双手应该放在身体两侧。

（2）鞠躬的时间

第一，开始演讲前。如果演讲场合人数不多，不需要扩音设备，演讲者在听到主持人宣布“请 × × 发言，大家欢迎”之类的主持语后，应该站至讲台一侧面对观众行礼，然后走上讲台进行发言。如果听众人数多，在多媒体教室里进行，则可选择上讲台后再鞠躬。

第二，演讲进行中。在演讲进行中，因为情绪和情感的变化，可能会进行鞠躬。一般用于情感的升华之处，以示答谢、感恩、激动等情绪。此时鞠躬的幅度一般比较大。

第三，演讲结束后。演讲结束时一般需要鞠躬，以表示对听众的感谢。

一次标准的鞠躬，一般的时间跨度是3—5秒之间，但在有的情况下，因配合演讲内容需要，表达深深的敬意，鞠躬时间可以适当延长。

（3）鞠躬的位置

现场行鞠躬礼的位置应根据现场情况和活动组织方的要求而定：

第一，当演讲台位于主席台（舞台）正中间时。在此种情形下，主席台（舞台）上一般没有坐人，其演讲台可能是封闭式台桌，也可能是只有通透式的立式话筒。这种情况的行礼方式是从边幕登台，在演讲台或立式话筒的左侧或右侧1米左右处鞠躬，也可以在话筒后面50厘米左右处敬礼后，再上前一小步，开始演讲。

第二，当演讲台位于主席台（舞台）三分之一处时。在此种情况下，演讲者从边幕登台，无须绕过演讲台，可在离演讲台1米左右处的适当位置鞠躬，再走上演讲台。

第三，当演讲台位于主席台（舞台）的四分之一及以上位置时。在此种情况下，演讲者从边幕登台，但需要走过演讲台进行鞠躬后，再返回至演讲台开始演讲。

除了鞠躬，演讲中还可能使用其他的礼节，如举手礼。

演讲中的举手礼是指军人、警察、军事化管理单位和相关执法单位的演讲者身着制式服装时所行的礼节。举手礼的动作要领：上体正直，右手取捷径迅速抬起，五指并拢自然伸直，中指微接帽檐右角前约2厘米处（戴卷檐帽、无檐帽或者不戴军帽时微接太阳穴，约与眉同高），手心向下，微向外张（约20度），手腕不得弯曲，右大臂略平，与两肩略成一线，同时注视受礼者。礼毕时按原线路返回，动作要迅速。

军事化管理的大学生，如国防生、军警院校的学生，身着制式服装演讲时可用举手礼，一般需戴帽行礼，但从1998年部队相关条令修改后，行举手礼也可不戴帽。

3. 持稿

有些场合，演讲者需要带稿进行演讲，如何在持稿时体现礼貌和素养呢？下面，根据具体情况分述如下：

（1）带稿上台

第一，“手上飘”。这是目前很多人不经意间采用的形式，即将稿件拿在手中，单手或是双手持稿件上台。使用此种方式要注意不能随意甩动稿件，避免显得随意和拖沓。

第二，“掌中宝”。即将稿件折叠，上台后再展开。这样可以使稿件不至于随着手的摆动而甩动。“掌中宝”的方式适合稿件篇幅不长的持稿演讲。

第三，“囊中物”。将稿件放在口袋里，上台后从口袋拿稿。这种方式不太雅观，不宜在庄重场合使用。

第四，“桌上摆”。对于设有演讲台，且发言人数不多的演讲来说，可以采用事先将稿件放置在演讲台的方式。

（2）演讲持稿

演讲时，双手持稿，自然平放于演讲台上或根据视觉需要适当调整持稿高度。如果是立式话筒，则将演讲稿置于自身身体的侧前方为宜。

4. 离场

演讲结束后，演讲者需要离场，此时要注意的礼仪主要有两个方面：

（1）致谢

演讲结束后，向听众致谢或鞠躬，离开演讲席。

（2）离席

演讲者场上的任何一个动作和仪表都体现着素质和涵养，所以离开发言席回到座席或离开会场时更应注意仪态稳重大方，彬彬有礼。

二、手势

手势语是演讲者运用手掌、手指、拳和手臂的动作变化来表达思想感情的一种态势语言。手势所表达的意义，是由手势活动的范围、方向、幅度、形状来决定的。

1. 手势活动的范围

手势的活动大体分为三个区间：

第一，上行手势。也称为上区手势，活动在肩部以上，通常表示激昂向上的情绪。

第二，中行手势。也称为中区手势，活动在肩部到腹部之间，通常表示客观冷静的情绪。

第三，下行手势。也称为下区手势，活动在腹部以下，通常表示鄙夷厌恶的情绪。

2. 手势活动的方向

一般说来，向内、向上的手势，意味着肯定、赞同、号召、鼓励、希望、充满信心，是积极的手势；向外向下的手势，意味着否定、拒绝、制止、终止、摒弃、冷漠，是消极的手势。如同样是搓手，朝上搓可能是摩拳擦掌、迫不及待；往下搓则可能是局促不安、不好意思。同样是举起两个手掌，掌心向内、往内缩，表示向我靠拢、注意我；掌心向下、往外推，则意味着拒绝、回避。

3. 手势活动的幅度

幅度的大小与演讲者的感情、语势有很大关系。幅度大，表示强烈，幅度小，表示平和。手动臂不动，是小幅度；手臂挥动甚至还带动全身，双手挥舞，这是大幅度。一般说来，演讲者大幅度的手势不宜过多，只能偶尔使用；手势太多，会影响整体效果，甚至还会引人发笑。

4. 手势活动的形式

手势活动的形式是由手指和手掌构成的各种不同手形，即手势活动的形状。演讲中常见的手形有以下几类：

（1）指法：由手指的不同运动方式表示的无声语言。

第一，“食指法”：伸直食指，向上或向下，起强调作用，即强调话题所涉及的人和物；向前指，指听众的某个人，挑明话题，表明说话的针对性，但给人压迫感，应慎用。

第二，“拇指法”：翘起拇指，表示和好、赞许；向鼻前翘，表示称道自我；向前或向后翘，表示夸奖别人。

第三，“啄指法”：互相啄紧，构成两种手势。一是五指接触，啄成一团，向内，表示反复强调重点；二是指尖不接触，向外，表明不是泛泛而谈，而是有某种针对性。

第四，“叉指法”：手指伸直叉开，可叉两指，也可叉三指或四指，一般都是表示数字。

第五，“抓指法”：五指僵硬地弯曲，呈爪状，表示力图控制全场，吸引观众。

（2）掌法：由手掌的不同运动方式表示的无声语言。

第一，伸掌：五指合拢，手掌平伸。掌心向上，表示征求意见；掌心向下，表示要抑制和安定情绪；掌心向前，表示回避；掌心向内，并向胸前缩拢或向外推，表示抚慰；掌心向上，或摊开双手，表示友好。

第二，劈掌：手掌挺直展开，像一把斧子嗖嗖劈下，表明态度坚决。

第三，合掌：双手慢慢合拢，一只手搭在另一只手上，表明鼓励、态度虔诚或有必胜的把握。

(3) 拳法：由拳的不同运动方式表示的无声语言。

拳头向上摆动，说明说话者立场坚定，不容置疑。

拳头垂直向上举，表示有力或强烈的态度。

手势的使用一般与个人习惯息息相关，其内涵是约定俗成的，并没有统一规定。手势不在乎多，而在于简练和具有表现力。作为一个演讲者，既要注意培养和加强这种无声的表现力，又要适当控制这种表现力。

手势还需要自然协调。符合演讲内容的需要，符合听众的文化心理需要，符合演讲者的身份和性格特征，恰如其分、和谐得体就是自然。与演讲者的表情配合，与有声语言同步，与其他动作一致，不生硬、不粗俗、不琐屑，就是协调。

5. 手势的禁忌

在演讲实践中不能出现的手势有：第一，捶胸顿足；第二，拳头对听众；第三，手指向听众指指点点；第四，双手插入口袋；第五，双手交叉在胸前；第六，背着手；第七，双手乱动或乱晃；第八，摆弄衣角纽扣；第九，挠痒痒、抠鼻子、揉眼睛、抓耳挠腮等；第十，其他不礼貌的动作。

三、眼神

人的喜怒哀乐、爱憎好恶都能从眼神中表现出来，眼神甚至能表达出用言语难以表达的极其微妙的思想感情。演讲者要学会用眼睛说话，把自己的真情实感流露在眼神中，运用眼神与听众交流感情。

眼神主要受演讲的内容和演讲者的情绪影响。对听众而言，演讲者的表情应尽量保持微笑，这是招人喜欢的秘诀；就内容而言，演讲者的表情应丰富多彩，喜怒哀乐都可出现。

运用眼神的方法主要有以下几种：

1. 平视

表现为演讲者的视线平直向前，统摄全场。一般来说，演讲者视线的落点应放在全场中间位置，在此基础上适当地转换视线，照顾到全场听众。这样，可使每个听众都感到演讲者在关注自己，从而引起听众的注意。

2. 环视

表现为演讲者的视线扫视全场，与听众保持目光接触，增强双方的情感交流。将平视法与环视法结合起来，既可观察到听众的心理变化，还可检验演讲效果，但切忌眼神流转频率过快或身体跟着摇摆。

3. 专注

表现为演讲者的视线有重点地观察个别听众或会场的某一个角落，并与之进行目光接触，同听众个别交流感情。这种方法可直接启发、引导听众。

4. 斜视

即配合面部表情，有意将眼神侧视某一点或某一区域的方法。既可表现对左右观众的关注，又可表现喜欢或鄙夷的情感。

演讲者学会了“用眼神说话”，就能更好地传情达意。演讲者最忌讳的是从始至终用一种眼神，这样会给人呆滞、麻木的感觉。当然眼睛也不能无目的地乱转、仰视房顶、偷看评委或死盯讲稿。

眼神对听众的心理情绪是有着直接影响的。一般来说，听众接触到什么样的眼光，就会有什么样的感受。如听众接触到兴奋、热情的目光，就会感到高兴；接触到和蔼关切的目光，就会产生亲切感。如果演讲者目光呈呆滞状，听众会感到索然无味；目光呈黯淡状，听众就会情绪低落；眼光根本不与听众接触，听众就会感到不被关注。眼神是可以传情达意的，只要运用得当就能收到较好的效果。

四、身姿

身姿是指演讲者身体的姿态。身姿也是一种由身体姿态表现出的无声语言。演讲虽然是以有声语言为主，但优美得体的身姿，既可有效地提高口语表达的准确性，又能吸引听众注意力，并对感情的表达起着重要的推动作用。

1. 头

演讲中头部表情达意的方式主要有：点头表示赞同，摇头表示否定，低头表示谦逊或忧虑，昂头表示勇敢或高傲，后仰表示软弱或失望，左右微摇表示怀疑或不忍，前伸表示惊讶或逗趣，微倾表示观察或思考等。头部动作不宜过多和夸张，应与其他肢体语言相协调。

2. 身躯

演讲中身躯的姿态主要包括坐姿、站姿、走姿等方面。

（1）坐姿

男士坐姿：双腿并拢，上身挺直坐正，两脚略向前伸，两手分别放在双膝上。

女士坐姿：坐正，上身挺直，两腿并拢，两脚同时向左或向右放，两手叠放，置于左腿或右腿上。

保持正确坐姿要注意：一是入座时，应当轻而稳；二是面带笑容，双目平视，嘴唇微闭，微收下颌，立腰、挺胸、上体自然挺直；三是双肩平正放松，两臂自然弯曲放在膝上，也可放在椅子或沙发扶手上；四是不要坐得太满，上半身要些许前倾，表示对听众的尊重和自己的专心。

（2）站姿

站姿总的要求是自然、大方、不拘谨、不呆板。身子要正，表现出一种体态美。演讲中，男士的站位呈“小v形”或平行式姿态，女士则是“小v形”和前进式，俗称丁字步姿态。

站姿有一些禁忌：一是两脚紧紧并拢，给人以拘谨、不自然之感；二是脚不停地抖动，给人不严肃、不庄重之感；三是摆弄衣角、纽扣，给人胆怯之感；四是将手插入裤兜内，给人以高傲之感。

（3）走姿

正确的走姿有三个要点：从容、平稳、自然。

走姿应当身体直立、收腹直腰、两眼平视前方，双臂放松在身体两侧自然摆动，脚尖微向外或向正前方迈出，跨步均匀，两脚之间相距约一只脚到一只半脚，步伐稳健，步履自然，要有节奏感。起步时，身体微向前倾，身体重心落于前脚掌，行走中身体的重心要随着移动的脚步不断向前过渡，而不要让重心停留在后脚，并注意在前脚着地和后脚离地时伸直膝部。行走时，脚步要从容和缓，抬头、挺胸、精神饱满。

步幅的大小应根据身高、着装与场合的不同而有所调整，如女性在穿裙装、旗袍或高跟鞋时，步幅应适当小一点，凸显演讲者的端庄与优雅。

练习与实践

1. 和同学一起，进行打“嘟”练习。

2. 练习绕口令《八百标兵》和《长扁担，短扁担》。

《八百标兵》：八百标兵奔北坡，北坡炮兵并排跑，炮兵怕把标兵碰，标兵怕碰炮兵炮。

《长扁担，短扁担》：长扁担，短扁担，长扁担比短扁担长半扁担，短扁担比长扁担短半扁担。长扁担绑在短板凳上，长板凳不能绑在比短扁担长半扁担的长扁担上，短板凳也不能绑在比长扁担短半扁担的短扁担上。

3. 作品朗读练习。

年少的时候，我们差不多都在为别人而活，为苦口婆心的父母活，为循循善诱的师长活，为许多观念、许多传统的约束力而活。年岁逐增，渐渐挣脱外在的限制与束缚，开始懂得为自己活，照自己的方式做一些自己喜欢的事，不在乎别人的批评意见，不在乎别人的诋毁流言，只在乎那一份随心所欲的舒坦自然。

4. 观看演讲录像，仔细揣摩演讲者的礼仪、手势、眼神和身姿等，说说演讲者哪些地方值得学习。

第二模块　竞赛类演讲技巧

当前，国内竞赛类演讲常见的形式有主题演讲和辩论演讲。主题演讲因为规定了演讲的主题或题目，所以比较容易判断在基本相同的挑战条件下各位演讲者的水平，既确保了公平性，又方便评委操作。辩论演讲更是竞赛类演讲的热点，辩题的新颖有趣、辩手的灵活机智、辩程的唇枪舌剑，都能激起听众的兴趣和热情。无论是主题演讲，还是辩论演讲，不仅需要演讲者具有渊博的知识、开阔的视野，还需要演讲者灵活运用各种技巧。

第一部分　主题演讲技巧

主题演讲比赛是指给出一个既定的主题，要求演讲者根据这个主题进行竞赛演讲的活动。它的主要特点是特定性和针对性，因为主题演讲比赛是主题特定、时间特定、场合特定、听众特定的演讲活动，所以演讲者就应该根据这些特定的情况有针对性地撰写演讲文稿和设计演讲形式。主题演讲比赛的主要环节包括定稿、记稿、试讲、正式演讲等。下面，我们选择其中的重要环节介绍一些常用技巧。

一、记稿技巧

竞赛类的演讲对于参赛稿件的熟记是备赛的重要环节，主题演讲比赛更是如此，由于现场发挥余地不大，所以记稿的环节尤为重要。如何在短时间的训练中达到熟记的程度呢？在此介绍几种方法：

1. 收放法

收放法是指一收一放地进行演讲稿记忆的方法。收的时候，进行快速表达，以“快舌”的方式进行，一般可达到每分钟260—300个音节，而放的时候，以正常的演讲节奏进行默述或小声念。在一收一放的反复训练中，对演讲稿的记忆会逐步加深。

2. 浮现法

浮现法是指将演讲稿呈现到头脑中的方法。在基本能背诵文稿后，在脑海中放电影般反复回忆每页的稿件内容。这种方法融入了对稿件的形象记忆，能有效地加强对稿件内容的记忆。

3. 手卡法

手卡法是指将演讲稿的文字用小字打印到小卡片中进行记忆的方法。此种方法操作简便，一般可考虑在打印纸上分栏或用表格进行，打印后裁剪成小卡片。一般一个小卡片容纳200—300字。制作完小卡片后，演讲选手再分卡片进行背诵。

4. 情境法

情境法是指进行现场情境模拟，特别是重大比赛出征前，在班上、学院的老师和同学们面前进行现场练习，达到热身的效果。

5. 强化法

强化法是指对演讲稿棘手的部分进行针对性重点训练的方法。为增强比赛的竞争力，有的演讲稿中设置了一些难度较大的语句。有些语句对于选手来说比较拗口，因此对这些语句应该多花时间排练。一般说来，选手对一篇稿件的开头和结尾部分记忆最深刻，而对中后部分的记忆偏薄弱，因此在训练中需要花精力去强化，以达到整篇稿件的记忆平衡。

二、口语表达技巧

主题演讲比赛稿定稿之后，排练推敲过程中需要运用一些演讲技巧。主题演讲比赛技巧一般围绕八个字来进行，即抑扬顿挫、轻重缓急，具体技巧包括停顿、重音、句调等。

1. 停顿

停顿是演讲中语流的间歇。停顿不仅是人们生理上的换气需要，也是有声语言表情达意的重要方法。

第一，语法停顿。语法停顿是指由句子间语法关系而确定的停顿。如句子中主谓之间、动宾之间、修饰语与中心词之间的停顿，还有分句之间、句子之间、层次段落之间的停顿。

纯朴的家乡/村边有一条河，曲曲弯弯，河中/架一弯石桥，弓样的小桥/横跨两岸。

“纯朴”只能修饰“家乡”，而不能修饰“村边”。

这块广袤的土地/面积为五百四十六万平方千米，占国土总面积的百分之五十七；人口二点八亿，占全国总人口的百分之二十三。

“土地面积”在我们概念中通常是一个词组，很容易连在一起读，但是“广袤”是不能够修饰“面积”的，正确的停顿应该是在“土地”之后。

第二，强调停顿。强调停顿是句子中的特殊停歇，它不受语法停连的限制。它是为了强调某一事物，突出某种语意和情感，或为了加强语气，在不是语法停顿的地方作适当的停顿，或在语法停顿的基础上改变停顿时间。

这样枝枝叶叶靠紧团结，力求上进的白杨树，宛然象征了/今天在华北平原纵横决荡/用血/写出新中国历史的/精神和意志。

在“用血”这个词之后给予一定时间的停顿，可以引起听者的注意，突出是“用血”写出的中国历史。

第二天拉开窗帘，却已经积雪盈尺，连门/都推不开了。

在“连门”这个词之后停顿一下，强调风雪之大。

2. 重音

对那些在演讲中需要着意强调的词或词组，在不改变原有声调的情况下，通过加大音量、拖长字音等方法予以强调，就是重音。重音的确定是以语句表达目的和情感色彩为依据的，哪个地方最强烈地体现了语句目的和感情色彩，它就是我们需要着意强调的对象。

第一，语法重音。

语法重音是根据句子的语法结构确定的重音，位置比较固定，如短句中的谓语动词，修饰成分与限制成分，数量结构，疑问代词、指示代词，并列关系、对比关系、转折关系中的关键词等，我们在朗读时一般要重读。

今天早晨，天放晴了，太阳出来了。（谓语动词）

我有两个愿望，第一个是，妈妈天天笑眯眯地看着我说：“你真聪明。”第二个是，老师天天笑眯眯地看着我说：“你一点也不笨。”（数量结构、修饰成分）

有这样一个故事。有人问：世界上什么东西的力气最大？（指示代词、疑问代词）

没有一片绿叶，没有一缕炊烟，没有一粒泥土，没有一丝花香，只有水的世界、云的海洋。（并列关系、对比关系）

第二，强调重音。

强调重音是为了突出某种特殊的表达需要或思想感情而确定的重音，它没有固定的位置和规律，而是由句子的表达意图和具体语境决定的。

我是2010级中文系的学生。（谁是2010级中文系的学生？）

我是2010级中文系的学生。（你是不是2010级中文系的学生？）

我是2010级中文系的学生。（你是中文系哪一级的学生？）

我是2010级中文系的学生。（你是2010级什么系的学生？）

我是2010级中文系的学生。（你是2010级中文系的老师还是学生？）

强调重音在语句中的位置，没有固定格式。我们只有在深刻理解和感受作品内容的基础上，才能准确地确定强调重音的位置。

3. 句调

句调指语句里声音高低升降的变化。这种变化贯穿于整个句子，但常常在句末表现得特别明显。句调主要有以下四种类型：

第一，升调（↗），前低后高，语势上升。一般用来表示疑问、反问、惊异等语气。高升调多在疑问句、反诘句、短促的命令句里使用，或者是在表示愤怒、紧张、警告、号召的句子里使用。

什么是永远不会回来呢？（↗）（表示疑问）

这是胜利的预言家在叫喊："让暴风雨来得更猛烈些吧！"（↗）（表示呼喊）

第二，降调（↘），前高后低，语势渐降。一般用来表示肯定、坚决、赞美、祝福等感情。

降抑调一般用在感叹句、祈使句或表示坚决、自信、赞扬、祝愿等感情的句子里。表达沉痛、悲愤的感情，一般也用这种语调。朗读时，注意语调逐渐由高降低，末字低而短。

似乎每一片树叶上都有一个新的生命在颤动，这美丽的南国的树！（↘）（表示感叹）

"我是唯一的一个找到真金的人！"（↘）（表示肯定）

第三，平调（→），一般多用在叙述、说明或表示迟疑、思索、冷淡、追忆、悼念等情况的句子里，表达庄严、悲痛、冷淡等感情。朗读时语调始终平直舒缓，没有显著的高低变化。

三十年代初，胡适在北京大学任教授。（→）（表示叙述）

可是，我……我还没有向您请教呢。（→）（表示迟疑）

刘胡兰冷冷地回答：“不知道。”（→）（表冷淡）

第四，曲调（∧↗或者∨↘），这种句调常用来表示讽刺、厌恶、反语、意在言外等，用来表达特殊的感情，如讽刺、讥笑、夸张、强调、双关、惊异等。朗读时句调弯曲，或先升后降，或先降后升，把句子中某些特殊的音节特别加重、加高或拖长，形成一种升降曲折的变化。

好个国民党政府的“友邦人士”！（∨↘）（表示讽刺）

也有解散辫子，盘得平的，除下帽来，油光可鉴，宛如小姑娘的发髻一般，还要将脖子扭几扭。实在标致极了。（∨↘）（表示反语）

一般说来，最基本的两种句调类型是降调和升调，陈述句、祈使句、感叹句都用降调，只有疑问句用升调。方言区的人在演讲时，常常有句子末尾语调上扬的现象，把一些降调、平调也讲成带有方言色彩的升调，从而形成语调偏误，在演讲训练时要注意纠正。

三、心理调适和设备运用的技巧

不仅主题演讲比赛，一般的竞赛类演讲均需要用到心理调适和设备应用的技巧，这里作统一的阐述。

1. 心理调适的技巧

竞赛类演讲包括主题演讲比赛，其心理调适的目标是将训练水平有效地发挥出来。有些选手对演讲竞赛存在心理负担，造成比赛和训练状态不一致的现象。

常见的竞赛类演讲心理调适的方法如下：

（1）心理暗示

心理学认为，适当的心理暗示，如人们常说的“给自己打打气”，能使行为的稳定性增强。尤其在主题演讲比赛中，心理暗示是使训练水平有效发挥的重要方法。

暗示之一：我是赛场上最棒的人。把自己想象成整个赛场上水平最高的选手，信心百倍地上场演讲。

暗示之二：我能发挥出训练水平。在对竞赛场地和气氛熟悉的基础上，暗示自身能将日常训练的水平正常地发挥出来。

暗示之三：我比上次有进步。此种心理暗示，对自身的实力有着清醒的认识，不苛求取得非常拔尖的名次，只求演讲水平不断进步。

（2）现场调适

第一，赛前。

竞赛前的选手，应好好休息。如果是上午比赛，头天晚上要睡好，不要熬夜；如果是下午或晚上比赛，则中午要保证一定的午睡时间，以呈现出良好的精神状态。

来到现场后，要熟悉场地环境、气氛和演讲竞赛的流程，牢牢记住自己的出场顺序，及时候场，以免出现偏差。自己上场前十五分钟左右就可站立起来，环看四周，走向候场区，进行深呼吸，调整好状态。有条件的话还可快速默述一遍演讲内容。

第二，赛中。

静场。选手在入场后，需要用一定的方式告知、提醒观众“我要开始演讲了”，这个过程被称为静场。静场的方式，有的时候用语句来进行，有的时候用眼神的交流来进行。

开讲。正式开始演讲后，一方面要信心百倍，又要注意适度，自信不是蔑视和无视对手，而是要在尊重对手和听众的基础上，让自身的气场变得更强大。另一方面，要亲切自然，珍惜每一次向观众们传递信息和观点的机会，始终将现场的观众当成自己服务的对象。

应急反应。在场上演讲的过程中，有可能出现错词或记忆模糊的情况，此时千万不要慌，而是要冷静地应对。一般来说，讲错的字句，只要不导致歧义，就应该继续讲下去。若出现记忆模糊，不要长时间的停顿，而应冷静理清一下思路，把记得的内容顺利地先讲下去。

第三，赛后。

竞赛类演讲的评分主要是在比赛场上的表现，但一些细节也可能导致评分的变化。因此，上场前、在场上和下场后的一举一动都应当注意，应该有礼有节。如果竞赛场上成绩不够理想，不要埋怨，胜败乃兵家常事；如果成绩已经比较理想，则需要“百尺竿头、更进一步”的学习态度。无论得到什么分数，都能在比赛过程中找到自身提升的空间。有条件的选手，可以根据自身录像或录音的资料进行思考，查找自身存在的问题，为下一次取得更好的效果打下基础。

2. 设备运用的技巧

第一，话筒的使用技巧。话筒在演讲中起到了扩展音量和改善音色的作用。合理地运用话筒，对选手演讲效果的提升具有重要的实际意义。一般来说，嘴唇距离话筒8—10厘米比较合适，但也应视现场具体情况而定，大体原则是最有效地保证话筒的扩音效果，但不会喷话筒。

第二，其他设备的现场调适。比赛前应到现场的音响工作间，与灯光师、音响师沟通，进行适当的设备调适。如果比赛使用立式话筒架，则在赛前一定要确定好立式话筒架的放置高度，并及时和工作人员沟通好演讲比赛时话筒架摆放的位置。如果要使用多媒体设备，应该提前到现场调试好。

第二部分　辩论演讲技巧

二十世纪九十年代以来，辩论类的演讲活动已逐步成为广大高校的传统项目。辩论比赛既可以活跃校园文化气氛、增强学生团队意识，又可以激发学生拓展知识的积极性，增强思辨的意识和能力，特别是在演讲的规定动作和自选动作方面均能得到有效的锻炼，因此深受大学生的喜爱，辩论演讲也因此成为竞赛类演讲的主要方式之一。

一、辩论演讲的特点

辩论是由两方或两方以上的人因对某个问题产生不同意见而展开的面对面的语言交锋，包括法庭辩论、外交辩论、赛场辩论，以及每个人都曾经历过的生活辩论等。墨家经典《小取》云：“夫辩者，将以明是非之分，审治乱之纪，明同异之处，察名实之理，处利害，决嫌疑焉。摹略万物之然，论求群言之比。以名举实，以辞抒意，以说出故。以类取，以类予。有诸己不非诸人，无诸己不求诸人。”可见，自古以来，辩论不仅仅只是一个名词概念和语言技巧的较量，更是一种追求真理、批驳谬误、明辨是非的思想活动。古希腊学者亚里士多德有一句名言：“吾爱吾师，吾更爱真理！”作为竞赛项目，辩论演讲较之命题演讲更难些，它的基本要求是：立场鲜明、观点正确；逻辑严密、用语精当；反应敏捷、应对灵活。它以深邃的思想给人启迪，以妙语连珠、激烈对抗的场景，给听众高层次的领悟和享受。

庄子和朋友惠施在濠水的一座桥梁上散步。庄子看着水里的鱼说："鱼在水里悠然自得，这是鱼的快乐啊。"惠子说："你不是鱼，怎么知道鱼的快乐呢？"庄子说："你不是我，怎么知道我不知道鱼的快乐呢？"惠子说："我不是你，固然不知道你；你不是鱼，无疑也没法知道鱼是不是快乐。"庄子说："请回到我们开头的话题。你问我'怎么知道鱼的快乐'这句话，这就表明你已经肯定了我知道鱼的快乐了。"（《庄子·秋水》）

两位辩论高手，同游于濠水的一座桥梁之上，俯看水中的鱼，引起联想，展开了一场"人能否知鱼之乐"的辩论。其题虽小，而其旨甚大。除了第一句用叙述语略作交代外，通篇采用对话形式。两人一句接着一句，采用以子之矛攻子之盾的方法，顶针式地将这场辩论深化。庄子肯定人能知鱼之乐，惠施则否定人能知鱼之乐。且不说辩论双方谁是谁非，光两人在辩论中所反映出来的敏捷思路，就使人应接不暇，睿智的谈锋令人拍案叫绝，丰富的奇想更能启人遐思。从这个小故事我们也能看出辩论演讲的特点：

1. 观点的对立性

辩论各方的观点必须是截然对立的或至少是有明显分歧的。没有对立便没有辩论。辩论演讲中，辩论者既要千方百计地证明自己观点的正确性，又要针锋相对地批驳对方的观点，并使对方最终承认自己的观点。

正方：相处容易相爱难
反方：相爱容易相处难
正方：青年成才的关键是自身能力
反方：青年成才的关键是外部机遇
正方：合作比竞争更能使文明进步
反方：竞争比合作更能使文明进步

2. 思维的机敏性

辩论演讲是语言的艺术、思维的艺术。由于辩论在许多时候打的是无准备之战，在唇枪舌剑的战斗中，双方思维的紧张程度不亚于短兵相接。语言信息的传播与反馈比起一般的会话更快，因此，辩手既需要明察对方的策略，又要应付对方的“明枪暗箭”，而这一切往往来不及深思熟虑，都得临场发挥，所以辩手必须具备敏捷的思维能力、高度的判断能力和机智的语言应用能力。

《三国演义》第四十三回中，诸葛亮就是巧借逻辑的雄辩力量“舌战群儒”而使吴主孙权主战的。诸葛亮先用刘备“博望烧屯，白河用水，使夏侯淳、曹仁之辈心惊胆裂”的战绩作反驳论据，驳斥了江南“第一谋士”张昭所谓“曹兵一出，弃甲抛戈”的虚假论据。接着列举汉高祖刘邦出身卑微，然而击败了秦国许多名将，围歼了“霸王”项羽，“终有天下”，驳倒了儒生陆绩的“织席贩履之夫”刘备不足与相国后裔曹操抗衡的论题。最后，诸葛亮用“必有一假”的矛盾律，指出了匡扶宇宙之才“必按经典办事”论题的虚伪性，使得那些“江东英俊”或是“默默无语”，或是“满面惭愧”，或是“低头丧气而不能对”，从而揭开了“赤壁大战”的序幕。

3. 论理的攻击性

辩论是不同观点的碰撞，是“破”与“立”的辩证统一。它以征服为目的，或者征服对方，或者被对方征服。辩论时，辩手一方面要使自己的观点正确、鲜明，论据有力，战术灵活适当，使己方坚如磐石，令对方无懈可击；另一方面要善于从对方的阐述中寻找纰漏，抓住破绽，打开辩驳的突破口，使自己立于不败之地。

辩题：知难行易/知易行难（第二届国际大专辩论会总决赛）

正方：南京大学队　知难行易

反方：辅仁大学队　知易行难

反方一辩：如果按照对方所说的知难行易，那原则出现后接下来的步骤应该是很简单的。那么，两千年前柏拉图告诉我们一个“理想国”的境界到今天为什么还没有出现？

正方二辩：对方辩友，那是因为我们还没有找到达到理想国的正确的方法和途径，还是知之不深呀！对方辩友刚刚又说，知识很容易学，那么我们又请问对方辩友了，这世上有没有外星人呢？我们怎么样和外星人去做朋友呢？

反方三辩：对方说（实现）“理想国”是没有方法，那马克思早就说过建设共产主义的理想和实行步骤，为什么仍然需要毛泽东、邓小平先生的致力改革？中国为什么现在还处于“社会主义的初级阶段”？

正方三辩：对方辩友，难道您没有看到吗？在我们提出改革的正确策略和方法后，中国17年的改革可是取得了巨大的成就哇！我想请问对方辩友的是，大观园里的林妹妹喝了那么多参汤补药，也治不好她的肺病，可是今天痨病能治，绝症不绝，请问这不是“知”的功劳，难道还是“行”的功劳吗？

二、高校辩论常见赛制及辩位分析

1. 高校辩论常见赛制

目前，高校最为流行的辩论形式是各种赛制的大学生辩论赛。赛场辩论最能锻炼大学生的思维能力、应变能力和表达技巧。辩手们通过辩论，才华得到了充分的展示，人们在激烈幽默的舌战欣赏中，获得知识，受到教育，开拓思维，因而辩论赛越来越受到大学生的喜爱和欢迎。

当前比较常见的高校辩论赛制，分为开门见山、步步为营、华山论剑、短兵相接和一锤定音五个阶段，分述如下：

第一，开门见山，即立论陈词阶段。双方各自阐明自身的立论观点。正方首先发言，时间3分钟，短哨声提前30秒提示，长哨声结束发言。然后，反方发言，时间3分钟，短哨声提前30秒提示，长哨声结束发言。

第二，步步为营，即攻辩阶段，有时也称为盘问阶段。双方试探性地进行提问，一般情况下，回答方不能反问。反方二辩分别向正方一、四辩提问，每一轮攻辩时间共计1分30秒，提问时间30秒，回答时间1分钟。然后，正方二辩分别向反方一、四辩提问，每一轮攻辩时间共计1分30秒，提问时间30秒，回答时间1分钟。最后，反方二辩作攻辩小结，时间1分30秒，正方二辩作攻辩小结，时间1分30秒。双方各自以对应裁判长哨声终止发言，一般是短哨声提前10秒提示，长哨声结束发言。

第三，华山论剑，即双方三辩的对辩阶段。双方三辩各2分钟时间发言，正方先开始提问，短哨声提前10秒提示，长哨声结束发言。

第四，短兵相接，即自由辩论阶段。正方先发言，双方轮流发言，双方各4分钟发言，各辩位均可发言，短哨声提前30秒提示，长哨声结束发言。

第五，一锤定音，即总结陈词阶段。双方四辩各自总结己方观点。反方四辩先发言，时间4分钟，短哨声提前30秒提示，长哨声结束发言。接着，正方四辩发言，时间3分钟，短哨声提前30秒提示，长哨声结束发言。

2. 辩位分析

为了达到辩论的最佳效果，专家们总结出辩论整体配合中的“启承转合”原则，如“4 ∶ 4”辩论阵式，4位辩手的辩词，分别为“启承转合”。“启”就是开题，即阐明己方的基本立场和观点。“承”就是深化，即从特定角度展开论述己方的核心观念。“转”就是反驳，即反驳对方观点，并在确凿材料的基础上进一步发挥己方的立场。“合”就是总结，即把己方的所有观点放在一个新的高度，加以概括，并对对方的观点进行总体反驳。当然，“启承转合”只是一种程式，在具体的内容设置上，四位辩手可以明确分工，例如一辩侧重逻辑，二辩侧重理论，三辩侧重事实，四辩则侧重价值分析，这样才能使“启承转合”发挥更大的作用。

在整体的配合中，不同的辩位对辩手的要求也是不同的，下面结合最常见的攻辩赛制，对辩位进行基本的介绍：

（1）一辩

赛场上，一辩主要参与开篇立论和自由辩论两个环节。

一辩的首要任务是开篇立论，即通过平实、生动、富有层次的语言，确立己方辩题的概念内涵、内在联系、基本形态和逻辑框架，并辅之实例加以论证。

一辩稿是大家集体努力的结晶。一辩稿应该是在充分了解立论精髓、明晰己方观点的基础上写的。一辩稿要提纲挈领，做到条理分明、观点清晰、体系完整，既要让听众和评委了解本方主要观点，又不能把话讲得太直太透，以免过早暴露本方的战略意图，给对方提供辩驳的可乘之机。

反方一辩在此基础上，还要先行驳论，时间是30秒左右，要求善于提炼对方主要观点，并进行简要反驳。

自由辩论中，一辩需要主动回答对方攻击己方逻辑框架的问题、定义性问题和底线性问题；当己方的辩论掉进对方的陷阱时，一辩要保持清醒的头脑，及时把辩论拉回轨道；当争论方向偏斜，问题苦争不下时，一辩还要负责及时转移话题、转换“战场”；当己方在场上表现开始急躁或是气势被对方压住时，扭转场上局面的重任也会落在一辩的身上。所以，对一辩的要求是：风格稳健，头脑冷静，总结能力和表达能力强。

辩题：××大学男生/女生更幸福

正方：××大学男生更幸福

一辩立论　李亚静

尊敬的主席，对方辩友，各位观众：

大家下午好。在阐明我方观点前，我们先要弄清一个事实：幸福与不幸福相依而存，故今日我方虽认为男生更幸福，并不意味着男生就没有不幸福的事，就好比说，在××大学女生为受到男生拒绝而痛哭流涕时，××大学男生也总是会为如何拒绝新的追求者煞费苦心呐。故，今日，我们应立足比较，在权衡中判断两者谁“更”幸福。

那么，首先，幸福是什么，字典上的解释是，心理欲望得到满足时的愉悦的心理状态。下面，我方就将立足××大学男女生心理诉求与其相应满足情况，剖析为什么男生更幸福。

其一，生活条件。进入大学之前，我们对大学宿舍的畅想是这样的：有桌有床，无线上网，花园小区，夏天乘凉。进入××大学的第一学年，我们却发现，男生的这一梦想，基本实现；而反观脆弱的女生呢，一入宿舍深似海，九人的大寝室没阳台，更可怜我女生美娇娘，身处蟑螂小强一行行。在此，我也要替幸运的××大学男生向各位悲剧的女生致歉，并不是我们缺少绅士风度，实在是学校资金有限，寝室难以扩建，而女生，人数众多，只好集体推迟享福时间！

其二，恋爱条件。进入大学之前，我们对大学恋情的设想是，百花齐放任君选。进入××大学，我们却发现，这男生是日渐吃香，女生是日渐抓狂。探究个中详情，不看数据不行，据我方来自数计学院两位队友的专业统计，××大学男女比例达到了一比六，自然是哥哥找妹不用愁，妹妹找哥眼泪流。这一边是赢得美人归，一边是西风凋碧树。谁更幸福，睿智如在座各位，想来也是一目了然了吧！

最后，深造条件。大体来讲，××大学在招生上对男女生还是很平等的，但是，国防生这一大门，却始终没有向广大女生敞开。这就使得××大学的男生们比女生更多了一种发展方式，于是，只见兵哥哥，不见兵妹妹，这一压抑女生们报国热情的政策在让广大女生心寒的同时，却使男生多了一种光荣优越的使命感：

一不小心落进了××大学，生活舒心愉快，军营向你打开。做男生，挺好的！

辩题及其相应的立场是辩论的出发点和归宿，对辩题的理解和把握直接关系到据此制订的辩论方案的质量，这就要求在辩论前正确而完整地审立辩题。辩题的审立包括三项内容：一是把握辩题的性质；二是确定辩论的立场；三是建构立论的框架。这一过程中包括了对辩论与立场的理解和诠释，对关键词的分析和定义，对正反双方立场分歧的分析，底线的设计，预测对手立论的思路和可能采取的辩论方案等。当然这些分析工作是交叉反复进行的。特别值得注意的是，对于对立方的辩论方案必须做充分的预测，要站在对方立场上做设计，并据此不断调整本方的“立论”，进而对本方的方案反复调整、分析和优化。

准备中，一辩的任务就是开篇立论，引领全队思路。作为立论的写作者，一辩的思路应当最为顺畅，逻辑应当最为严密，方向应当最为明确。

上面例子中，正方一辩的辩词鲜明地表明了立场：“男生更幸福”。在这里，一辩首先灵活省去定义辩题部分，取代以解析“更”字，侧面承认女生也幸福，只是男生更幸福，为已方战场留下余地。接着，围绕“幸福”，立足于“男女生心理诉求与其相应满足情况”，从“生活条件”“恋爱条件”“深造条件”三个方面，层层深入，论证了“男生更幸福”。在辩论赛中，一辩运用缜密的逻辑思维，构建了严密的理论框架，从而使自己的立论坚实、严谨，无任何漏洞可寻，这是辩论获胜的关键。

当然，双方的立场都是由抽签决定的。比如“金钱是不是万能的”这样的辩题，不管是哪一个队，只要抽到了正方，就得为它辩护，哪怕每个队员都不认为金钱是万能的，也不得不维护这一辩题。这很容易使我们想起斯多葛派哲学家克利西浦斯的名言：“给我一个学说，我将为它找到论证。”所以，在辩论中获胜的决定性因素不在于哪一方坚持了真理，而在于哪一方能够在理论上自圆其说，能够表现出高超的辩论技巧，尤其当一个辩论队抽到很不利于立论和发挥的辩题方向时，它的队员不得不采用种种诡辩的手法进行辩论。因此，作为比赛的辩论和历史上已发生的、为探求真理而进行的辩论有着本质上的区别。

(2) 二辩

赛场上，二辩主要负责盘问对方一辩和四辩、攻辩小结及自由辩论三个环节。准备中，要求二辩全面猜想对方思路，抓对方薄弱点设定问题。

作为盘问者，二辩需要深入领会立论，根据每一立论观点设置防守问题，择一套盘问，深化立论，要做到论据充实，论证有力，折服评委和听众。作为盘问者，二辩需要猜想对方思路，根据对方观点设置攻击问题，择一套盘问，攻击对方，其余的作为自由辩论问题。二辩所提的问题应当有着内在的关联，如递进关系，还可以设置概念或逻辑陷阱，通过巧妙的设问将对方引向误区。

作为攻辩小结者，二辩的盘问小结必须是根据对方的三个回答所作，不能完全依据事先写好的内容。小结既可以根据对方回答中的概念、逻辑、语言表达和实例举证方面的错误和漏洞发起攻击，又可以利用盘问成果来巩固和强化己方立场，因此，对二辩的要求是：应变能力强，写稿能力强。

自由辩论中，二辩还需要主动回答对方攻击己方逻辑框架的问题、机动性强的事例型问题和攻击性问题。

在盘问阶段，一辩和四辩都要回答对方二辩提出的问题。回答时，答辩方不能反问或反驳，而回避和强词夺理都会失分，所以，要求辩手要通过巧妙的语言，既正面、完满地回答对方的盘问，又将之引入本方的逻辑框架中，这需要智慧、镇静和开阔的思路。

（3）三辩

赛场上，三辩主要负责三对三攻辩和自由辩论。

在准备中，三辩除了参与立论、找论据，更重要的任务就是准备问题，包括攻辩环节的问题和自由辩论的大部分问题。攻辩的问题尤为重要。设问要有技巧，问题不应让对方有太大的发挥空间，不应该问“为什么”“怎么样”等问题，这些问题实际上是在为对方提供机会反复解释他方观点。所以，问题的答案应该是“是”或“不是”，并且三辩要非常清楚问题的“正确答案”。问题之间最好环环相扣，最后，让对方要么自相矛盾，要么否认他方观点。设计问题的方法一般是先想出大量自由辩论的问题，然后从中挑出有相互关联的问题或是选择一个较好的方向发展成相呼应的攻辩问题。

在回答问题时，三辩要留意不要掉进对方的陷阱，尽量将话题引到己方观点进行阐述。在不明了对方意图时，可以先简短回答，对方一般是在最后一个问题亮出意图，三辩这时应当阐述己方观点或是反驳对方。

作为攻辩者，三辩在自由辩论中主要负责攻击。三辩可以说是队中的狙击手，既要时时注意找出对方漏洞进行攻击，又要协助防守，回击对手的攻击。漏洞包括对方的逻辑推论是否有问题，所举事例是否切合辩题。还击时，要求应变迅速，反驳简洁有力，视情况而定是否追击对方漏洞或助推本方“战场”。有大的漏洞的话可以连续追问，一般三次左右已足以引起大家注意。主动推“战场”时，三辩需在赛前准备攻辩思路，组织好提问材料，可设计成套问题主攻对方逻辑或设计事例问题要求对方解答，对方反驳后，及时反驳对方并收束己方，升华观点。所以，对三辩的要求是：有气势，反应快，逻辑能力强。

（4）四辩

赛场上，四辩主要负责自由辩论及结辩。准备中，要求始终领会讨论大方向，并可根据己方和对方的主要论点进行总结和反驳。

一场辩论赛，特别是在双方实力相当时，一份出色的总结陈词往往能奠定最后的胜利。作为总结者，四辩首先要做到善于把握赛况大局，迅速总结己方与对方主要交锋点，即一方面对己方的观点进行全面总结，巧妙地强化、补充、修正和完善本方的观点，另一方面要选择有利的条件，透彻尖锐地指出对方观点中的谬误、矛盾与不合理之处。驳论部分，要求四辩的回击深刻有力，最好可以由此及彼，谈回己方观点，边破边立。总结的目的是为了提高，即把己方的所有观点放在一个新的高度加以概括，然后对对方的理论和观点进行总体反驳。立论部分，不可原意转述一辩立论，需结合赛况对主要观点加以强调，并提升至价值观等高度，升华己方立论，争取观众。

自由辩论往往是由四辩发起攻击。四辩需要主动回击对方扭转讨论方向的问题，把队友引回正确的攻击方向，在抓对方漏洞时不能拘泥于个别词句，而应该站在全场辩论赛的高度上，宏观地把握对方立论中的致命漏洞。在自由辩论中，四辩还要控制发言的次数，时刻保持清醒的头脑，并为后面的总结陈词做好准备。

所以，对四辩的要求是：逻辑概括能力强，有全局观念，语言表达能力强。

辩题：花木兰与林黛玉谁更适合做老婆

正方：花木兰更适合做老婆

四辩结辩　季文浩

其实第一次他们要我支持花木兰适合做老婆我是拒绝的。因为我觉得，你不能让我说，我马上就说，你得让我试一下。因为我不愿意昧着良心说，花木兰做老婆，漂亮啊，健康啊，贤惠啊，孝顺啊，这样的话男性同胞一定骂我，根本就没有这样的老婆。我说先给我试一下。后来我和花木兰生活了六十多年，花木兰确实很优秀，于是我也告诉写史书的不要加什么修饰，因为我要让广大男性同胞们知道，我的老婆是这个样子，你们的老婆也可以是这个样子。

对方辩友强调林黛玉比花木兰貌美，但貌美未必是她成为一个好妻子的优势啊！诸葛亮的丑妻——可是家中宝。匹夫无罪怀壁其罪，把如花似玉的林黛玉娶回家，瞅着她柔柔弱弱的身子，软软弱弱的性格，当她一个人在家时，当她孤身走夜路下班时，当她早晨出去买菜时，哥们，不管你放不放心，反正我是不放心啊！

对方还认为林黛玉的诗词歌赋，在现在可以谋得一份好工作，拥有一份好收入，也不想想，林黛玉那含蓄柔美的诗词，在当今社会还有市场吗？现在可是《香水有毒》的年代，人人唱着《爱情买卖》，林黛玉写一首《菊花台》，恐怕从头到尾，只剩下唉……唉……唉……唉……

花木兰身体健美，意志坚强。林黛玉病弱体虚，意志软弱。身为一个妻子，也将成为一个母亲，谁更能负担起生儿育女的职责？林黛玉顺产怕疼，剖腹贫血。花木兰战场上摸爬滚打，受过的疼比林黛玉吃过的米还多，见过的血比林黛玉喝过的药还浓，完爆林黛玉十条街。

花木兰退伍军人，享受补贴，包分配，有生活补助、医疗福利，经济上有能力独立，分担家庭经济重担。而林黛玉，无工作，无收入，无住房，属于“三无”人员，身患疾病，每天要吃“人参养荣丸”。这可不是20元一盒的山寨货，贾府出品，必属精品。20年以上名贵人参，一支就是300多元，相当于林黛玉每天吃掉40公升汽油，6个月吃掉一辆奇瑞QQ，一年吃掉一套经济适用房啊！钱不是问题，问题是没钱啊！房奴车奴们，这样的老婆，你们伤得起吗？

对方辩友反复强调林黛玉吟诗作对，生活风雅。我想请问，万言诗词，能当饭吃吗？葬下的桃花，能结出桃子吗？我可知道，林黛玉吃掉的名贵人参，连起来，可以绕学生公寓三圈啊！

论教育子女，花木兰能文能武，能织布，会种树，替父从军，忠孝两全，无论是文采武功、生活技能，还是思想道德，自身就是少年儿童学习的典范。而林黛玉，恐怕还得先向孩子好好解释，她曾经的早恋问题哟。

综上所述，花木兰上得了厅堂，下得了厨房，织得了毛衣，翻得了围墙，开得了汽车，买得起洋房。这正是新时代女性的最佳诠释啊。各位男性同胞，兄弟如手足，女生如衣服，我们已经七手八脚地裸奔了20年，在时代进步的今天，勇敢地穿上马甲，选择军装吧！

正方四辩首先以“我和花木兰生活了六十多年，花木兰确实很优秀”开始，幽默新颖，用“我的老婆是这个样子，你们的老婆也可以是这个样子”，拉近了与听众的距离，引起了共鸣。接着，通过将林黛玉引入现代日常生活情景的方式，一一驳斥对方观点。而后，直接对比，破立结合，引入对花木兰的描述，最终证明花木兰更适合做老婆。

系统论有一句名言，整体大于它各部分之和。辩论赛是有组织的合作行为，不仅要求辩手素质好，表现优秀，而且要求辩手之间合理分工，整体配合，特别是在自由辩论阶段。自由辩论是决定全场胜负最关键的一战，也是衡量、评价辩手素质、辩论队整体配合意识的试金石，因此常常是比赛最激烈、最精彩的部分。

自由辩论时，也应当有粗略的分工，每位辩手根据规定发言的内容划分重点防守和重点进攻的区域。其中四辩仍作为压阵主将，在关键时刻能左右局势，使辩论朝着有利于本方的方向发展。这种分工是为了防止万一的冷场而准备的。在真正的临场中，每位辩手应充分发挥各自的才智，积极灵活主动，切不可因为有了分工则不越雷池一步，各人自扫门前雪。

辩手之间应当配合默契。默契来自辩手对本方观点思路的深刻体会和相互之间的充分了解，既要充分了解队友所持的观点，又要充分了解队友的辩论风格及性格，这样才能融为一体，相互补充。默契的形成不是一朝之功，需要一段时间的交流和了解。辩论场上每方是以一队四个人作为一个整体出现的，只有整体的和谐，才会有个人的突出。

三、常用辩论技巧

辩论是一种应变性很强的语言表达艺术，是语言战，是心理战，更是谋略战，需要运用恰当的技巧，才能取胜。高明的辩论者必须具有多方面的素养，掌握多种有效的辩论技巧，这样才能无辩不胜。

1. 攻其要害

一场辩论往往存在几个焦点，相互联系，相互呼应。辩论的一个重要技巧就是在对方陈词之后，迅速判明对方立论中的要害问题，然后紧紧抓住这一问题，一攻到底，务求必胜。如“温饱是不是谈道德的必要条件”这一辩题的要害就是：在没有达到温饱时，人们能不能谈道德。在辩论中，只有始终抓住这个问题，才能给对方致命的打击。

辩题：钱是不是万恶之源（2001年国际大专辩论赛决赛）

正方：武汉大学　钱是万恶之源

反方：马来亚大学　钱不是万恶之源

反方从一辩开题立论起就抓住了本辩题的要害：第一，钱无法全面性地涵盖世间所有的恶；第二，钱不具有源的根本性。

接下来反方二、三、四辩，紧紧抓住这一问题，连连发问。“同样是钱，为什么君子求财却是取之有道，小人求财却是偏偏喜欢偷盗呢？”“今天如果钱是万恶之源，为什么有人会用万恶之源来行善呢？”“今天我为了钱，奉公守法赚钱，但是与此同时帮助国家成长，是善是恶呢？如果这个万恶之源一时为善，一时为恶，那它怎么还会是万恶之源呢？”

正方由二辩将“万”界定为“很多”，并非为一切，“钱是万恶之源，就是说钱能够产生数量极多而且品种繁复的恶行”。正方在策略掌握上由二辩点出，失了先机。而反方一开始就把金钱和贪念划分开来，认为金钱和贪钱的念头不是一回事，钱不会产生恶，而是人性的贪念产生了恶，更何况贪钱本身也不会产生一切的恶行。爱情、名利乃至口腹之欲而带来的恶行，也是恶行，并不是钱带来的。但是正方坚持强调每一个例子后面都有钱的因素。虽然正方妙语如珠，能言善道，但是最终，评委裁定：反方胜出。

在辩论中，无论一方准备得多么充分，论题对其多么有利，一旦进入实战，其立论的指导思想及其具体辩词都难免暴露出根据不实、难以自圆其说甚至自相矛盾的地方，这就是所谓的破绽。辩手要找出对方破绽中根本要害处，给以彻底的揭露，再加上猛烈的回击，这样才能取得辩论的胜利。

2. 正面还击

在辩论中，面对对方的提问或者抓住对方语言表达上的漏洞，可以直接予以及时回击，这是辩论中常见的技巧，也是赢得比赛必须使用的技巧。但是，对方漏洞和破绽的出现具有很大的随机性，难以预见，所以需要辩手机敏的反应来捕捉它并及时回击。

辩题：儒家思想可不可以抵御西方歪风（1988年亚洲大专辩论会大决赛）

正方：台湾大学　儒家思想可以抵御西方歪风

反方：复旦大学　儒家思想不可以抵御西方歪风

反方一辩：孔子说，父母在，不远游。如果照此办事的话，我们不就来不了新加坡了吗？何以在这里讨论抵御西方歪风。

正方二辩：对方辩友在这一点上一定在断章取义。《论语》中的下一句是"游必有方"，也就是出门必邀请父母，回来要告诉父母。对方同学又说，儒家文化有阴暗的一面，阴暗的一面当然不可能抵御西方歪风。但是对方同学也说了，儒家文化有它光明的一面，有它可以整治西方歪风的一面，这就是我方要说的。

反方二辩：至于游必有方，游来游去不要成为乌节路上的游离少年呀。如果按照对方同学的思路，儒家思想一个一个疗程来，不知到猴年马月，那个时候，恐怕乌节路上的彩装少年已经变成彩装老年了。那个时候，对方同学何以言谢新加坡，何言以对儒家文化？

众所周知，辩论赛在很大程度上带有表演的性质，所以，在辩论赛中，抓住对方的点滴疏漏，毫不留情地给予各种形式的回击，是最易赢得场上效果的方式。反方一辩抛出一个问题，正方二辩正面抓住这个问题，直接回击。面对正方"游必有方"的回击，反方二辩再次机智地"就地取材"，用当地人非常熟悉的"乌节路上的游离少年"正面回击，赢得观众的掌声。乌节路是新加坡最主要的商业街之一，"游离少年"是新加坡对那些不服管教的少年的总称。这句正面回击，既切中要害又巧妙风趣，可谓"四两拨千斤"。观众也在正方、反方你来我往的还击当中，感受到了语言巨大的魅力。

3. 避实就虚

在辩论中，如果一方进行强攻，连续发问，此时正面回答难以自圆其说，不回答更是不行。此时，最好的技巧就是避开己方的弱点，避实就虚，进行侧面回答，或者以答代问，或者答非所问，根据场上形势及时转移战场。

面对"钱是否产生了所有的恶"这类的问题，正方若是正面回答，则刚好落入反方的陷阱中，所以正方很难从正面给予一个准确有效的回答。

辩题：钱是不是万恶之源（2001年国际大专辩论赛决赛）

正方：武汉大学　钱是万恶之源

反方：马来亚大学　钱不是万恶之源

反方四辩：对方辩友说到日本人篡改历史，我就一肚子气。我想请问，这种不顾事实、掩盖历史的现象，这种恶是钱带来的吗？

正方三辩：钱多，这叫钱多烧得慌，冲昏了头脑啊！对方同学，毒品的问题，请您告诉大家，是什么让毒犯舍得一身剐，敢把毒品扶上马？

反方一辩：色情的罪恶是不是万恶之源？我想请问对方辩友，到底强奸是不是万恶包括在内呢？

正方三辩：中国人说“万恶淫为首”。但是现在有了钱可以大摇大摆出入红灯区，还认为是风流快活。对方同学，把不道德的变成道德的，把不合法的变成合法的，还不能说明钱是万恶之源吗？

反方四辩：说到“万恶淫为首”，就要让我想到性侵犯。美国根据调查，每三位妇女就有一位曾经面对过性侵犯。请问各位，这和钱有什么关系呀？

正方二辩：可是我也知道，美国现在每两分钟就有一次抢劫案，每三分钟就有一次盗窃案哪！

反方二辩：毒贩有罪，还是钱有罪呢？

正方三辩：对方同学知道为什么毒贩都抓不到吗？因为有官员腐败。请问腐败是不是为了钱呢？

反方一辩：对方辩友没有回答我方问题，到底是毒贩有罪，还是钱有罪呢？

正方三辩：毒贩不是为了钱，难道还是为吸毒者服务的吗？他干脆无偿大派送好了。

武汉大学代表队一向以攻势凌厉著称，但是在“钱是不是万恶之源”这场辩论中，他们多次采用了避实就虚的技巧，以问代答，及时避开对方的问题，在对方咄咄逼人的攻势下，展开了有效防御。

当然，避实就虚是在相对短暂的交锋中不得不运用的技巧，但它不是取胜的法宝，如果自由辩论中一直如此，必然很快处于被动。

4. 妙语脱困

在辩论中巧妙地引用古语、名句、俗语、歇后语等，必要时还可以适当“篡改”，能增加语言的表现力和辩论的感染力，并能显得辩手才华四溢、文采飞扬，故格外受到辩手的喜爱。

当然，在自由辩论中，不要急急忙忙把这些妙语抛出去，应该用在己方最困难的时候。面对反方的凌厉攻势，正方武汉大学代表队时不时抛出事先准备的妙语，既可以使语言简洁、幽默，又能透彻说理，赢得评委赞许。

辩题：钱是不是万恶之源（2001年国际大专辩论赛决赛）

正方：武汉大学　钱是万恶之源

反方：马来亚大学　钱不是万恶之源

正方三辩：首先，对方告诉大家，万万不可表明一切的意思，您搞错了。万万不可的“万”字是一个副词，我们今天说的万恶之源的“万”字是一个形容词。您把副词和形容词来做类比，是不是叫做把马嘴安到牛头上呢？

正方四辩：钱还没有发明之前，世界上有没有万恶呢？

正方三辩：原始社会到底有没有恶，伦理学上有争议。但是没有争议的是什么呢？是钱产生之后，恶的种类、恶的形式是一日千里，突飞猛进，犹如“黄河之水天上来，奔流到海不复还”。

这一技巧的运用，应当建立在辩手丰富的知识和敏捷的反应能力基础上，这需要辩手在赛前积极准备和充分训练。妙语的使用一定要恰当，“篡改”一定要巧妙，这样才能达到应有的效果。随意乱引、乱改，则给人生吞活剥、莫名其妙的感觉。当然，常言道：“美味不可多用。”作为辩论语言调味品的妙语也是如此，用得恰到好处，一语千钧，掷地有声，增添力度；用多了，用滥了，就会惹人生厌，流于肤浅和滑稽。

5. 归谬反驳

归谬法的使用原则是以谬制谬。所谓归谬就是先假设对方的逻辑是正确的，然后推导出荒谬的结论，以此证明对方的错误。这是辩论中常用的反驳武器。很多看来难以攻击的诡辩，一经归谬，会产生“柳暗花明又一村”之感，而且这种反驳往往语言比较幽默，现场效果好，显示了辩手的智慧。

当然，进行归谬反驳时，对方的观点不一定是真的谬误，关键是看辩手如何合理而巧妙地将其引入荒谬的极端，这样，才能让人信服。

辩题：钱是不是万恶之源（2001年国际大专辩论赛决赛）

正方：武汉大学　钱是万恶之源

反方：马来亚大学　钱不是万恶之源

正方一辩在开篇立论时说：每个人对于金钱的占有又都是有限的，无限的欲望根本不可能得到满足。正是金钱这种效用无限性和占有有限性之间的矛盾，使它比其他任何物品都更能激起人心中的非分之想，从而使人迷失良知，堕入邪恶。

反方二辩抓住这个漏洞，马上反击：因为对金钱的追求是无限的，而对财富的占有却是有限的，所以金钱就是万恶之源了？那如果说，我对道德的追求也是无限的，可是我所拥有的道德也是有限的，所以道德也是万恶之源吗？照这样的逻辑，今天健康也是万恶之源，今天，爱情也是万恶之源了。

《三十六计》第二十七计叫假痴不癫，指的是表面糊涂，内心清楚，假装不行动实际上是在暗中策划等待时机。在辩论中，面对谬论，可以假装糊涂，顺着对方的话，引出明显荒谬的结论，形成辛辣的讽刺，从而获得很好的反驳效果。它常常能一句话胜过一大串话，既生动诙谐，又雄辩有力。

6. 诱敌就范

在辩论中，辩手常常主动设问，即在阐明观点前先故意提出问题，特别是当己方已经发现对方的谎言或破绽，可以不急于戳穿，故意设问诱其重申肯定，然后再予以揭露，使其有口难改。在这里，一个平平常常的诱饵，能产生不平常的效果。己方可以以漫不经心的方式提出一个看似并不重要的问题，一旦对方入圈套，迅速发起攻势，揭露对方言行的矛盾，使其俯首认输。

辩题：外来文化对民族文化的发展利大于弊还是弊大于利（首届中国名校大学生辩论）

正方：浙江大学　外来文化对民族文化的发展利大于弊

反方：复旦大学　外来文化对民族文化的发展弊大于利

反方：中华民族的精神核心是什么？请三辩正面回答。

正方：中国精神的核心是和谐。我想请问对方辩友，如果不需要外来文化的话，我们中国还向哪儿发展？

反方：错了，对方辩友，中华民族的精神是“天人合一”，而外国人怎么说呢？“人定胜天。”我请问这两者如何和谐起来呢？

诱敌就范的技巧实际上就是“结套撒网，诱敌入瓮”。辩手或者发现对方的错误，或者对辩论的形势和发展有所把握，基本能预料对方的回答，于是不露声色地张开大网，只等对方来钻。这种技巧非常高明，具体运用时要注意秘密地“结套撒网”，这样才能出奇制胜。

当然，辩论是一个非常灵活的过程。辩论中的应对，辩手可以施展很多技巧，可以根据情况以不变应万变，或者以变对变，或者以变对不变。总的来说，辩论中最根本的是，辩手只有将知识积累和辩论技巧珠联璧合，才有可能在辩论中取得好成绩。

练习与实践

1. 以“我爱我家”为主题，由班委会组织一次主题演讲比赛。

2. 对下列辩题进行讨论，看看正反方分别该如何立论。

（1）人生机遇与奋斗，哪个更重要？

（2）网上交友利大于弊还是弊大于利？

（3）气质是刻意追求得到的吗？

（4）嫁给有钱人幸福吗？

3. 模拟训练。

某演员出国后，在一部影片中有一个裸体镜头，当时在国内引起很大反响。某大学的学生以此为题展开辩论。正方认为她裸体出演是为追求真正的艺术，在国外当演员和中国不同，要想成名需要付出一定的代价，外国艺术界的竞争又非常残酷，没有名气就很难生存，演裸体从某种角度可以提高一个演员的知名度，因此这个演员是可以理解的。请你作为反方成员之一，反驳正方队员的发言。

第三模块　非竞赛类演讲技巧

在非竞赛类演讲中，目前比较常见的是巡回演讲（宣讲会）和即兴演讲。随着大学生社会经历和个人生活的不断丰富，他们有机会参加一些巡回性的演讲活动，如宣讲优秀人物事迹或某个特定的主题等。即兴演讲的场合也越来越多，如表示祝贺、表达感谢、即席阐述见解等。需要说明的是，虽然在竞赛演讲中往往也会有竞赛后的即兴回答问题或即兴表达感言，但由于这时的即兴发言往往是临时的环节和安排，加之国内目前以即兴演讲作为专门竞赛类型的活动比较少见，所以即兴演讲主要还是一种非竞赛类的演讲方式。巡回演讲和即兴演讲都需要相应的技巧予以呈现和配合。

第一部分　巡回演讲技巧

巡回演讲是指巡回性的事迹宣讲。有的巡回演讲是多人从不同层面讲述一个人或一件事，有的巡回演讲是就某一个主题，不同的人从不同的角度进行讲述，形成一个整体效果。

一、巡回演讲的特点

巡回演讲一般包括事迹发掘、组稿、改稿、排练、首场宣讲和巡回宣讲。巡回演讲中，宣讲就是一种演讲的形式，其具备演讲的一般内涵，但巡回演讲作为政治性、思想性、目的性、实效性十分明确的演讲形式，有着显著的自身特点。

1. 精确

巡回演讲的语言表达力求真实和准确，不需要太多雕饰。

去年夏天的一个晚上，我坐火车去上海。

事迹宣讲在于体现真实性，尽量不将时间抽象地表达为某一天，最好精确到具体时间，此处可修改为“去年夏天，8月16日晚上，我坐火车去上海”。

2. 朴实

巡回演讲一般使用朴实无华的讲述语言，侧重于对真实故事的陈述，朴实的语言更能贴近听众，传递真情，打动人心。

站在教师的岗位上，我常常告诫自己，一定要使课堂真正活起来，一定要让学生真正学有所长。大学生富有朝气、思想活跃、善于独立思考，对新生事物敏感，渴望成才。教学，仅仅有热心和激情还远远不够。怎样才能在课堂上吸引学生？一个老师，既要有生动形象的语言，更要有渊博的学识，才能在课堂上真正打动学生。以前新老师上课要过三道试讲关，即教研室的全体教师听课，系里管教学的主任组织人听课，学校师资科的领导与系里管教学的主任组织人听课，这三道关顺利通过后方可上讲台讲课。我为了能登上讲台上课，记得自己当年就曾边带小孩、边挤时间在家里对着自己的丈夫练习讲课，还对着空教室一遍又一遍地练习讲课。我常担心自己的知识不够用，不能满足学生的求知欲望。（石雪晖《教书育人是我的神圣职责》）

---

3. 规范

巡回演讲不同于其他的演讲形式，其演讲活动组织要力求严谨、规范。如会场的设置，包括会标、背景板、投影图片、音频、视频和巡回演讲人员的演讲稿等方面，都应庄重、大方。听众的设定也应有针对性，一般是与巡回演讲报告团直接相关的人群。

二、巡回演讲的准备过程

我们可以将巡回演讲的准备过程总结为“四确定”，分别为：确定形式、确定人员、确定内容、确定时间。

1. 确定形式

巡回宣讲策划之初，对场次、规模、演讲形式等就应有明确、科学的设计。巡回宣讲有的根据宣讲内容制作了PPT，并配有背景音乐；有的报告会在报告团成员宣讲前会播放专题宣传片；有的在首场报告会还设计了舞台情景剧等。这些都需要在巡回演讲之前就进行设计和安排。

2. 确定人员

巡回演讲人员的安排讲求“拼盘效应”，使不同的演讲人员能从不同的角度讲述主题，使整个主题内容有立体感。例如某市教育系统进行以“师德”为主题的巡回报告会，安排了17名优秀教师，分成三个组到各个区县进行巡回演讲。在选定人员和分组的时候，主办方注意了巡回演讲人员的性别、年龄、教学科目、边远山区和城市教师的代表等问题，力求使每一场巡回演讲都形成较好的整体效应。

3. 确定内容

巡回演讲的内容应该特别讲究，一方面要能够真实地展示人物或事物的内涵和特色，另一方面选取的素材要生动典型，片言居要。同时，演讲者要对素材进行科学的提炼和合理的安排。巡回演讲稿的统稿，应将巡回演讲稿件涉及的内容融合，将出现重复的内容归入适当的位置。一般同一个情境不出现在两个巡回演讲人员的稿件中。

4. 确定时间

巡回演讲的时间不宜过长，一般整场巡回演讲的时间应该控制在两个小时以内。具体到每位报告团成员的演讲时间，应尽量控制在15分钟以内。因此，演讲稿件的篇幅设计一定要合适，巡回演讲的正常语速一般保持在每分钟180—220个音节为宜。

三、巡回演讲的技巧

巡回演讲作为一种演讲的形式，其训练要遵循其他演讲训练的一般规律。除此之外，巡回演讲的训练流程主要是“四定”，即定调、定位、定音、定形。

1. 定调

巡回演讲的调主要指演讲者所持情绪基调，或者热情洋溢、豪迈奔放，或者沉稳严谨、细腻深邃，或者低沉哀鸣。

巡回演讲一般整体只用一个主基调，在个人的具体讲述中可以适当地综合应用多种基调，但要注意在讲述中自然合理地进行转换，以求演讲的精细和准确。

2. 定位

巡回演讲人员都有其特殊意义的角色定位，承担着特定内容的宣讲。例如2011年8月的马恭志同志事迹报告会，其报告人员包括永兴县委宣传部长曹玉春、永兴县洞口学校校长雷华雄、马恭志的女儿马电影、郴州日报社记者李水德和马恭志本人。

一号报告员是永兴县委宣传部长曹玉春，题目是《身残志坚的文明使者》，她的角色定位是全县文化宣传和文明建设工作的领导者，演讲应该庄重、仁爱、亲和。二号报告员是永兴县洞口学校校长雷华雄，题目是《编外老师马恭志》，他的角色定位是基层教育战线工作者，演讲应该真情、深情讲述所见所闻。三号报告员是马恭志的女儿马电影，题目是《爸爸的电影情结》，她是先进事迹主人公马恭志的女儿，一个美丽而有朝气的“90后”青年，其演讲应该真挚、谦逊，发挥语言表达优势，生动表达演讲内容。四号报告员是郴州日报社记者李水德，题目是《坚守 只为那些渴望的眼神》，作为媒体人代表，其演讲应该融入采访过程中对主人公的深度感受和理性思考。五号报告员是永兴县农村电影放映员马恭志，题目是《我要为乡亲们放好电影》，他是主人公本人，从大山深处走出的农村电影放映员，演讲应该质朴、真诚，以最本真的语态讲述所历所感所悟。

3. 定音

巡回演讲对于演讲人员的音准要求不像竞赛类那么高，实际运用中尽量讲标准的普通话，至少让现场观众能听懂，但不能为了苛求音准让讲述者表达不自然。

4. 定形

第一，服装。巡回演讲中，演讲人员一般应当穿正装。特别的演讲人员，如未成年人、少数民族、军警和执法单位工作人员等，服装选择应符合本人的身份和特点。

第二，礼仪。巡回演讲中的礼仪一般要遵循演讲的基本礼仪要求。因现场的特定设置需要，其礼仪也有特定的要求，如向主席台鞠躬、尽量少用手势等。

第三，脱稿。巡回演讲人员应做精细化的准备，一般应实现全脱稿式的演讲。演讲稿可以放在演讲台上，以备不时之需，一般不低头看稿，这样就能更有效地与台下的观众沟通。如果巡回演讲报告团里有年龄较大的同志（一般是五十周岁以上的人），可考虑让其半脱稿演讲。对于大学生来说，应实现全脱稿式演讲。

巡回演讲过程中经常会有掌声。如果现场出现掌声，可适当停顿。停顿的目的只是礼节性示意，要自然，不能次数过多，也不能影响语意的表达和宣讲的顺利进行。

第二部分　即兴演讲技巧

即兴演讲就是在特定的情境和主体的诱发下，自发或被要求立即进行的当众说话。这是一种不凭借文稿来表情达意的口语交际活动，是一种临场因时而发、因事而发、因景而发、因情而发的语言表达方式。因此，有人把即兴演讲称为“脱口而出的艺术”。

即兴演讲的能力是衡量一个人的文化素养、思维能力的重要标志。现代生活要求我们迅速思考、流利表达，个人的思想只有化作语言在群体之中发挥作用，才能显示其特别的分量和价值。生活中的语言沟通以即兴表达为多，所以，稍加思索就可即兴发言的能力，比经过精心准备方能登台演讲的能力更加重要。

一、即兴演讲的特点

即兴演讲是没有任何准备的临场发挥，具有独到的特点：

1. 即兴而发、针对性强

我们每一个人都需要自己的成长空间。我们人的生活方式有两种。第一种是像草一样地活着。你尽管活着，每年还在成长，但是你毕竟是一棵草。你吸收雨露阳光，但是长不大。人们可以

踩过你，但是人们不会因为你的痛苦而痛苦，人们不会因为你被踩了，而来怜悯你，因为人们本身就没有看到你。所以，我们每一个人都应该选择第二种活着的方式——像树一样活着，像树一样成长。即使我们现在什么都不是，但是只要你有树的种子，即使被人踩到泥土中间，你依然能够吸收泥土的养分，自己成长起来。也许两年、三年你长不大，但是十年、二十年，你一定能长成参天大树！那时遥远的地方，人们也能看到你，走近你。你能给人一片阴凉、一片绿色，你能帮助别人。即使人们离开你以后回头一看，你依然是地平线上一道美丽的风景线。树，活着是美丽的风景，死后也是栋梁之才。活着死了都有用，这就是我们每一个同学做人的标准和成长的标准。（俞敏洪）

以上内容选自新东方创始人俞敏洪在北京大学面对大学生所做的一次演讲。这次演讲使他的“树草理论”深入人心。因为没有事先准备，所以即兴演讲者要善于临时捕捉现场情景，抓住某种事物或者现象进行联想和发挥。演讲者在构思初具轮廓之后，应当注意观察现场和听众，摄取与演讲主题有关的人物或者景物，因地设喻，即景生情，加以阐述。话题的选择角度宜小，内容宜集中，议论求准求精，显示其鲜明的针对性。

2. 语言精练、直陈己见

北伐战争开始时，国民革命军司令部在广州邀请瞿秋白向全军政工人员做报告。主持人介绍：“请著名理论家和宣传家，曾三次见到列宁的瞿秋白先生作《关于如何做好北伐战争宣传报道工作》的报告，请大家欢迎。”与会者都认为这是一次难得的机会，做好了详细记录的准备。然而瞿秋白上台，却只讲了26个字：“宣传关键是一个‘要’字，鲁智深三拳打死镇关西，拳拳打在要害上。”说完走下台。全场先是愕然、沉寂，继而爆发出雷鸣般的掌声。

瞿秋白的这篇演讲，一是短，26个字；二是精，紧紧抓住了宣传报道的要害；三是引人思考。即兴演讲一般是主题单一、篇幅短小、时间短暂的演讲，常常以简明扼要显其力度，并以亲切生动的表述给听众留下深刻印象，所以有的两三分钟，有的甚至寥寥几句。当然篇幅短小不意味着内容空洞无物，恰恰相反，它要言之有物，应当实现思想性、知识性和趣味性的统一。

即兴演讲不是即兴乱说，手中无稿不是心中无谱，不着边际地胡扯瞎说，既不合逻辑，也不会成功。因此，必须围绕主题来归纳观点和使用素材。另外，即兴演讲是在有限时间内对现实话题所做的迅速反应，所以一般是直截了当地表明自己的观点，褒贬分明，态度明朗，尽量不要绕弯子。

3. 情感激发、使用面广

1918年，段祺瑞把持的北京政府卑躬屈膝，承认日本在山东取得的特权，很快激起了全国反帝爱国热潮。方志敏组织集会，邀请青年教师俞谟演讲。俞谟在讲台上讲到日本帝国主义强加给中国的“二十一条”时，声音由低变高，渐渐怒吼起来，讲到痛心之处，禁不住用拳头把桌子捶得直响。此时，方志敏再也忍不住，带领大家高呼“取消二十一条”“还我山东”等口号。一时间，群情激愤。俞老师讲话刚一结束，方志敏就跳上讲台慷慨陈词：“这个日本狗强盗野心像恶狼，‘北京条约’之后吞并了琉球；甲午之战又夺去我辽东、台湾和澎湖列岛；现在又提出‘二十一条’，想进一步亡我中华民族，把中国变成日本小东洋的殖民地！……我们每个有良心、有民族热血的青年学生，都要赶快觉醒，立即行动起来，反对国贼，抵制日货，挽救国家民族的危亡，决不让国土沦丧，决不让自己和子孙后代做亡国奴。”

即兴演讲的突出特点是以情动人，情感激发是即兴演讲取得成功的重要因素。情感激发既能使演讲者产生强烈的表达欲望，还能强化演讲主客体的双向交流，使演讲者情感上得到鼓舞，听众情感上得到满足。听了方志敏的即兴演讲，会场群情激昂，很快通过了抵制日货的决定。方志敏正是通过历数饱含中华民族血泪和耻辱的日本侵华史，唤起了同胞的爱国热情，最终采取了同仇敌忾的行动。

随着人们交际范围的日益扩大和群众演讲水平的提高，即兴演讲已经越来越广泛地应用于答记者问、观后感、来宾发言、欢迎致辞、婚事贺喜、丧事悼念、宴会祝酒等场合。对于教师而言，在主题班会、迎新仪式、毕业典礼、节日联欢等场合，即兴演讲也有广泛的运用。

二、即兴演讲的模式

即兴演讲难度大，要求高，最容易思维混乱。因此，即兴演讲在思维的敏捷性、语言的逻辑性方面都有很高的要求。出色的即兴演讲虽无充分准备，但演讲者能神态自若、侃侃而谈，其睿智的思想和幽默的语言，让人羡慕，令人倾倒。为了保证即兴演讲的成功，有经验的演讲者常常会使用某种格式化的框架作为构思的依据，使自己的语言按照符合人们认知规律的逻辑方式表达出来。

即兴演讲的模式构思法即以一个基本模式框架作为快速构思的依据，使即兴演讲既符合人们的思维习惯，又能把信息传达清楚，话题集中。

1. 卡耐基的“魔术公式”

某企业职工宿舍楼新近铺设了煤气管道，家家安装了煤气灶。一次全体职工大会结束时，经理突然想起安全使用煤气很重要，请总务科长讲一讲。大家着急离开，不是很愿意听。总务科长说：“我没什么要说的，只想讲一条新闻。我看《××晚报》有这样一条消息：一位纺织女工忘了关煤气阀门，晚上下班回来家里煤气很浓，她一边关阀门，一边顺手抽脖子上围的尼龙纱巾。就那么一抽，引起了一场惨不忍睹的大爆炸。可怜这位三十多岁的妇女被炸得血肉横飞，命归西天。房顶炸了个大窟窿，周围邻居也死伤一大片。其实呢，抽尼龙纱巾也只冒出了几个静电火花，可一个小动作就送了几条人命，所以使用煤气万万不可大意！”这时，大家都急切地要求他讲一讲安全使用煤气的问题。于是总务科长娓娓道来，据实言理，完成了一段精彩的即兴讲话。

戴尔·卡耐基是美国“成人教育之父”。他利用大量普通人不断努力取得成功的故事，通过演讲和出版书籍唤起了无数迷惘者的斗志，激励他们取得了辉煌的成功。一般来说，说服听众是很困难的。为了解决这一困难，1930年卡耐基组织专家、教授、学者进行研究，经过长时间的讨论，找到了一个符合心理学法则又能引导人们行动的说话结构，即“魔术公式”。卡耐基认为“魔术公式”是“讲究速度的现代最佳演说法”。具体来看，其要点有三：

第一，尚未涉及演说核心内容前，先举一个具体的实例。演讲者可以从举例的细节讲起，谈谈能生动地说明观点的事情。当然，例子的选择要注意两点：一是讲的故事要短小精悍，并且具有趣味性或者新闻性；二是故事的内容要和演讲主题一致，提出的问题要和演讲的目的吻合。

第二，用格外清楚而简明的语言，叙述演讲的主旨和要点，明确而具体地告诉听众应当如何做。

第三，说明理由，进行分析，即简要地归纳听众按要求去做之后将得到哪些进展和益处。

简言之，“魔术公式”的要点就是对所希望达成的目的，采取集中攻破的方式来处理。不管演讲者讲的是什么，都要直截了当，言简意赅，这才是听众需要的。

2. 理查德的“结构精选模式”

美国公共演讲专家理查德以《保障生命安全，减少交通事故》为例，介绍了他的“结构精选模式”。

第一步，“喂，喂”。首先呼唤起听众的兴趣，然后演讲以“在上星期四，特意购买的450具晶莹闪亮的棺材已运到了我们的城市，放在仓库里”开场。这一开头语虽然不符合中国人的忌讳心理，但无疑具有一种先声夺人的气势。它能激发听众的好奇心，使他们很想弄清事情的缘由。

第二步，“为什么要费这个口舌”。接下去演讲者应向听众讲明为什么应当听演讲，交代清楚演讲的目的。“不讲交通安全，那订购的450具棺材也许在等待着我，等待着你，等待着我们的亲人。”理查德所讲述的“为什么”，既联系着“我”（演讲者），又联系着“你”（听众），还联系着场外与你我有关系的千千万万的“亲人”。这使所有的听众不知不觉地成了他的“俘虏”，在心理上与他产生了共鸣。

第三步，“举例”。理查德指出，比如谈交通安全问题，演讲者若用活生生的事例来说明那些会使人们送命的潜在因素，远比只讲那些干巴巴的条文要好得多。

第四步，“怎么办”。这一步最好能讲得生动一点、具体一点、实际一点。从根本上说，“怎么办”是演讲的目的所在。如果演讲者忘记了这一步，或者这一步处理不好，就会给听众留下无的放失或不知所云的感觉。

理查德还认为，“为什么”和“举例”这两部分如同馅饼里的馅，味道全在这里面。但是，这两部分要与引人注意的“喂，喂”和结尾的“怎么办”相呼应。

理查德认为即兴演讲应当记住四句话，这四句话是演讲过程中四个步骤的提示信号，它们是：

第一步，喂，请注意！（用一个响亮的开头引起听众的兴趣）

第二步，为什么要浪费这个口舌？（指出演讲的重要性）

第三步，举例子。（用具体事例形象地将一个个论点印入听众的脑海里）

第四步，怎么办？（具体说明该如何做）

这四句话既可以作为即兴演讲的构思启发，也可以作为演讲过程中的思路线索的提示；既能准确而清晰地表达题旨，又能防止漫无边际地信口开河。以上文为例，以“耸人听闻”的悬念开头，诱导听众的注意，并用鲜明警醒的议论引起听众的关注，几部分衔接紧凑，表述生动，虽然话题并不新颖，但是讲述句句切中要害，打动人心。

3.“三么”模式

有关注意交通安全的即兴演讲可以采用“三么”构思模式。

“是什么”：今天，我要讲的问题是交通安全问题，我们要保障交通安全，减少交通事故。

“为什么”：交通安全很重要，它关系到人民生命财产的安全，这不是一个可讲可不讲的问题。造成交通事故的原因有以下几点：……从各个角度举几个典型事例。

“怎么办”：我们要这样做。

在即兴演讲前短暂的准备时间里，演讲者要快速思考三个最基本的问题，即“是什么”“为什么”“怎么办”。“三么”模式开门见山地用直言肯定句式提出自己的见解主张，这个直言肯定句式，即“是什么”，这是全篇演讲的中心；接下来，适当阐发后，从正反两面发表议论，并以适当的事例名言作佐证，即“为什么”；最后提出具体行动方案，即“怎么办”。

4.“三点归纳”模式

说到师德，许多选手都引用了一个传统的比喻：教师像蜡烛一样，照亮了别人，燃烧了自己。这种崇尚奉献的“蜡烛精神”固然可贵，但如果我们当老师的都把自己烧尽了，毁灭了，何以继续照亮别人呢？新世纪的教育不仅需要“蜡烛精神”，更要呼唤“路灯精神”：像路灯一样不断“充电”，给每一个黑夜带来光明；像路灯一样忠于职守，见多识广；像路灯一样不图名利！

以上内容节选自某次教师节的即兴演讲。演讲者参加各类活动时要养成边听边想的习惯，随时注意用“三点（要点、特点、亮点）归纳”的方式进行思考，随时做好即兴演讲的准备。具体来看，“三点”包括：归纳前面演讲者的要点；提取前面某个或某些演讲者的特点；捕捉前面某个或某些演讲者的亮点。一般而言，总结性即兴演讲可综合运用“三点归纳”模式。

5.“链条形”模式

即兴演讲《我们需要挫折》的结构主线是：挫折是宝贵的经历。小时候我的理想是成为一名科学家，结果高考失误，我没有考上理想的大学和专业，我感到失望、痛苦；在新的学校，老师的教导、同学的帮助让我感到前行的力量；在现实生活的启迪下，我摆脱了理想受挫的痛苦。

“链条形”构思模式又称演讲的线形结构模式，它是延展性思维的体现。这种模式的特点是先确定演讲的主旨，以此为“意核”，作为导向定势，通常为“开篇首句”。然后，句句紧扣意核（首句），单线纵向发展，形成一条环环相扣的链条。如新年伊始，同学们聚会联欢，有人突然提议让你说几句，你可以迅速定好这样一个链条：第一，同学情谊非常珍贵；第二，与同学们见面很高兴；第三，学生时代美好的回忆；第四，今天愉快的相聚；第五，将来的展望。演讲者可以根据这个框架，调动自己各方面的知识储备，选择事例，边想边讲，遣词造句，积句成段，布局成篇，整篇即兴演讲也就完成了。当然，既定的顺序也可以随着临场的情景和心境的变化而随机调整，但是，在演讲中，不论时间长短如何，不管材料组织如何，都要注意整体结构的逻辑性。

三、即兴演讲的思维训练

成功的即兴演讲，与其说是嘴巴上的功夫，不如说是大脑思维的功力。口语表达是思维的外化和工具。思维是语言的内容，没有思维就没有语言。语言表达过程实际上就是把思维结果表达出来的过程，说话的过程就是从思想向言语转化的过程。考虑话该怎么讲，是一种思维活动，尤其是即兴演讲，更是一个机敏的思维过程。思维能力强是即兴演讲获得成功的必要条件。这主要表现为：思维的选择性和创造性制约着语言活动，思维的内容决定了语言表述的意义，思维的质量决定着语言表达的效果。

要提高即兴演讲的能力，就要从提高思维的能力做起，以适应即兴演讲的基本要求。恩格斯说："思维是人类的花朵。"只有平时悉心浇灌、培育这朵"智慧之花"，才能把即兴演讲装扮得"绚丽多彩"。具体来说，要注意从以下几个方面进行思维训练：

1. 启迪快速思维

表演艺术家常香玉舞台生涯五十年庆祝会上，谢添对作家李准来了"突然袭击"，要这位"语言大师"用几句话说哭常香玉。那天大家都很高兴，常香玉也一再催促。李准推辞不掉，就说："香玉，咱们能有今天，真不容易啊！论起来，您还是我的救命恩人哩。十来岁那年，跟着逃荒的难民到了西安，没吃没喝，眼看人们都快要饿死了，忽然有人喊：'大唱家常香玉放饭了！河南人都去吃吧！'人们一下子都涌去了。我捧着一大碗粥，泪往心里流。想，日后见了这个救命恩人，我得给她叩个头！哪里想到，'文化大革命'时，您蒙冤挨整，被押在大卡车上游街，让您坐'飞机'！我站在一边，心里又在落泪——我真想喊一句：让我替替她吧！她是俺的救命恩人哪！……"李准没说完话，常香玉已捂着脸，转过身，泪水滚滚而下了。

事先没有准备，临场发挥，这需要演讲者具有一定的快速思维的能力。

所谓快速思维即快速组织语言，实际上就是快速创作、打腹稿的过程。这个过程需要快速思维、反应灵活、随机应变。快速思维的能力包括敏锐的观察力、丰富的联想力、较强的记忆力和迅速的组合能力。

平时可以采用一些方法提高自己的快速思维能力。首先，通过快读书进行锻炼。拿到一本书后，限定自己在一个小时内看完。那么最好的办法就是快速翻阅，重点阅读每段的开头句和结尾句，并结合序言和目录，最终了解清楚该书的主题思想。其次，可以通过快预测进行锻炼。在聊天、看电视、看书时，可以预测某人下一句说什么，故事下一个情节是什么等。最后，还可以通过快辩论进行锻炼。经常和思维清晰、反应较快的人就某个话题展开辩论，也可以自辩，就一个观点自己充当正反角色来自我对辩。通过一段时间的有意识训练，我们的说话、辩论就能很快进入状态，快速思维的能力也能明显提高。

美国著名喜剧表演艺术家查理·卓别林为了训练自己即兴发挥的能力，几乎每晚都会和朋友们玩一种游戏：在每张纸条上各自写下一个题目，再把这些纸条叠起来混在一起。然后每个人随意抽出一张小纸条，接着马上站起来就纸条上的话题讲一分钟。卓别林认为自从玩了这个游戏，他机敏了很多，对于五花八门的话题有了更多的了解，而且学会了在瞬间能就任何题目凝聚自己的知识和思想。

2. 启迪逆向思维

《列子·天瑞》中讲述了这样一则故事：杞国有个人，担心天崩塌下来后他将无处藏身，因此愁得整天觉也不睡，饭也不吃。后来就用“杞人忧天”比喻不必要的或无根据的担忧。大凡听了这个故事的人，都会以嘲笑回报“杞人”，认为他的行为荒诞、滑稽。

然而，当我们把眼光投向现实生活，放眼当今严重的环境污染问题，我们就不得不为这个遭世代人嘲讽的“忧天”的“杞人”鸣不平了。他忍辱多年，现在终于可以找到平反的理由了。现代科学的飞速发展，“臭氧层空洞说”“太阳黑子说”“地球环境资源危机说”等，都证明天地之间、环宇周遭并非永恒太平。可以说，“杞人”天崩地坠的想象不仅有其合理性，而且颇有超前意识。如此看来，“杞人忧天”成为千古笑谈实属历史性的误会。

如用现代人的思想和观念来看待“杞人”，他的这种“忧天”

称得上是“居安思危”，有着浓厚的忧患意识，这种精神应该得到我们的肯定和赞扬。和“杞人”相比，那些怀着天塌下来高人顶着，事不关己、高高挂起，各人自扫门前雪、不管他人瓦上霜的心态的人，的确有失现代人的身份了。

目前，环境保护已成为一项世界性的全民行动。让我们多具备一些“杞人”的忧患意识，忧忧天，忧忧地，保护好我们赖以生存的家园——地球！

逆向思维是指克服思维定势，从问题的相反方向进行思索，即敢于提出与众不同的见解，敢于破除习惯的思维方式和传统观念的束缚，跳出因循守旧、墨守成规的老框框，大胆设想，标新立异，发前人之未发，化腐朽为神奇。

上文采用逆向思维的方式，从成语“杞人忧天”阐发出与之相反的论题，古语今用，富有创意，立意奇巧，论据充分，说服力强，读后给人以警示和教益。

逆向思维是一种反弹琵琶式的思维模式。它鲜明地表现为独立思考和对传统的批判精神，但要注意：立论要经得起推敲，观点必须持之有据，能够自圆其说。运用逆向思维要有新意，要敢于表达意见，但并不是说我们可以无根据地怀疑一切、否定一切。有时，“反其意而用之”只表现为局部范围的补充、发挥，并不一定要全部推翻原来的观点。

3. 启迪发散思维

抗美援朝时期，在志愿军总部，周总理讲话之后，陈毅做了即兴演讲：“我们任何时候，任何地点，不要去充恩人，以为我有恩于你，你就要给我磕头。美国人在抗日战争不是有军事代表团到延安吗？以后到山东、北平，什么三人小组啊，就是那么一个恩人的神气。我是来帮助你们抗日的，我是来调解你们国共关系的。结果怎么样？我们一过江，他还不是卷起铺盖就走了吗？信陵君得到这样一句忠言：‘人有德于公子，公子不可忘也；公子有德于人，愿公子忘之。’这是中华民族的传统。现在我们有的同志以为这样那样的东西是我带来的，要拿走。不行！要严格执行志愿军首长的命令。回国去国家可以给你们置一点。世界上什么东西最值钱？最值钱的是这个鲜血凝成的友谊！”

世间事物往往是多层次的、多方面的，正如苏东坡诗中所言："横看成岭侧成峰，远近高低各不同。"面对复杂的事物，我们也要多角度地观察，多层次地思考。

发散思维要求从多种方向、多重角度、多个途径分析和解决问题，其特点是闻一知十，触类旁通。例如对于"滥竽充数"这个故事的理解，主要角度有：第一，南郭先生不学无术，冒充内行的做法应该受到指责；第二，齐宣王好大喜功，讲排场，不管有无本领，一律吃大锅饭的做法应该废除；第三，齐湣王不墨守成规，改"必三百人"为"一一听之"，这种改革精神实在可嘉；第四，尽管南郭先生吹竽的本领不高，但当改革大潮冲击到他的身上时，他一不哭闹阻止改革，二不托人说情求照顾，而是自动离开，这种急流勇退的精神还是可取的；第五，南郭先生不会吹竽却能长期在乐队里混，队长和其他队员也有责任，不能互相监督，使之长期未被发现，不能互相帮助，提高他的吹竽本领，致使他落荒而逃，这种既不忠于王又不重友情的做法应受到指责。

联想思维是发散思维的重要表现形式之一。丰富的联想可以使即兴演讲旁征博引，内容丰富。联想思维通常表现为事项之间的跳跃性连接，形成接近联想、类似联想、对比联想、因果联想等。在上述事例中，陈毅通过类似联想和对比联想，引用古代"信陵君窃符救赵"的典故和美国援华军事代表团的事例，告诫志愿军战士要继承中华民族传统美德，发扬国际主义精神，不能居功自傲。正是这丰富的联想，把抽象的道理说得生动、形象。所以，联想会将令人感到意外的事物联系起来，从而产生奇特的设想，或者给问题的解决带来意外的暗示。当然，联想不是瞎想、乱想，想象中应带有逻辑的必然性。

4. 启迪纵深思维

一位在中国某医院任职的美籍教师向学生演讲时，先以一则小故事引入：

在暴风雨后的一个早晨，一个男人来到海边散步。他一边沿海边走着，一边注意到，在沙滩的浅水洼里，有许多被昨夜的暴风雨卷上岸来的小鱼。它们被困在浅水洼里，回不了大海了。被困的小鱼，也许有几百条，甚至几千条。用不了多久，浅水洼里的水就会被沙粒吸干，被太阳蒸干，这些小鱼都会干死。男人继续朝前走着。他忽然看见前面有一个小男孩，走得很慢，而且不停地在每一个水洼旁弯下腰去。他在捡起水洼里的小鱼，并且用力把它们扔回大海。这个男人停下来，注视着这个小男孩，看他拯救着小鱼们的生命。终于，这个男人忍不住走过去说：“孩子，这水洼里有几百几千条小鱼，你救不过来的。”“我知道。”小男孩头也不抬地回答。“哦？你为什么还在扔？谁在乎呢？”“这条小鱼在乎！”男孩一边回答，一边拾起一条鱼扔进大海。“这条在乎，这条也在乎！还有这一条、这一条、这一条……”

教师讲完了这则小故事，满怀深情地说道：“今天，你们在这里开始大学生活。你们每一个人都将在这里学会如何去拯救生命。虽然你们救不了全世界的人，救不了全中国的人，甚至救不了一个省一个市的人，但是，你还是可以救一些人，你们可以减轻他们的痛苦。因为你们的存在，他们的生活从此有所不同：你们可以使他们的生活变得更加美好。这是你们能够并且一定会做得到的。”

这位美籍教师在演讲中对一个富有哲理意味的小故事进行了由此及彼的引申，形象地阐发了医学院学生应树立的高尚的职业道德，升华了演讲的主题，使演讲具有一种隽永的感召力。

纵深思维是从一般人认为不值一谈的小事，或无须作进一步探讨的定论中，发现更深一层的被现象掩盖着的事物本质，即“透过现象看本质”。其思维特点是：从现象入手，从一般定论入手，使思维向纵深发展。

纵深思维训练能帮助演讲者更好地提炼演讲的主题。确定了演讲的主题，犹如掌握了军队的统帅权。正是主题将原来散乱的素材组织成井然有序的演讲稿。演讲应有正确鲜明的主题。演讲的主题最能体现演讲的思想价值和审美品位，使演讲具有深刻感人的艺术魅力。然而，表现演讲主题又不能流于空洞的说教、现象的罗列和人云亦云的老生常谈。正确的做法是：在运用材料表达主题时，及时对材料的本质内涵加以分析、概括、提炼、延伸，并通过富于理性色彩的语言点拨、渲染，激起听众的心理共鸣，将听众的思维引向一个更深邃、更崇高的境界，使演讲的主题得以升华。总之，启迪纵深思维，提炼演讲主题，是演讲者提炼出“高、深、新、美”的演讲主题的好方法。

5. 启迪形象思维

有一次经济学家厉以宁应邀到某市讲学，并同当地政府官员座谈。谈到“转变政府职能”问题时，他说：“我先给大家讲个故事吧：汉朝有个贤明的宰相叫丙吉。一天他到长安城外视察，看到城边有人打架，其中一个被打得奄奄一息。守城的军士正赶去现场处理。丙吉对随从说：‘不要管他。’随后便绕道而行。不久，丙吉又看到路边有一头牛卧在地上大口大口喘气，他连忙跑过去细细察看查问。有人批评他：‘你这个宰相真不称职，人断气你不管，却管牛喘气。’丙吉说：‘打架斗殴这种事，请地方官员去管。我身为宰相，不能越权过问，宰相应该管全局性的事。现在天气还不热，便有牛卧在地上喘大气，我怀疑是闹瘟疫，一旦瘟疫流行，那可是天下黎民百姓的大事啊！’现在转变政府职能，就要像丙吉那样有所管、有所不管才对。打架斗殴，派出所管；防止‘非典’，市政府就要管喽！”“人断气”看似大事，但对全局而言毕竟是小事，丙吉便不去管；“牛喘气”看似小事，实际上是关系到百姓健康、社会稳定的大事，丙吉发现苗头就一管到底。

形象思维是以想象和联想为基本手段，通过具体的形象来揭示事物本质及其规律的思维方法。这种思维方法用生动的事例取代烦琐的论证，用幽默的语言代替枯燥的陈述，用形象的类比代替抽象的说理，使得口语表达更为生动感人，更有说服力。厉教授本来也可以用抽象思维的方法，同干部们讲一套大道理，那样多费了口舌还不一定能把道理讲透。他从实际出发，用一个具体生动的故事，类比说明政府转变职能“有所管有所不管”的道理，通俗、生动、风趣，有很强的针对性和说服力。例如，有一次林语堂应邀去某大学演讲，因为之前的人讲的时间很长，到林语堂演讲时，已到十一点半了。他上台只讲了一句话：“绅士的演说应该像女人穿的迷你裙，越短越好。”话一结束，笑声四起。

总之，即兴演讲要求演讲者在很短的时间内紧紧围绕演讲的目的，根据时境需要，把话题与相关的材料组织起来，并按照一定的逻辑关系，言之有序地表达出来。具体来说，通过三个过程来体现：第一，词句的组合，即选择词语，遣词造句；第二，观点与材料组合，即选定观点，充实论据，形成语段；第三，结构的组合，形成腹稿。这些过程在即兴演讲开始前随即形成，并随着演讲的进展，逐步按照“开场白——沿框架阐述——充实完善——演讲结束”这样一个序列进行。事实上，这三个过程不能截然分开，而是一个有机整体，加上演讲艺术手段的使用，使即兴演讲取得和谐、统一、富有魅力的效果。

练习与实践

1. 以“我最尊敬的一个人”为题，写一篇600字左右的巡回演讲辞，每组推荐一位同学在班上进行宣讲。

2. 假设自己参加某同学的20岁生日宴会，请你发表3分钟即兴演讲。

参考文献

[1] 岳凯华. 口才与演讲 [M]. 北京：人民教育出版社，2014.

[2] 颜永平，杨赛. 演讲与口才教程 [M]. 上海：华东师范大学出版社，2012.

[3] 周彬琳. 实用口才艺术 [M]. 大连：东北财经大学出版社，2010.

[4] 马克. 舌行天下 [M]. 北京：北京大学出版社，2013.

[5] 保罗·纳尔逊，朱迪·皮尔逊，斯科特·蒂茨沃思. 演讲圣经 [M]. 伍惠琼，张轶，译. 北京：中国人民大学出版社，2010.

[6] 黎娜. 最精彩的演讲辞 [M]. 北京：中国华侨出版社，2010.

[7] 张文静. 世界上最伟大的演讲辞 [M]. 吉林：吉林出版集团有限责任公司，2012.

[8] 宋洪洁. 影响你一生的北大演讲 [M]. 上海：立信会计出版社，2011.

[9] 赵国忠. 中国名校长演讲录 [M]. 南京：南京大学出版社，2011.

[10] 周文慧，沙彦明. 青少年演讲口才 [M]. 哈尔滨：哈尔滨出版社，2011.

[11] 王非，霍维佳. 大学生口才与演讲训练 [M]. 北京：清华大学出版社，2010.

[12] 方其. 商务谈判：理论、技巧、案例 [M]. 北京：中国人民大学出版社，2011.

[13] 胡伟，邹秋珍. 演讲与口才 [M]. 北京：清华大学出版社，2013.

[14] 李智慧，何静. 演讲与口才 [M]. 北京：经济科学出版社，2010.

[15] 刘在英，蔡丽. 演讲与口才 [M]. 北京：北京交通大学出版社，2010.

[16] 应天常. 口才训练术 [M]. 上海：上海文艺出版社，2004.

[17] 蔡践，冯章. 演讲的风采 [M]. 北京：中国经济出版社，2005.

[18] 赵鸿利. 演讲技巧与训练 [M]. 延吉：延边大学出版社，1990.

[19] 唐树芝. 口才与演讲 [M]. 长沙：湖南教育出版社，2002.

[20] 凌建英，陈翰武. 实用演讲教程 [M]. 天津：天津社会科学院出版

社，1999.

[21] 张子睿. 大学生竞技口才训练 [M]. 北京：清华大学出版社，2005.

[22] 王国庆. 辩论技巧 [M]. 北京：中国国际广播出版社，1990.

[23] 王政挺. 中外奇辩艺术拾贝 [M]. 北京：东方出版社，1990.

[24] 邵守义. 演讲学 [M]. 长春：东北师范大学出版社，1991.

[25] 文天行. 面试学 [M]. 北京：中国华侨出版社，2011.

[26] 子凌. 好工作是这样找的 [M]. 天津：天津教育出版社，2010.

[27] 华平生. 30天掌握一流公关口才 [M]. 北京：中国经济出版社，2013.

[28] 刘书琴. 公关口才特训 [M]. 广州：暨南大学出版社，2005.

[29] 厉尊. 实用公关礼仪 [M]. 北京：中国纺织出版社，2006.

[30] 蒋楠. 公关沟通艺术 [M]. 北京：中国传媒大学出版社，2011.

[31] 金和. 实用口才知识全集 [M]. 北京：中国纺织出版社，2009.

[32] 付微微. 乔·吉拉德销售智慧大全集 [M]. 北京：人民邮电出版社，2013.

[33] 周志刚. 销售做单训练手册 [M]. 北京：中国铁道出版社，2013.

[34] 永星. 职场沟通术 [M]. 贵阳：贵州人民出版社，2012.

[35] 汪建民. 瞬间掌握管理口才 [M]. 北京：北京工业大学出版社，2011.

[36] 倪砥. 我的管理课堂：促进我的团队沟通 [M]. 上海：上海交通大学出版社，2005.

[37] 曾仕强. 中国式团队管理 [M]. 北京：东方音像电子出版社，2007.

[38] 傅明善. 口才学通论 [M]. 杭州：浙江大学出版社，2007.

[39] 朱月龙. 口才心理学 [M]. 北京：海潮出版社，2007.

[40] 李诚谊. 实用沟通与演讲教程 [M]. 武汉：华中科技大学出版社，2005.

[41] 曹美菊. 口才　逻辑　语言 [M]. 长沙：湖南师范大学出版社，2000.

[42] 欧阳友权. 口才学 [M]. 长沙：中南大学出版社，2005.

[43] 彭彩云. 实用社交口才 [M]. 长沙：中南大学出版社，2003.

后　记

为贯彻落实《国家中长期教育改革和发展规划纲要（2010—2020年）》精神，适应新时代高等教育人才培养需要，向全国高校提供富有新时代特色的口才与演讲精品教材，人民教育出版社组织专家在进行充分调研和论证的基础上，研发了这本《口才与演讲实训教程》。

大勋所任者唯一人，然群谋济之乃成。本教材的编著集思广益，群策群力。中央党校杜义国、湖南师范大学岳凯华担任顾问，编委会成员来自中央党校、北京大学、北京师范大学、南京大学、中国传媒大学、武汉大学、湖南师范大学等多所高等院校或科研院所，他们大多是从事口才与演讲相关课程教学的教师或研究人员，他们具有丰富的教学经验、深厚的理论功底以及口才与演讲相关领域的高水平研究成果。

此外，本教材的编著得到了湖南省委党校黄淘安、国防科技大学岳湘灵、北京大学肖渊、《演讲与口才》杂志社籍艳秋、中央财经大学陈士平、北京外国语大学苏大鹏、上海交通大学朱敏、上海外国语大学韩殿秀、中华女子学院赵浩、北京林业大学刘广超、南京航空航天大学徐正扬、四川大学管清贵、中国石油大学门小刚、天津大学殷红春、云南大学刘康宁、重庆师范大学付文升、中国政法大学刘杰、北京体育大学白洁、南京大学唐泽威、天津工业大学蔺洪全、华东理工大学王珊、西北政法大学刘霖杰、湖南大学徐少华、国防科技大学傅婉娟、华南师范大学刘凌、东北师范大学孙立伟、南京师范大学蔡炳锋、西南大学秦松、浙江师范大学李盛、贵州大学白震、哈尔滨师范大学卜文斌、哈尔滨理工大学付尧、吉首大学李先德、湖南财政经济学院年颖、长沙师范学院马伶、湖南工业大学李王强、湖南涉外经济学院谭俊君、湖南工艺美术职业学院廖玲、湖南省艺术研究院伍婷婷、海南省武警总队吴俊宏、湖南省武警总队朱毅豪、湖南师范大学附属中学袁建光、长郡中学刘虹、长沙市一中吕斌，以及湖南师范大学颜湘君、周泽东、安宁、袁俏、王小波、王羽熙、陈天嵩、胡梅花、易金、易珊、刘天、杨卓、颜坤、陈淼、李岸轲、郭添瑶、蒋其超、邓雅川、李坤霖、马铁泉、王海丞、高子妍等人员的大力支持。他们或参加了教材的立项申报工作，或对教材构思与出版提出了宝贵建议，或协助查阅、提供了相关材料，或审核、校对了文稿，在此一并表示感谢！

本教材参阅了学界前辈的研究，吸纳和借鉴了部分已有研究成果，文后以参考文献的方式予以注释，在此，向相关学者专家致以崇高的敬意和衷心的感谢！

本教材亦系“2017年湖湘青年英才”支持计划和普通高校教学改革研究项目“师范类专业认证背景下新时代教师语言艺术课程研究”的阶段性成果。

编著《口才与演讲实训教程》，我们秉持严肃认真、谨慎细致的态度，但由于水平有限，难免有所疏漏，希望大家不吝批评指正，我们深表谢意！